SHORT CHINESE TV PLAYS

An Intermediate Course

電視短劇入門

Shou-hsin Teng
University of Massachusetts, Amherst

Liu Yuehua
Beijing Language Institute

Cheng & Tsui Company
Boston

2006 Printing

Published by

Cheng & Tsui Company, Inc.
25 West Street
Boston, MA 02111-1213 USA
Fax (617) 426-3669
www.cheng-tsui.com
"Bringing Asia to the World"™

Cover design by Emily Frankovich

Text ISBN 0-88727-168-5

Two VHS Videotapes ISBN 0-88727-169-3

Printed in the United States of America

Publisher's Note

Cheng & Tsui Company is pleased to offer a valuable addition to its Asian Language Series, *Short Chinese TV Plays: An Intermediate Course.*

The *C&T Asian Language Series* is designed to publish and widely distribute quality language texts as they are completed by such leading institutions as the Beijing University of Language and Culture, as well as other significant works in the field of Asian languages developed in the United States and elsewhere.

We welcome readers' comments and suggestions concerning the publications in this series. Please contact the following members of the Editorial Board:

Professor Shou-hsin Teng, *Chief Editor*
3 Coach Lane, Amherst, MA 01002

Professor Dana Scott Bourgerie
Asian and Near Eastern Languages,
Brigham Young University, Provo, UT 84602

Professor Samuel Cheung
Division of the Humanities, Hong Kong University of
Science and Technology, Hong Kong

Professor Ying-che Li
Dept. of East Asian Languages, University of Hawaii,
Honolulu, HI 96822

Professor Timothy Light
Dept. of Religion, Western Michigan University,
Kalamazoo, MI 49008

ACKNOWLEDGMENTS

These plays are taken from a collection of videotapes recorded by Prof. Liu Yuehua in China over the last several years as part of an ongoing project funded in part by the East Asian Languages Program of the Five Colleges, Amherst, MA, to which we would like to express our sincere gratitude. The tapes would have been useless if not for the efficient service of the Five Colleges Language Resource Center and the use of its converter. A major portion of this volume was completed while Prof. Liu Yuehua was a visiting scholar at the University of Massachusetts, Amherst, 1989-90. Credit is also due Mr. Lin Tsung-kuei, Director of Audio-Visual Center, Tunghai University, Taiwan, who assisted us in typing and organizing the vocabulary index, as well as in converting and editing the tapes from the PRC, while he was also a visiting scholar at the University of Massachusetts, Amherst in the same year.

Shou-hsin Teng
University of Massachusetts, Amherst
Liu Yuehua
Beijing Language Institute

February 1992

INTRODUCTION

Preface

This volume is but a modest response to the students' quest for authentic materials as their knowledge of modern Chinese enables them to begin looking around at the real world of China. "What's on their TV screen?" is a common question. Unfortunately, the real world is miles ahead of their classroom language competence. There have been prepared scripts and notes on commercial movies from China, but a movie of two-hour length would take up an entire semester or more, which places a heavy toll on most students, even at the advanced level.

This volume puts together ten short TV plays, varying in length from 10 to 40 minutes, recorded over the last few years in China. The themes are inevitably simple, as one of our criteria for selection has been the level of vocabulary and grammatical structures suitable for intermediate students who have not had the opportunity to study in China. But at the same time, we want the students to be exposed to some of the real social issues in modern China. Students are urged to put aside, for the time being, their sophisticated taste for drama and entertainment. That can come later. In China, the media have a mission -- to educate the public.

Level of Students Intended

The plays in this volume are arranged in order of linguistic complexity, and thus the first two plays can be used by first-year students towards the end of their first year, given the context of a five-hour-per-week curriculum. This volume, however, is best suited to students at the second-year level who have not lived in China for any period of time. It serves as an introduction to authentic materials as well as to some aspects of Chinese culture.

Organization

This book is available either as a single volume or with two videotapes. While the textbook is ideally used in conjunction with the videotapes, it can also be used effectively by itself.

Each play on the two tapes is accompanied by five sections in this volume: **Script, Vocabulary, Usages and Patterns, Questions & Answers,** and **Background Notes.** With the exception of scripts, each section is given in both Chinese and English. The Chinese scripts are given both in simplified and in traditional characters, on facing pages.

The level of vocabulary assumed is that found in most first-year textbooks, e.g. *Practical Chinese Reader, Books I & II.* Our criterion for selection is "over-" rather than "under-" supply. The glosses are so designed as to fit the given context, at the expense of defining universal properties. The definitions given are meant to be colloquial, to suit the flavor of the original plays, at the expense of elegance.

Usages & Patterns concentrate on grammatical structures and patterns more than on lexical usages. These sections are graded, beginning with basic patterns in earlier lessons and covering more difficult ones only in later lessons. Notes are given in both English and Chinese, the former intended for students and the latter for instructors. Every illustrative sentence is translated, in order to highlight the message contained.

Questions in the next section are simple, factual, and non-philosophical. They can be used as a guide to the main plot of the plays, or as a starting point for class discussion. Through them, the student can also learn how to ask questions in Chinese in relation to a particular situation in real life. Occasionally, new but necessary vocabulary is used in the questions; these words may need to be looked up in a dictionary or explained by instructors in class.

The **Background Notes** are given first in a rather free English rendering of the subsequent notes in Chinese, which are written in a natural, but unfortunately more difficult, style and diction. The notes in Chinese are not intended for oral practice with students. They have been prepared primarily for instructors who are not familiar with certain issues in China. In a more intensive course, however, they can be used as reading material, but the instructor must prepare vocabulary glosses for the students.

TABLE OF CONTENTS

TABLE OF CONTENTS

一．一 元 钱

The One-Dollar Affair

剧 本　Script

林林：　妈妈！

妈妈：　哎。

林林：　东西买回来了．

妈妈：　哎，好．林林！

林林：　嗯？

妈妈：　妈妈刚才给你多少钱？

林林：　五元哪．

妈吗：　嗯，你花了多少钱？

林林：　嗯，味精，一元五毛二，酱油，两毛四。我算算，一共花了一元七毛六，应该找给我三元两毛四．

妈妈：　你看看这是多少？

林林：　一元，两元，三元，四元。哎？妈妈，怎么多了一元钱？

妈妈：　是多了一元。

林林：　嗯，那怎么办，妈妈？

妈妈：　你说怎么办呢？

林林：　嗯，给店里送回去．老师总告诉我们要诚实．

妈妈：　嗯，对．

妈妈：　林林，记住是哪位售货员了吗？

林林：　记住了，就是哪个梳长头发的阿姨．

妈妈：　啊，是吗？

一．一 元 錢

The One-Dollar Affair

劇 本 Script

林林： 媽媽！

媽媽： 哎。

林林： 東西買回來了．

媽媽： 哎，好．林林！

林林： 嗯？

媽媽： 媽媽剛才給你多少錢？

林林： 五元哪．

媽嗎： 嗯，你花了多少錢？

林林： 嗯，味精，一元五毛二，醬油，兩毛四。我算算，一共花了
一元七毛六，應該找給我三元兩毛四．

媽媽： 你看看這是多少？

林林： 一元，兩元，三元，四元。哎？媽媽，怎麼多了一元錢？

媽媽： 是多了一元。

林林： 嗯，那怎麼辦，媽媽？

媽媽： 你説怎麼辦呢？

林林： 嗯，給店里送回去．老師總告訴我們要誠實．

媽媽： 嗯，對．

媽媽： 林林，記住是哪位售貨員了嗎？

林林： 記住了，就是哪個梳長頭髮的阿姨．

媽媽： 啊，是嗎？

林林： 妈妈！

妈妈： 嗯？

林林： 把钱给店里送回去，阿姨一定会表扬我吧？

妈妈： 你说呢？

林林： 我说会的，妈妈，阿姨一定说我是个诚实，不爱贪便宜的孩子，你说，对吗？

妈妈： 对，走吧.

林林： 嗯.

****

丽丽： 哎，小高，你来，你来。今天我又买了一双靴子，你看怎么样 ？

小高： 哎，这靴子样子挺好. 丽丽，你要穿上可就更漂亮了.

丽丽： 是吗？

小高： 多少钱一双？

丽丽： 六十多呢.

小高： 哎呀，真贵！

丽丽： 贵是贵一点儿. 说不定啊，以后还要涨价呢。

小高： 这双靴子皮子可真好.

妈妈： 同志！

小丽： 比我上次买了又给人那双强多了.

妈妈： 同志！

小高： 哎，快去吧！

丽丽： 买什么？

妈妈： 不买什么. 刚才孩子来店里买东西，你把钱找错了.

丽丽： 什么？钱找错了？钱要当面点清. 离开柜台后，概不负责！

林林： 媽媽！

媽媽： 嗯？

林林： 把錢給店里送回去，阿姨一定會表揚我吧？

媽媽： 你說呢？

林林： 我說會的，媽媽，阿姨一定說我是個誠實，不愛貪便宜的
孩子，你說，對嗎？

媽媽： 對，走吧．

林林： 嗯．

****

麗麗： 哎，小高，你來，你來。今天我又買了一雙靴子，你看怎麼樣？

小高： 哎，這靴子樣子挺好．麗麗，你要穿上可就更漂亮了．

麗麗： 是嗎？

小高： 多少錢一雙？

麗麗： 六十多呢。

小高： 哎呀，真貴！

麗麗： 貴是貴一點兒．說不定啊，以后還要漲價呢。

小高： 這雙靴子皮子可真好．

媽媽： 同志！

小麗： 比我上次買了又給人那雙強多了。

媽媽： 同志！

小高： 哎，快去吧！

麗麗： 買什麼？

媽媽： 不買什麼。剛才孩子來店里買東西，你把錢找錯了．

麗麗： 什麼？錢找錯了？錢要當面點清．離開櫃台后，概不負責！

妈妈：　　孩子接过钱也没数，回家才发现……

丽丽：　　哼，都回家去发现，我们这个店还不得赔黄了？再跟你说一遍，钱要当面点清，离开柜台以后，概不负责！

妈妈：　　我们不是来要钱，是来给你送钱．

丽丽：　　嗯？不会吧？大概是你点错了．我不会找错钱的．

妈妈：　　确实是你多找了．不信，你把钱查对一下．

丽丽：　　查对？这么多的钱，怎么个查法？我绝对不会找错钱的．好了，回家去吧．别在这儿闲磨牙了．

妈妈：　　同志，你怎么能这么说话呢？

****

小高：　　表姐来了？

表姐：　　哎，小高！

小高：　　买点儿什么？

表姐：　　不买什么，来看看你．

小高：　　是吗？

丽丽：　　哎，多找你一块钱还不好吗？你硬说我多找了你钱，我们店里就得算是我的一次差错事故．还得扣当月奖金呢．

小高：　　你走了？呆会儿吧，表姐．

表姐：　　我走了．

小高：　　表姐，慢走啊．

丽丽：　　哎，同志，我绝对不会找错钱的。你再查一下．回去吧．

妈妈：　　哼，走！

男顾客：同志，刚才你少找我一元钱．

丽丽：　　什么？一元钱？

男顾客：是啊．我买完东西，急急忙忙就走了．

媽媽： 孩子接過錢也沒數，回家才發現……

麗麗： 哼，都回家去發現，我們這個店還不得賠黃了？再跟你說一遍，
　　　錢要當面點清，離開櫃台以後，概不負責！

媽媽： 我們不是來要錢，是來給你送錢．

麗麗： 嗯？不會吧？大概是你點錯了．我不會找錯錢的．

媽媽： 確實是你多找了．不信，你把錢查對一下．

麗麗： 查對？這麼多的錢，怎麼個查法？我絕對不會找錯錢的．好了，回家去吧．
　　　別在這兒閑磨牙了．

媽媽： 同志，你怎麼能這麼說話呢？

＊＊＊＊＊＊＊＊＊＊＊

小高： 表姐來了？

表姐： 哎，小高！

小高： 買點兒什麼？

表姐： 不買什麼，來看看你．

小高： 是嗎？

麗麗： 哎，多找你一塊錢還不好嗎？你硬說我多找了你錢，我們店裡
　　　就得算是我的一次　差錯事故．還得扣當月獎金呢．

小高： 你走了？呆會兒吧，表姐．

表姐： 我走了．

小高： 表姐，慢走啊．

麗麗： 哎，同志，我絕對不會找錯錢的。 你再查一下．回去吧．

媽媽： 哼，走！

男顧客：同志，剛才你少找我一元錢．

麗麗： 什麼？一元錢？

男顧客：是啊．我買完東西，急急忙忙就走了．

丽丽： 噢，我想起来了．我是找你一元钱，你没拿，让那个小孩儿拿走了．给你钱！

林林： 不对！阿姨，你说的不对．

丽丽： 怎么不对？

小高： 丽丽！

丽丽： 啊？

小高： 是这么回事吗？

丽丽： 当然了！

小高： 你再好好想想．

丽丽： 是这个小孩儿的错。我没有找错钱．哎，小朋友，以后拿钱要当心点儿．不要把别人和自己的乱拿一气！

妈妈： 同志，你说话可要负责任哪．不能这么损人利己！

丽丽： 哼，我当然负责！钱是我找给他们的，你看见了？

妈妈： 林林，到底是怎么回事？嗯？好好想想，拿没拿老爷爷的钱？

丽丽： 小张，又要去上海了？

小张： 啊．过两天准备走啊．

丽丽： 啊。哎，这次别忘了，给我买件连衣裙．

小张： 可以．你要什么样的？

丽丽： 听说现在最时兴毛料套裙．

小张： 是啊．

林林： 妈妈，我没拿老爷爷的钱．

丽丽： 哎，小朋友，别不承认错误啊．快回家去吧．以后注意点儿啊！

妈妈： 同志，应该承认错误，应该注意的是你！

顾客： 同志，打斤酱油．

顾客： 来袋儿精盐！

丽丽： 给你。

麗麗： 噢，我想起来了．我是找你一元錢，你没拿，讓那個小孩兒
　　　拿走了．給你錢！

林林： 不對！阿姨，你説的不對．

麗麗： 怎麼不對？

小高： 麗麗！

麗麗： 啊？

小高： 是這麼回事嗎？

麗麗： 當然了！

小高： 你再好好想想．

麗麗： 是這個小孩兒的錯。我没有找錯錢．哎，小朋友，以后拿錢要
　　　當心點兒．不要把別人和自己的亂拿一氣！

媽媽： 同志，你説話可要負責任哪．不能這麼損人利己！

麗麗： 哼，我當然負責！錢是我找給他們的，你看見了？

媽媽： 林林，到底是怎麼回事？嗯？ 好好想想，拿没拿老爺爺的錢？

麗麗： 小張，又要去上海了？

小張： 啊．過兩天準備走啊．

麗麗： 啊。哎，這次別忘了，給我買件連衣裙．

小張： 可以．你要什麼樣的？

麗麗： 聽説現在最時興毛料套裙．

小張： 是啊．

林林： 媽媽，我没拿老爺爺的錢．

麗麗： 哎，小朋友，別不承認錯誤啊．快回家去吧．以后注意點兒啊！

媽媽： 同志，應該承認錯誤，應該注意的是你！

顧客： 同志，打斤醬油．

顧客： 來袋兒精鹽！

麗麗： 給你。

妈妈：　咱们走！

林林：　妈妈，下次再多找钱还还吗？

妈妈：　嗯．

（剧　终）

媽媽：　咱們走！

林林：　媽媽，下次再多找錢還還嗎？

媽媽：　嗯．

（　劇　　終　）

生 词　Vocabulary

1.	味精	wèijīng	monosodium glutamate
2.	酱油	jiàngyóu	soy sauce
3.	诚实	chéngshí	be honest
4.	售货员	shòuhuòyuán	salesperson
5.	梳(长头发)	shū (cháng tóufa)	to comb (=grow) long hair
6.	阿姨	āyí	'auntie' (children's term for women)
7.	表扬	biǎoyáng	to praise; to commend
8.	贪便宜	tān piányi	to seek petty advantage
9.	靴子	xuēzi	boots
10.	样子	yàngzi	style
11.	涨价	zhǎngjià	rise in price
12.	皮子	pízi	leather
13.	同志	tóngzhi	comrade
14.	当面	dāngmiàn	in someone's presence, face to face
15.	点清	diǎnqīng	to count change or things
16.	柜台	guìtái	sales-counter
17.	概不负责	gài bù fùzé	not responsible for anything
18.	接过	jiē guò	to receive, (here:) get back
19.	数	shǔ	to count
20.	发现	fāxiàn	to discover
21.	赔黄	péi huáng	for a business to go bankrupt
22.	点错	diǎncuò	to count wrongly
23.	确实	quèshí	truly, definitely

生 詞 Vocabulary

1. 味精　　　　wèijīng　　　　monosodium glutamate
2. 醬油　　　　jiàngyóu　　　　soy sauce
3. 誠實　　　　chéngshí　　　　be honest
4. 售貨員　　　shòuhuòyuán　　salesperson
5. 梳(長頭髮)　shū (cháng tóufa) to comb (=grow) long hair
6. 阿姨　　　　āyí　　　　　　'auntie' (children's term for women)
7. 表揚　　　　biǎoyáng　　　to praise; to commend
8. 貪便宜　　　tān piányi　　　to seek petty advantage
9. 靴子　　　　xuezi　　　　　boots
10. 樣子　　　　yàngzi　　　　style
11. 漲價　　　　zhǎngjià　　　 rise in price
12. 皮子　　　　pízi　　　　　leather
13. 同志　　　　tóngzhì　　　　comrade
14. 當面　　　　dāngmiàn　　　 in someone's presence,

    face to face
15. 點清　　　　diǎnqīng　　　to count change or things
16. 櫃台　　　　guìtái　　　　sales-counter
17. 概不負責　　gài bù fùzé　　not responsible for anything
18. 接過　　　　jiē guò　　　　to receive, (here:) get back
19. 數　　　　　shǔ　　　　　　to count
20. 發現　　　　fāxiàn　　　　to discover
21. 賠黃　　　　péi huáng　　　for a business to go bankrupt
22. 點錯　　　　diǎncuò　　　　to count wrongly
23. 確實　　　　quèshí　　　　truly, definitely

24.	查对	cháduì	to verify, to check for accuracy
25.	绝对	juéduì	absolutely, by any means
26.	闲磨牙	xián mó yá	to waste everyone's time by talking nonsense
27.	表姐	biǎojiě	cousin (female)
28.	硬说	yìng shuō	to insist upon (saying)
29.	差错	chācuò	mistake, error
30.	事故	shìgù	accident, an instance of
31.	扣	kòu	to deduct, to withhold
32.	当月	dàng yuè	that month
33.	奖金	jiǎngjīn	bonus
34.	呆	dāi	to stay
35.	乱(vb)一气	luàn...yīqì	to do something carelessly
36.	急忙	jímáng	hurriedly
37.	负责任	fù zérèn	be responsible (for)
38.	损人利己	sǔn rén lì jǐ	to seek one's own advantage at the expense of others'
39.	到底	daòdǐ	the very truth
40.	老爷爷	lǎo yéye	'grandpa' (children's term for old men)
41.	连衣裙	liányīqún	a one-piece dress
42.	时兴	shíxīng	come into fashion; fashionable
43.	毛料	máoliaò	woolen
44.	套裙	tào qún	suit (for women)
45.	承认	chéngrèn	to admit
46.	错误	cuòwù	mistake
47.	注意	zhùyì	be careful, cautious, attentive
48.	打	dǎ	to buy (liquids)

24.	查對	cháduì	to verify, to check for accuracy
25.	絕對	juéduì	absolutely, by any means
26.	閑磨牙	xián mó yá	to waste everyone's time by talking nonsense
27.	表姐	biǎojiě	cousin (female)
28.	硬說	yìng shuō	to insist upon (saying)
29.	差錯	chācuò	mistake, error
30.	事故	shì gù	accident, an instance of
31.	扣	kòu	to deduct, to withhold
32.	當月	dàng yuè	that month
33.	獎金	jiǎngjīn	bonus
34.	呆	dāi	to stay
35.	亂(vb)一氣	luàn...yíqi	to do something carelessly
36.	急忙	jímáng	hurriedly
37.	負責任	fù zérèn	be responsible (for)
38.	損人利己	sǔn rén lì jǐ	to seek one's own advantage at the expense of others'
39.	到底	daòdǐ	the very truth
40.	老爺爺	lǎo yéye	'grandpa' (children's term for old men)
41.	連衣裙	liányīqún	a one-piece dress
42.	時興	shíxīng	come into fashion; fashionable
43.	毛料	máoliào	woolen
44.	套裙	tào qún	suit (for women)
45.	承認	chéngrèn	to admit
46.	錯誤	cuòwù	mistake
47.	注意	zhùyì	be careful, cautious, attentive
48.	打	dǎ	to buy (liquids)

49.	斤	jīn	catty (=1/2Kg.)
50.	袋	dài	a bag, sack
51.	精盐	jīngyán	fine cooking salt

49.	斤	jīn	catty (=1/2Kg.)
50.	袋	dài	a bag, sack
51.	精鹽	jīngyán	fine cooking salt

词语和句型练习　Usages and Patterns

1. 那 (na; in that case)

This discoursal usage of 那 brings in a situation under the conditions of that which is presented in the first clause. It is entirely interchangeable with 那么. ("那" 有时表示 "那么" 的意思，引进表示后果的分句.)

(1) 你要是没时间，那我就自己去了。

　　If you are not free, I'll go by myself then.

(2) 你这么不讲理，那就别怪我不客气了。

　　Since you're being so difficult, I am going to get tough then.

(3) 大家如果都像你这样晚来早走，那任务还能完成吗？

　　If everyone arrives late and leaves early as you do, how can we ever get our job done?

(4) 既然你不同意，那就算了。

　　Since you do not approve, we'll just forget about it.

2. "贵是贵一点儿,..." (gui shi gui yidianr; yes, it's expensive, but)

This pattern gives concession to a previous statement and then puts forth another statement. Its function is similar to that of 虽然 in most cases. (" 是" 的前后用相同的词语表示让步有"虽然" 的意思.)

詞語和句型練習　Usages and Patterns

1. 那 (na; in that case)

This discoursal usage of 那 brings in a situation under the conditions of that which is presented in the first clause. It is entirely interchangeable with 那麼. ("那" 有時表示 "那麼" 的意思, 引進表示后果的分句.)

(1) 你要是没時間, 那我就自己去了。

If you are not free, I'll go by myself then.

(2) 你這麼不講理, 那就別怪我不客氣了。

Since you're being so difficult, I am going to get tough then.

(3) 大家如果都像你這樣晚來早走, 那任務還能完成嗎?

If everyone arrives late and leaves early as you do,

how can we ever get our job done?

(4) 既然你不同意, 那就算了。

Since you do not approve, we'll just forget about it.

2. "貴是貴一點兒,..." (gui shi gui yidianr; yes, it's expensive, but)

This pattern gives concession to a previous statement and then puts forth another statement. Its function is similar to that of 雖然 in most cases. (" 是" 的前后用相同的詞語表示讓步有 "雖然" 的意思.)

—9—

(1) 这个电影好是好，就是太长。

The movie was good all right, but it was too long.

(2) 这本书贵是贵，可是很有用啊。

I agree with you that this is an expensive book, but it's going to be very useful.

(3) 这种菜我吃是吃，可是不太喜欢。

I don't mind eating this kind of stuff, but it's not my favorite food.

(4) 他们俩吵是吵，可是感情还是不错的。

I know they often quarrel, but they still care for each other.

(5) 亲戚是亲戚，可是原则还得坚持。

Relatives ARE relatives, but the principle of the matter must still be upheld.

3。硬 (ying; to insist on)

硬 as an adverb refers to the undertaking of something that is ill-motivated. （"硬"可以表示"坚决或执拗"）

(1) 他病了，不让他来上课，他硬要来。

He was sick. We told him not to come to class, but he insisted on coming.

(2) 这件事他明明知道，可是他硬说不知道。

It was obvious to everyone that he knew about it, but he insisted that he didn't.

(3) 他拿了人家的东西硬不承认。

He just would not admit that he stole it.

(1) 這個電影好是好，就是太長。

The movie was good all right, but it was too long.

(2) 這本書貴是貴，可是很有用啊。

I agree with you that this is an expensive book, but it's going to be very useful.

(3) 這種菜我吃是吃，可是不太喜歡。

I don't mind eating this kind of stuff, but it's not my favorite food.

(4) 他們倆吵是吵，可是感情還是不錯的。

I know they often quarrel, but they still care for each other.

(5) 親戚是親戚，可是原則還得堅持。

Relatives ARE relatives, but the principle of the matter must still be upheld.

3。硬 (ying; to insist on)

硬 as an adverb refers to the undertaking of something that is ill-motivated. ("硬"可以表示"堅決或執拗")

(1) 他病了，不讓他來上課，他硬要來。

He was sick. We told him not to come to class, but he insisted on coming.

(2) 這件事他明明知道，可是他硬說不知道。

It was obvious to everyone that he knew about it, but he insisted that he didn't.

(3) 他拿了人家的東西硬不承認。

He just would not admit that he stole it.

(4) 这件事我不叫他说，他硬要说。你看，捅娄子了吧。

I told him not to say that, but he insisted. See! He got himself into trouble.

(5) 那本书我不给他，他硬跟我要。

I didn't want to give him that book, but he insisted on taking it.

4。 "……一气" (...yiqi)

一气 in this usage is a verb-complement, referring to the 'messy', poorly-executed result of an event, viewed in a negative light.("一气" 有时有 "一阵" 的意思。多含贬义.)

(1) 刚才孩子们在这儿瞎闹一气， 把房间搞得乱七八糟的。

Some children played havoc here and messed up the room.

(2) 他一来就胡说一气， 说完了就走了。

He made some wild statements and then left.

(3) 他在本子上乱写一气。

He scribbled in his note-book.

(4) 這件事我不叫他説，他硬要説。你看，捅婁子了吧。

I told him not to say that, but he insisted. See! He got himself into trouble.

(5) 那本書我不給他，他硬跟我要。

I didn't want to give him that book, but he insisted on taking it.

4。 "……一氣" (...yiqi)

一氣 in this usage is a verb-complement, referring to the 'messy', poorly-executed result of an event, viewed in a negative light.（"一氣" 有時有 "一陣" 的意思。多含貶義.)

(1) 剛才孩子們在這兒瞎鬧一氣，把房間搞得亂七八糟的。

Some children played havoc here and messed up the room.

(2) 他一來就胡説一氣，説完了就走了。

He made some wild statements and then left.

(3) 他在本子上亂寫一氣。

He scribbled in his note-book.

听力和会话练习　Questions and Answers

1。林林刚才出去做什么了？

2。妈妈刚才给林林多少钱？　他都买了些什么？　一共花了多少钱？

3。售货员应该找给他多少钱？　售货员找的钱对吗？

4。售货员多找了多少钱？

5。林林发现多找一元钱以后，　决定怎么办为什么？

6。找给林林钱的那个售货员长得什么样？

7。林林以为他把一元钱送去以后，　售货员会说什么？

8。商店里的售货员上班的时候在谈论什么？她们工作认真吗？

9。林林的妈妈说丽丽她把钱找错了的时候，她说什么？

10．丽丽承认她找错钱了吗？为什么？

11．一位男顾客来找丽丽作什么？　丽丽怎么办了？　丽丽为什么这样做？

12．丽丽说话负责任吗？　工作态度好吗？

聽力和會話練習　Questions and Answers

1。林林剛才出去做什麼了？

2。媽媽剛才給林林多少錢？ 他都買了些什麼？ 一共花了多少錢？

3。售貨員應該找給他多少錢？ 售貨員找的錢對嗎？

4。售貨員多找了多少錢？

5。林林發現多找一元錢以後， 決定怎麼辦為什麼？

6。找給林林錢的那個售貨員長得什麼樣？

7。林林以為他把一元錢送去以后， 售貨員會說什麼？

8。商店里的售貨員上班的時候在談論什麼？她們工作認真嗎？

9。林林的媽媽說麗麗她把錢找錯了的時候，她說什麼？

10．麗麗承認她找錯錢了嗎？為什麼？

11．一位男顧客來找麗麗作什麼？ 麗麗怎麼辦了？ 麗麗為什麼這樣做？

12．麗麗說話負責任嗎？ 工作態度好嗎？

13。如果你遇到丽丽这样的售货员，你会怎么样？

14。你想，下次再多找钱，林林还会退吗？ 为什么？

13。如果你遇到麗麗這樣的售貨員，你會怎麼樣？

14。你想，下次再多找錢，林林還會退嗎？ 為什麼？

背景知识介绍 Background Notes

This play is a critique of one of the many ills of the 'iron rice-bowl' economy, in which jobs are merely jobs. Incentives are meaningless and performance is not really expected. The service industry is assigned such a low and degraded status by the government and by society as a whole that a sharp tension is inevitable between the service-people and the customers. Loud and spiteful exchanges between them occur almost every minute.

中国的一些商店的售货员上班时闲聊天，工作不负责任，不理买东西的顾客，对顾客态度坏，是很常见的。电视小品《一元钱》所反映的情况是真实的。

背景知識介紹　Background Notes

This play is a critique of one of the many ills of the 'iron rice-bowl' economy, in which jobs are merely jobs. Incentives are meaningless and performance is not really expected. The service industry is assigned such a low and degraded status by the government and by society as a whole that a sharp tension is inevitable between the service-people and the customers. Loud and spiteful exchanges between them occur almost every minute.

　　中國的一些商店的售貨員上班時閒聊天，工作不負責任，不理買東西的顧客，對顧客態度壞，是很常見的。電視小品《一元錢》所反映的情況是真實的。

二. 卖 瓜 不 说 瓜 甜

A Watermelon Girl

剧本　　　　SCRIPT

经理：　　好，那就请你们拿出来看看吧．

赵科长：　小马．

小马：　　好．

赵科长：　经理，这是我们厂的新产品，请你们组织农民试穿一下．
　　　　　我们好改进，啊．

经理：　　好．

小马：　　经理同志呀，这是我们厂最新式样儿的深齿沟防滑雨靴．
　　　　　是我们专门为农民试制的，你看，经济实惠，美观大方，
　　　　　防雨防滑．

群众：　　这鞋子真不错啊．

小马：　　那是啊．可称得上是领导雨靴新潮流，橡胶技术誉满全球，啊？

群众：　　你这是卖瓜说瓜甜吧．

(笑声)

----- 　市 场 上 　-----

群众甲：　两块钱的豆腐．

群众乙：　嗳，我来．一毛，一毛，一毛．

群众丙：　给我买一点儿茶．

二. 賣 瓜 不 說 瓜 甜

A Watermelon Girl

劇本　　　SCRIPT

經理：　　好，那就請你們拿出來看看吧．

趙科長：　小馬．

小馬：　　好．

趙科長：　經理，這是我們廠的新產品，請你們組織農民試穿一下．
　　　　　我們好改進，啊．

經理：　　好．

小馬：　　經理同志呀，這是我們廠最新式樣兒的深齒溝防滑雨靴．
　　　　　是我們專門爲農民試制的，你看，經濟實惠，美觀大方，
　　　　　防雨防滑．

群衆：　　這鞋子真不錯啊．

小馬：　　那是啊．可稱得上是領導雨靴新潮流，橡膠技術譽滿全球，啊？

群衆：　　你這是賣瓜說瓜甜吧．

(笑聲)

----- 　市場上　 -----

群衆甲：　兩塊錢的豆腐．

群衆乙：　噯，我來．一毛，一毛，一毛．

群衆丙：　給我買一點兒茶．

小孩：　　妈妈，我要吃西瓜．妈妈你帮我买西瓜．

赵科长：　往那边走．

小马：　　好．

小孩妈：　吃西瓜．

小贩甲：　吃点西瓜，吃点西瓜．

小孩妈：　这西瓜甜不甜哪？

群众：　　这瓜好吃吗？

小贩乙：　好吃的．

小贩甲：　卖瓜，卖瓜．

小贩丙：　卖瓜喽，卖瓜．不甜不要钱喽．

小贩丁：　好吃的西瓜到这儿来啊．

群众：　　这西瓜甜的吗？甜不甜的，咸不咸的，象白开水．

小贩甲：　哎，卖瓜啦，卖瓜啦．

厂长：　　买个西瓜解解渴吧？

小马：　　看看行市再说吧！

厂长：　　啊．

小贩丙：　卖瓜，卖瓜，不甜不要钱的，啊，啊？不信开个试试看．

群众：　　哈，哈，哈……，生瓜啊，哈哈．

小贩丙：　唉，这个不算，再来一个．不甜啊，不要钱．

小马：　　不甜不要钱，你咬一口，吐都吐不出来．哪个卖瓜的嘴不比
　　　　　瓜甜哪．

厂长：　　俗话说老王卖瓜，自卖自夸嘛．

小马：　　这是谁的瓜呀？

裙子：　　我的．

赵科长：　这是你们的瓜吗？

裙子：　　嗯．叔叔，您买瓜？

赵科长：　嗯．我们先看看，啊！

小孩：　　　媽媽，我要吃西瓜．媽媽你幫我買西瓜．

趙科長：　往那邊走．

小馬：　　　好．

小孩媽：　吃西瓜．

小販甲：　吃點西瓜，吃點西瓜．

小孩媽：　這西瓜甜不甜哪？

群眾：　　　這瓜好吃嗎？

小販乙：　好吃的．

小販甲：　賣瓜，賣瓜．

小販丙：　賣瓜嘍，賣瓜．不甜不要錢嘍．

小販丁：　好吃的西瓜到這兒來啊．

群眾：　　　這西瓜甜的嗎？甜不甜的，鹹不鹹的，像白開水．

小販甲：　哎，賣瓜啦，賣瓜啦．

廠長：　　　買個西瓜解解渴吧？

小馬：　　　看看行市再說吧！

廠長：　　　啊．

小販丙：　賣瓜，賣瓜，不甜不要錢的，啊，啊？不信開個試試看．

群眾：　　　哈，哈，哈……，生瓜啊，哈哈．

小販丙：　唉，這個不算，再來一個．不甜啊，不要錢．

小馬：　　　不甜不要錢，你咬一口，吐都吐不出來．哪個賣瓜的嘴不比

　　　　　　　瓜甜哪．

廠長：　　　俗話說老王賣瓜，自賣自誇嘛．

小馬：　　　這是誰的瓜呀？

裙子：　　　我的．

趙科長：　這是你們的瓜嗎？

裙子：　　　嗯．叔叔，您買瓜？

趙科長：　嗯．我們先看看，啊！

小马：　　哎，这个？

赵科长：嗯……

小马：　　哎，这个！这个怎么样？

赵科长：哎，对，就这个.

裙子：　　哈……

赵科长：你笑什么？

裙子：　　我笑你们不会挑瓜，听见了吗？叔叔呀，这　　的脆声啊，
　　　　　就是生瓜. 这　　发沉声就是熟瓜. 还有，熟瓜的脐小，
　　　　　凹进去的. 叔叔，你以后照我这样选瓜准保没错.

小马：　　哎，小姑娘，你把卖瓜的秘密都告诉了我们，哪剩下的生瓜
　　　　　卖不出去怎么办哪？

裙子：　　贱贱儿卖嘛！

小马：　　这小姑娘不错.

赵科长：很诚实…… 就给我们称这个吧.

裙子：　　六斤.

小马：　　咦，我说，小姑娘，你怎么卖瓜不用秤啊？

裙子：　　斤两都刻在西瓜上了.

小马：　　喔，这儿，这儿，我说你的瓜斤量足吗？啊？

裙子：　　斤两足的.

小马：　　怎么尾数都是一斤半斤的，难道没有几两？

裙子：　　九两算半斤，四两不算.

小马：　　喔，真的吗？

裙子：　　不信你称嘛！我妈说，自己种的瓜有啥稀奇！过路人口渴了，
　　　　　送还送一个呢！

小马：　　嗯，这个瓜不大甜吧？

裙子：　　是不大甜，今年雨水多，我家用的又是化肥！

小马：　　有意思，人家卖瓜都说自己的瓜甜，你怎么说不甜呢？

小馬： 哎，這個？

趙科長： 嗯……

小馬： 哎，這個！這個怎麼樣？

趙科長： 哎，對，就這個．

裙子： 哈……

趙科長： 你笑什麼？

裙子： 我笑你們不會挑瓜，聽見了嗎？叔叔呀，這噠噠的脆聲啊，就是生瓜．這嘭嘭發沉聲就是熟瓜．還有，熟瓜的臍小，凹進去的．叔叔，你以后照我這樣選瓜准保沒錯．

小馬： 哎，小姑娘，你把賣瓜的秘密都告訴了我們，哪剩下的生瓜賣不出去怎麼辦哪？

裙子： 賤賤兒賣嘛！

小馬： 這小姑娘不錯．

趙科長： 很誠實．．．．就給我們稱這個吧．

裙子： 六斤．

小馬： 咦，我説，小姑娘，你怎麼賣瓜不用秤啊？

裙子： 斤兩都刻在西瓜上了．

小馬： 喔，這兒，這兒，我説你的瓜斤量足嗎？啊？

裙子： 斤兩足的．

小馬： 怎麼尾數都是一斤半斤的，難道沒有幾兩？

裙子： 九兩算半斤，四兩不算．

小馬： 喔，真的嗎？

裙子： 不信你稱嘛！我媽説，自己種的瓜有啥稀奇！過路人口渴了，送還送一個呢！

小馬： 嗯，這個瓜不大甜吧？

裙子： 是不大甜，今年雨水多，我家用的又是化肥！

小馬： 有意思，人家賣瓜都説自己的瓜甜，你怎麼説不甜呢？

裙子： 　不甜就不甜嘛！你看，这筐瓜甜，这筐大瓜不甜，叔叔，
　　　　 小瓜真的甜哪！

赵科长：一副担子，一筐甜，一筐不甜，嗯……

小马： 　这小家伙啊，心可鬼着哪．她是想叫咱们……

裙子： 　真的，骗人是小狗．我不说谎，我妈说过，说谎不是好孩子．

小马： 　科长，你看……

赵科长：买一个试试吧！

小马： 　好！不甜不给钱啊！

裙子： 　嗯．

赵科长：嗯．

小马： 　嗯．

赵科长：嗯，好，好．嗯，真好．

小马： 　不错，不错．好．

群众： 　我买个瓜．

裙子： 　要大的要小的？

群众： 　要甜的．

裙子： 　这小的瓜甜．

群众： 　这个好，那就这个．

裙子： 　他们吃的就是．

王奶奶：裙子啊．

裙子： 　嗯．

王奶奶：裙子啊！

裙子： 　奶奶．

王奶奶：嗳．

裙子： 　奶奶，又卖了几个．

王奶奶：好，好．哟，又卖了这么多啊，谢谢你了．吃饭吧！

裙子： 　嗯．奶奶，你又给我做蛋吃了．

裙子：　不甜就不甜嘛！你看，這筐瓜甜，這筐大瓜不甜，叔叔，

小瓜真的甜哪！

趙科長：一副擔子，一筐甜，一筐不甜，嗯⋯⋯

小馬：　這小家伙啊，心可鬼着哪．她是想叫咱們⋯⋯

裙子：　真的，騙人是小狗．我不說謊，我媽說過，說謊不是好孩子．

小馬：　科長，你看⋯⋯

趙科長：買一個試試吧！

小馬：　好！不甜不給錢啊！

裙子：　嗯．

趙科長：嗯．

小馬：　嗯．

趙科長：嗯，好，好．嗯，真好．

小馬：　不錯，不錯．好．

群衆：　我買個瓜．

裙子：　要大的要小的？

群衆：　要甜的．

裙子：　這小的瓜甜．

群衆：　這個好，那就這個．

裙子：　他們吃的就是．

王奶奶：裙子啊．

裙子：　嗯．

王奶奶：裙子啊！

裙子：　奶奶．

王奶奶：嗳．

裙子：　奶奶，又賣了幾個．

王奶奶：好，好．喲，又賣了這麼多啊，謝謝你了．吃飯吧！

裙子：　嗯．奶奶，你又給我做蛋吃了．

王奶奶：吃吧！吃吧！你看为了给我卖瓜，把脚都戳破了，我给你
　　　　包一包，裙子啊．

小马：　嘿……，你叫裙子啊？

裙子：　嗯，是我小名儿．

赵科长：就是女孩子穿的那个裙子，啊？哈……

裙子：　嗯．

小马：　哈，准是你妈呀想要一个闺女．

王奶奶：同志啊，你们错了．那几年，一会儿叫移山，一会儿叫填坡．
　　　　生黄土哪儿能长出谷子来呢？她妈生她的时候没得吃，
　　　　没得穿，哪还有钱做小毛衫呢？她妈就把她出嫁儿时穿的
　　　　那条裙子，裹着她．

赵科长：所以，你叫裙子啊，啊？

裙子：　嗯．

赵科长：可是，现在情况变了．

小马：　是啊，现在农村政策变啦，也富起来啦．你该做件花裙子
　　　　穿穿啦，啊？

赵科长：叫你妈给做嘛．

裙子：　是要做啦！妈说，今年自留地里的瓜，都是我浇的水，用卖瓜
　　　　的钱给我做条花裙子.你们看．

小马：　够了吗？

裙子：　还差得远呢！今年我要上学了．等凑齐书钱再做花裙子．

小马：　哦．

赵科长：你没上学，就是因为没钱买书？

裙子：　我妈妈生病好几年了．

小马：　那你爸爸呢？

裙子：　死了．

小马：　啊！

王奶奶：吃吧！吃吧！你看爲了給我賣瓜，把脚都戳破了，我給你

包一包，裙子啊．

小馬：　嘿……，你叫裙子啊？

裙子：　嗯，是我小名兒．

趙科長：就是女孩子穿的那個裙子，啊？哈……

裙子：　嗯．

小馬：　哈，准是你媽呀想要一個閨女．

王奶奶：同志啊，你們錯了．那幾年，一會兒叫移山，一會兒叫填坡．

生黃土哪兒能長出谷子來呢？她媽生她的時候沒得吃，

沒得穿，哪還有錢做小毛衫呢？她媽就把她出嫁兒時穿的

那條裙子，裹着她．

趙科長：所以，你叫裙子啊，啊？

裙子：　嗯．

趙科長：可是，現在情況變了．

小馬：　是啊，現在農村政策變啦，也富起來啦．你該做件花裙子

穿穿啦，啊？

趙科長：叫你媽給做嘛．

裙子：　是要做啦！媽説，今年自留地裏的瓜，都是我澆的水，用賣瓜

的錢給我做條花裙子你們看．

小馬：　够了嗎？

裙子：　還差得遠呢！今年我要上學了．等凑齊書錢再做花裙子．

小馬：　哦．

趙科長：你沒上學，就是因爲沒錢買書？

裙子：　我媽媽生病好幾年了．

小馬：　那你爸爸呢？

裙子：　死了．

小馬：　啊！

王奶奶：他爸爸原来是我们的生产队长，还是队里的劳动模范呢．唉！
　　　　说什么学样板，搞什么人造小平原．开山造田的时候被炸死了．
　　　　丢下她们娘儿俩．

赵；马：那他们的生活儿呢？

裙子：　有长庚哥他们呢．

王奶奶：长庚是我们的生产队长，我们的责任田，都是他帮着种的．

赵；马：哦．

裙子：　今年的庄稼长得可好了．

王奶奶：哎，吃饱啦？

裙子：　奶奶，给你钱．

王奶奶：卖不完，早点儿回来．明天再卖，啊？

裙子：　嗯，奶奶，我晚上给你摘瓜．

王奶奶：好，好，好．麻烦你啦．

裙子：　奶奶再见．

王奶奶：早点儿回来啊．

赵科长：你跟老奶奶不是一家啊？

裙子：　嗯．

小马：　那她是……

裙子：　住在我家隔壁的．

小马：　哦．原来那筐瓜不是你的啊？

裙子：　嗯．

小马：　裙子呀，我们再买个瓜，要大的．

裙子：　嗯？

赵科长：要这个筐里的．

小马：　要这个．

赵科长：不，不，不，这个，这个好，这个大．

小马：　好，很好．

王奶奶：他爸爸原來是我們的生產隊長，還是隊裡的勞動模範呢。唉！
　　　　說什麼學樣板，搞什麼人造小平原。開山造田的時候被炸死了。
　　　　丢下她們娘兒倆。

趙；馬：那他們的生活兒呢？

裙子：　有長庚哥他們呢。

王奶奶：長庚是我們的生產隊長，我們的責任田，都是他幫着種的。

趙；馬：哦。

裙子：　今年的莊稼長得可好了。

王奶奶：哎，吃飽啦？

裙子：　奶奶，給你錢。

王奶奶：賣不完，早點兒回來。明天再賣，啊？

裙子：　嗯，奶奶，我晚上給你摘瓜。

王奶奶：好，好，好。麻煩你啦。

裙子：　奶奶再見。

王奶奶：早點兒回來啊。

趙科長：你跟老奶奶不是一家啊？

裙子：　嗯。

小馬：　那她是……

裙子：　住在我家隔壁的。

小馬：　哦。原來那筐瓜不是你的啊？

裙子：　嗯。

小馬：　裙子呀，我們再買個瓜，要大的。

裙子：　嗯？

趙科長：要這個筐里的。

小馬：　要這個。

趙科長：不，不，不，這個，這個好，這個大。

小馬：　好，很好。

赵科长：我们就要这个.

裙子： 叔叔，这瓜熟透了. 可能沙瓤了.

小马： 我们就要这个.

赵科长：是，是的.

裙子： 你们吃不了.

赵科长：我们在旅馆里慢慢吃.

裙子： 这瓜不能放，得快吃.

赵；马：好，是.

赵科长：喏，给你. 小马，给她一双鞋吧.

小马： 是.

赵科长：裙子，

裙子： 雨鞋.

小马： 快，试试看.

裙子： 是. 正合适.

赵科长：你不喜欢？

裙子： 不，我没钱.

小马： 送给你，不要钱.

裙子： 不要钱？我妈说不能白拿人家东西.

小马： 哎呀！你呀，去跟你妈说，这是我们厂的一种新产品. 你刚才
不是看过了吗？哎，哎，唉，上面有齿沟，这是我们专门给
农民定做试穿的. 看他们穿起来方便不方便；下雨天上山，
爬坡滑不滑？

裙子： 可我还不是大人呢？

赵科长：大人要试，小孩儿也要试啊. 你穿上它上学，帮大人干活，
看舒服不舒服？以后呀，我们还来听你的意见呢.

裙子： 真的啊？

赵科长：是.

趙科長：我們就要這個.

裙子：　叔叔，這瓜熟透了. 可能沙瓤了.

小馬：　我們就要這個.

趙科長：是，是的.

裙子：　你們吃不了.

趙科長：我們在旅館里慢慢吃.

裙子：　這瓜不能放，得快吃.

趙；馬：好，是.

趙科長：喏，給你. 小馬，給她一雙鞋吧.

小馬：　是.

趙科長：裙子，

裙子：　雨鞋.

小馬：　快，試試看.

裙子：　是. 正合適.

趙科長：你不喜歡？

裙子：　不，我沒錢.

小馬：　送給你，不要錢.

裙子：　不要錢？我媽説不能白拿人家東西.

小馬：　哎呀！你呀，去跟你媽説，這是我們廠的一種新産品. 你剛才不是看過了嗎？哎，哎，唉，上面有齒溝，這是我們專門給農民定做試穿的. 看他們穿起來方便不方便；下雨天上山，爬坡滑不滑？

裙子：　可我還不是大人呢？

趙科長：大人要試，小孩兒也要試啊. 你穿上它上學，幫大人干活，看舒服不舒服？以后呀，我們還來聽你的意見呢.

裙子：　真的啊？

趙科長：是.

小马： 当然是真的啦．你小孩儿不说谎，我们大人还能说谎吗？

赵科长：拿着吧．

裙子： 叔叔，那什么时候还呢？

赵科长：不用还了．就送给你了．

裙子： 谢谢叔叔，我穿新鞋去上学，去干活儿，再也不怕扎脚了．叔叔..

赵科长：嗯？

小马： 怎么？不喜欢？

裙子： 不．我想，我想换双大人的．

赵科长：大人的？哦，给你的妈妈？

裙子： 不．

小马： 那给谁呀？

裙子： 给刚才那个王奶奶，你们知道她是五保户．她年纪大，
又有腿病，就怕雨天．要是能穿上这样的鞋，该多好啊！

小马： 科长……

赵科长：嗯．

小马： 再给她一双吧？啊？

赵科长：好，好．

小马： 给你．

裙子： 还你．

小马： 两双都给你．

裙子： 不，不，还你，还你．

小马： 哎呀，拿着．

裙子： 我只要一双，我妈说人不能贪心．

赵科长：小马．裙子，请你把这双鞋交给王奶奶．

裙子： 谢谢叔叔．

赵科长：好孩子．

小马： 科长，我们走吧！

小馬：　　當然是真的啦．你小孩兒不說謊，我們大人還能說謊嗎？

趙科長：拿着吧．

裙子：　　叔叔，那什麼時候還呢？

趙科長：不用還了．就送給你了．

裙子：　　謝謝叔叔，我穿新鞋去上學，去干活兒，再也不怕扎腳了．叔叔..

趙科長：嗯？

小馬：　　怎麼？不喜歡？

裙子：　　不．我想，我想換雙大人的．

趙科長：大人的？哦，給你的媽媽？

裙子：　　不．

小馬：　　那給誰呀？

裙子：　　給剛才那個王奶奶，你們知道她是五保戶．她年紀大，
　　　　　又有腿病，就怕雨天．要是能穿上這樣的鞋，該多好啊！

小馬：　　科長……

趙科長：嗯．

小馬：　　再給她一雙吧？啊？

趙科長：好，好．

小馬：　　給你．

裙子：　　還你．

小馬：　　兩雙都給你．

裙子：　　不，不，還你，還你．

小馬：　　哎呀，拿着．

裙子：　　我只要一雙，我媽說人不能貪心．

趙科長：小馬．裙子，請你把這雙鞋交給王奶奶．

裙子：　　謝謝叔叔．

趙科長：好孩子．

小馬：　　科長，我們走吧！

赵科长： 好．裙子呀，过几天，我们来征求你的意见，啊？

裙子： 是．叔叔再见．

赵/马： 再见．

小马： 我们搞商业工作就应该像裙子那样．

赵科长：岂止是我们搞商业工作的！

裙子： 叔叔，叔叔……

(剧完)

趙科長： 好．裙子呀，過幾天，我們來微求你的意見，啊？

裙子： 是．叔叔再見．

趙/馬： 再見．

小馬： 我們搞商業工作就應該像裙子那樣．

趙科長： 豈止是我們搞商業工作的！

裙子： 叔叔，叔叔......

(劇完)

生 词 Vocabulary

1.	瓜	guā	melon, watermelon
2.	甜	tián	sweet
3.	奶奶	nǎinai	grandma (on one's father's side)
4.	科长	kēzhǎng	head of an office
5.	群众	qúnzhòng	crowds of people
6.	经理	jīnglǐ	manager
7.	产品	chǎnpǐn	products
8.	组织	zǔzhī	to organize
9.	农民	nóngmín	peasant, farmer
10.	试	shì	to try something new, put on
11.	改进	gǎijìn	to improve
12.	同志	tóngzhì	comrade
13.	式样	shìyàng	style, fashion
14.	深	shēn	deep
15.	齿沟	chǐgōu	treads
16.	防滑	fáng huá	slip-proof, anti-skidding
17.	靴	xuē	boots
18.	专门	zhuānmén	specifically
19.	为	wèi	for, on behalf of
20.	试制	shìzhì	to manufacture & sell on a trial basis
21.	经济	jīngjì	economical, inexpensive
22.	实惠	shíhuì	to get money's worth
23.	美观	měiguān	beautiful, of nice appearance

生　詞　Vocabulary

1. 瓜　　guā　　melon, watermelon
2. 甜　　tián　　sweet
3. 奶奶　　nǎinai　　grandma (on one's father's side)
4. 科長　　kēzhǎng　　head of an office
5. 群眾　　qúnzhòng　　crowds of people
6. 經理　　jīnglǐ　　manager
7. 產品　　chǎnpǐn　　products
8. 組織　　zǔzhī　　to organize
9. 農民　　nóngmín　　peasant, farmer
10. 試　　shì　　to try something new, put on
11. 改進　　gǎijìn　　to improve
12. 同志　　tóngzhì　　comrade
13. 式樣　　shìyàng　　style, fashion
14. 深　　shēn　　deep
15. 齒溝　　chǐgōu　　treads
16. 防滑　　fáng huá　　slip-proof, anti-skidding
17. 靴　　xuē　　boots
18. 專門　　zhuānmén　　specifically
19. 爲　　wèi　　for, on behalf of
20. 試制　　shìzhì　　to manufacture & sell on a trial basis
21. 經濟　　jīngjì　　economical, inexpensive
22. 實惠　　shíhuì　　to get money's worth
23. 美觀　　měiguān　　beautiful, of nice appearance

24.	大方	dàfāng	in good taste, tasteful
25.	称得上	chēng de shàng	be worthy of
26.	领导	lǐngdǎo	to lead, to be the first in
27.	潮流	cháoliú	fashion, trend
28.	橡胶	xiàngjiāo	rubber
29.	技术	jìshù	skill, technique
30.	誉满全球	yù mǎn quán qiú	universally acclaimed
31.	市场	shìchǎng	market
32.	豆腐	dòufu	bean curd
33.	西瓜	xīguā	watermelon
34.	咸	xián	salty
35.	白开水	báikāishuǐ	boiled water
36.	解渴	jiěkě	to quench one's thirst
37.	行市	hángshi	market situation
38.	信	xìn	to believe, to trust
39.	生	shēng	(of fruits) unripe, green
40.	咬	yǎo	to bite
41.	吐	tǔ	to spit out
42.	嘴	zuǐ	mouth
43.	俗话	súhua	common saying, proverb
44.	自卖自夸	zì mài zì kuā	to praise the goods one sells;
			to indulge in self-glorification
45.	叔叔	shūshu	uncle (respectful term for older men)
46.	挑	tiāo	carry on the shoulder
47.	噔噔	dēngdēng	sound of thumping, thud
48.	脆	cuì	crispy
49.	嘭嘭	pēngpēng	sound of tapping

24. 大方	dàfāng	in good taste, tasteful
25. 稱得上	chēng de shàng	worthy of
26. 領導	lǐngdǎo	to lead, to be the first in
27. 潮流	cháoliú	fashion, trend
28. 橡膠	xiàngjiāo	rubber
29. 技術	jìshù	skill, technique
30. 譽滿全球	yùmǎn quánqiú	universally acclaimed
31. 市場	shìchǎng	market
32. 豆腐	dòufu	bean curd
33. 西瓜	xīguā	watermelon
34. 鹹	xián	salty
35. 白開水	báikāishuǐ	boiled water
36. 解渴	jiěkě	to quench one's thirst
37. 行市	hángshi	market situation
38. 信	xìn	to believe, to trust
39. 生	shēng	(of fruits) unripe, green
40. 咬	yǎo	to bite
41. 吐	tǔ	to spit out
42. 嘴	zuǐ	mouth
43. 俗話	súhuà	common saying, proverb
44. 自賣自誇	zì mài zì kuā	to praise the goods one sells; to indulge in self-glorification
45. 叔叔	shūshu	uncle (respectful term for older men)
46. 挑	tiāo	carry on the shoulder
47. 噔噔	dēngdēng	sound of thumping, thud
48. 脆	cuì	crispy
49. 嘭嘭	pēngpēng	sound of tapping

50.	发沉	fā chén	to sound heavy
51.	熟	shóu	ripe
52.	脐	qí	navel, button
53.	凹	āo	concave, hollow, sunken
54.	准保	zhǔnbǎo	to ensure, to guarantee that
55.	秘密	mìmì	secret
56.	剩下	shèng xia	the remaining, what is left
57.	贱贱儿	jiànjiān'er	cheaply
58.	诚实	chéngshí	honest
59.	称	chēng	to weigh something
60.	斤	jīn	Chinese weight unit, = 1.1b
61.	两	liǎng	Chinese 'ounce'
62.	斤两	jīnliǎng	weight
63.	刻	kè	carve, engrave, cut
64.	足	zú	enough, sufficient
65.	尾数	wěishu	the last digit
66.	算	suan	calculate, reckon, compute
67.	啥	shá	what?
68.	稀奇	xīqí	rare, uncommon
69.	化肥	huàféi	chemical fertilizer
70.	筐	kuāng	baskets, usually big
71.	副	fù	a pair, a set of
72.	鬼	guǐ	be full of tricks
73.	骗	piàn	to cheat, to kid
74.	说谎	shuōhuǎng	to lie
75.	蛋	dàn	eggs
76.	戳破	chuō pò	to poke a hole, to break

50.	發沉	fā chén	to sound heavy
51.	熟	shóu	ripe
52.	臍	qí	navel, button
53.	凹	āo	concave, hollow, sunken
54.	准保	zhǔnbǎo	to ensure, to guarantee that
55.	秘密	mìmì	secret
56.	剩下	shèng xia	the remaining, what is left
57.	賤賤兒	jiànjiān'er	cheaply
58.	誠實	chéngshí	honest
59.	稱	chēng	to weigh something
60.	斤	jīn	Chinese weight unit,=1.1b
61.	兩	liǎng	Chinese 'ounce'
62.	斤兩	jīnliǎng	weight
63.	刻	kè	carve, engrave, cut
64.	足	zú	enough, sufficient
65.	尾數	wěishù	the last digit
66.	算	suàn	calculate, reckon, compute
67.	啥	shá	what?
68.	稀奇	xīqí	rare, uncommon
69.	化肥	huàféi	chemical fertilizer
70.	筐	kuāng	baskets, usually big
71.	副	fù	a pair, a set of
72.	鬼	guǐ	be full of tricks
73.	騙	piàn	to cheat, to kid
74.	說謊	shuōhuǎng	to lie
75.	蛋	dàn	eggs
76.	戳破	chuō pò	to poke a hole, to break

77.	包	bāo	to wrap
78.	闺女	guīnü	young girls before marriage
79.	移	yí	to remove, to move
80.	填	tián	to fill, to stuff
81.	坡	pō	slope
82.	谷子	gǔzi	grain
83.	毛衫	máo shan	baby shirts
84.	出嫁	chūjia	(of a girl) to be married
85.	裹	guǒ	to wrap
86.	情况	qíngkuàng	situation, condition
87.	变	biàn	to change
88.	政策	zhèngcè	policy, rules
89.	富	fù	to be rich, wealthy
90.	自留地	zìliúdì	plot of land for personal disposal, family plot, private plot
91.	浇	jiāo	to water
92.	凑齐	còu qí	to club together, to collect
93.	原来	yuánlái	originally, before
94.	生产	shēngchǎn	production
95.	队长	duìzhǎng	leader, head
96.	劳动	láodòng	labor
97.	模范	mófàn	model, exemplary
98.	样板	yàngbǎn	model, example
99.	搞	gǎo	to do, to have sth. done
100.	人造	rénzào	man-made
101.	平原	píngyuán	plain, flat land
102.	造	zào	to make, build, set up

77.	包	bāo	to wrap
78.	閨女	guīnü	young girls before marriage
79.	移	yí	to remove, to move
80.	填	tián	to fill, to stuff
81.	坡	pō	slope
82.	谷子	gǔzi	grain
83.	毛衫	máo shān	baby shirts
84.	出嫁	chūjià	(of a girl) to be married
85.	裹	guǒ	to wrap
86.	情況	qíngkuàng	situation, condition
87.	變	biàn	to change
88.	政策	zhèngcè	policy, rules
89.	富	fù	to be rich, wealthy
90.	自留地	zìliúdì	plot of land for personal disposal, family plot, private plot
91.	澆	jiāo	to water
92.	凑齊	còu qí	to club together, to collect
93.	原來	yuánlái	originally, before
94.	生産	shēngchǎn	production
95.	隊長	duìzhǎng	leader, head
96.	勞動	láodòng	labor
97.	模範	mófàn	model, exemplary
98.	樣板	yàngbǎn	model, example
99.	搞	gǎo	to do, to have sth. done
100.	人造	rénzào	man-made
101.	平原	píngyuán	plain, flat land
102.	造	zào	to make, build, set up

103.	炸	zhà	to blast, to explode
104.	生活	shēnghuó	life, livelihood
105.	长庚	Chánggēng	common male name, esp in rural areas
106.	责任田	zérèn tián	an assigned plot one is responsible for
107.	庄稼	zhuāngjia	crops
108.	摘	zhāi	to pick (fruit etc)
109.	麻烦	máfan	to trouble sb.
110.	隔壁	gébì	next-door neighbor
111.	透	tòu	too much, very
112.	沙瓤	shāráng	(esp. of watermelon pulp) mushy
113.	旅馆	lǘguǎn	hotel
114.	放	fàng	to keep sth. without using/eating
115.	白拿	bái ná	to take sth. without paying for it
116.	爬	pá	to crawl
117.	意见	yìjian	suggestion, comment
118.	扎脚	zhā jiǎo	to cut (one's foot)
119.	换	huàn	to exchange
120.	五保户	Wú Bǎo Hù	a special household enjoying the privilege of the policy of Five Guarantees (i.e. childless and infirm old persons who are guaranteed food, clothing, medical care, housing and burial expenses by the government)
121.	该	gāi	should, ought to
122.	贪心	tānxīn	greedy
123.	征求	zhēngqiú	to request/solicit opinion

103.炸	zhà	to blast, to explode
104.生活	shēnghuó	life, livelihood
105.長庚	Chánggēng	common male name, esp in rural areas
106.責任田	zérèn tián	an assigned plot one is responsible for
107.莊稼	zhuāngjia	crops
108.摘	zhāi	to pick (fruit etc)
109.麻煩	máfan	to trouble sb.
110.隔壁	gébì	next-door neighbor
111.透	tòu	too much, very
112.沙瓤	shāráng	(esp. of watermelon pulp) mushy
113.旅館	lǚguǎn	hotel
114.放	fàng	to keep sth. without using/eating
115.白拿	bái ná	to take sth. without paying for it
116.爬	pá	to crawl
117.意見	yìjian	suggestion, comment
118.扎脚	zhā jiǎo	to cut (one's foot)
119.換	huàn	to exchange
120.五保户	Wǔ Bǎo Hù	a special household enjoying the privilege of the policy of Five Guarantees (i.e. childless and infirm old persons who are guaranteed food, clothing, medical care, housing and burial expenses by the government)
121.該	gāi	should, ought to
122.貪心	tānxīn	greedy
123.徵求	zhēngqiú	to request/solicit opinion

| 124. 商业 | shāngyè | commerce, business |
| 125. 岂止 | qǐzhǐ | not merely |

124. 商業　shāngyè　commerce, business

125. 豈止　qǐzhǐ　not merely

1. 试用，试穿 (shiyong, shichuan; for some consumer goods
   to be tested prior to official sale. ("试穿，试用" 指工厂
   生产某种产品，在销售前让顾客试穿或试用.)

   a. 这新产品正在请人试用，看质量怎么样.

   Zhe xin chanpin zhengzai qing ren shiyong, kan zhiliang
   zeme yang.

   We are having some consumers test the quality of this
   new product.

   b. 他家这台电视是工厂给他们试用的.

   Ta jia zhetai dianshi shi gongchang gei tamen shiyong de.
   His TV set is a test item from a factory.

2. 好 + Verb Phrase (hao...., so that we can...)
   When 好 occurs in front of verb phrases, it refers to a
   situation that can now be accomplished since its pre-con-
   dition has been met.

   a. 请你切开一个西瓜，我们好尝尝!

   Qing ni kai-kai yige xigua, women hao changchang!
   Cut a melon open, so that we can try it!

1. 試用, 試穿 (shiyong, shichuan; for some consumer goods
   to be tested prior to official sale. ("試穿, 試用" 指工廠
   生產某種產品, 在銷售前讓顧客試穿或試用.)

   a. 這新產品正在請人試用, 看質量怎麼樣.

   Zhe xin chanpin zhengzai qing ren shiyong, kan zhiliang
   zeme yang.

   We are having some consumers test the quality of this
   new product.

   b. 他家這台電視是工廠給他們試用的.

   Ta jia zhetai dianshi shi gongchang gei tamen shiyong de.
   His TV set is a test item from a factory.

2. 好 + Verb Phrase (hao...., so that we can...)
   When 好 occurs in front of verb phrases, it refers to a
   situation that can now be accomplished since its pre-con-
   dition has been met.

   a. 請你切開一個西瓜, 我們好嚐嚐!

   Qing ni kai-kai yige xigua, women hao changchang!
   Cut a melon open, so that we can try it!

b. 请你把电话号码告诉我，以后我们好联系．

Qing ni ba dianhua haoma gaosu wo, yihou women hao lianxi.

Please may I have your phone number, so that we can stay in touch.

3. Verb + 得上 (Verb + deshang)

上 as a verb complement assumes highly idiomatic meanings and is best understood in association with the verbs.

a. 他称得上是我们学校最受欢迎的老师．

Ta chengdeshang shi women xuexiao zui shou huanyingde laoshi.

He can be assumed to be the most popular teacher in our school.

b. 我们班学习最好的学生还数不上他．

Women ban xuexi zuihaode xuesheng hai shubushang ta.

He cannot claim to be the best student in our class.

c. 你用中文写信，算不上什么本事，大家都会．

Ni yong zhongwen xie xin, suanbushang sheme benshi,

dajia dou hui.

Writing letters in Chinese is nothing special. Everyone can do it.

4. 白 + Verb Phrase (bai..., to do ... for nothing)

白 in front of verb phrases can refer either to 'not paying for it' (or to 'in vain, to no avail', depending on the verbs or situations.

a. 你怎么能在朋友家白住白吃？

Ni zenme keyi dao pengyou jia bai zhu bai chi?

— 31 —

b. 請你把電話號碼告訴我，以后我們好聯繫．

   Qing ni ba dianhua haoma gaosu wo, yihou women hao lianxi.

   Please may I have your phone number,so that we can stay

   in touch.

3. Verb + 得上 (Verb + deshang)

   上 as a verb complement assumes highly idiomatic meanings

   and is best understood in association with the verbs.

   a. 他稱得上是我們學校最受歡迎的老師．

      Ta chengdeshang shi women xuexiao zui shou huanyingde laoshi.

      He can be assumed to be the most popular teacher in our school.

   b. 我們班學習最好的學生還數不上他．

      Women ban xuexi zuihaode xuesheng hai shubushang ta.

      He cannot claim to be the best student in our class.

   c. 你用中文寫信，算不上什麼本事，大家都會．

      Ni yong zhongwen xie xin, suanbushang sheme benshi,

      dajia dou hui.

      Writing letters in Chinese is nothing special.Everyone can do it.

4. 白 + Verb Phrase (bai..., to do ... for nothing)

   白 in front of verb phrases can refer either to 'not

   paying for it' (or to 'in vain, to no avail', depending

   on the verbs or situations.

   a. 你怎麼能在朋友家白住白吃?

      Ni zenme keyi dao pengyou jia bai zhu bai chi?

How could you stay and eat at your friend's house for nothing? (i.e. not paying for it in money or in kind)

b. 他是帮助你，你怎么可以白花人家的钱？

Ta shi bangzhu ni, ni zenme keyi bai hua renjiade qian?

He wanted to help you; how could you spend his money for nothing? (i.e. waste it on some frivolous undertaking)

c. 他在飞机场白等了两个小时，朋友还是没到.

Ta zai feijichang bai dengle liangge xiaoshi, pengyou haishi meidao.

He waited two hours at the airport for nothing; his friend did not show up.

d. 今天我去图书馆又白跑了一趟，书还没回来.

Jintian wo qu tushuguan you bai paole yitang, shu hai mei huilai.

I went to the library today for nothing. The book I wanted had not been returned yet.

5. Adjective + 起来了 (Adj + qilaile, to become Adj)
   Following adjectives, 起来 functions as an inchoative aspect specifying the realization of some state/condition.

a. 这几年，农村富起来了.

zhe ji nian, nongcun fu qilaile.

In the last few years, life in the villages has become quite comfortable.

b. 一打仗，石油就贵起来了.

Yi dazhang, shiyou jiu gui qilaile.

Once a war breaks out, the price of oil jumps up.

How could you stay and eat at your friend's house for
nothing? (i.e. not paying for it in money or in kind)

b. 他是幫助你，你怎麼可以白花人家的錢？

Ta shi bangzhu ni, ni zenme keyi bai hua renjiade qian?

He wanted to help you; how could you spend his money for
nothing? (i.e. waste it on some frivolous undertaking)

c. 他在飛機場白等了兩個小時，朋友還是沒到。

Ta zai feijichang bai dengle liangge xiaoshi, pengyou haishi
meidao.

He waited two hours at the airport for nothing; his friend did
not show up.

d. 今天我去圖書館又白跑了一趟，書還沒回來。

Jintian wo qu tushuguan you bai paole yitang, shu hai mei
huilai.

I went to the library today for nothing. The book I wanted
had not been returned yet.

5. Adjective + 起來了 (Adj + qilaile, to become Adj)

   Following adjectives, 起來 functions as an inchoative aspect
   specifying the realization of some state/condition.

a. 這幾年，農村富起來了。

   zhe ji nian, nongcun fu qilaile.

   In the last few years, life in the villages has become quite
   comfortable.

b. 一打仗，石油就貴起來了。

   Yi dazhang, shiyou jiu gui qilaile.

   Once a war breaks out, the price of oil jumps up.

c. 老李一喝酒话就多起来了.

    Lao Li yi hejiu hua jiu duo qilaile.

    Lao Li becomes talkative after a few drinks.

6. Verb + 齐 (Verb + qi)

  齐 as a verb complement indicates that a predefined goal has now been met so that something can be done with it.

a. 学生到齐了才能开始上课.

    Xuesheng daoqile cai neng kaishi shangke.

    We'll begin today's class after everyone gets here.

b. 明天生日晚会的东西都买齐了吗?

    Mingtian shengri wanhuide dongxi dou maiqile ma?

    Did you manage to buy everything for the birthday party tomorrow?

It can also describe things that have been neatly arranged.

a. 把纸裁齐了再订成本子.

    Ba zhi caiqile zai dingcheng benzi.

    Bind the paper into a volume after it has all been cut even.

b. 放电影以前先把椅子排齐.

    Fang dianying yiqian xian ba yizi paiqi.

    Let's line up the chairs before showing the movie.

c. 老李一喝酒話就多起來了.

Lao Li yi hejiu hua jiu duo qilaile.

Lao Li becomes talkative after a few drinks.

6. Verb + 齊 (Verb + qi)

齊 as a verb complement indicates that a predefined goal
has now been met so that something can be done with it.

a. 學生到齊了才能開始上課.

Xuesheng daoqile cai neng kaishi shangke.

We'll begin today's class after everyone gets here.

b. 明天生日晚會的東西都買齊了嗎?

Mingtian shengri wanhuide dongxi dou maiqile ma?

Did you manage to buy everything for the birthday

party tomorrow?

It can also describe things that have been neatly arranged.

a. 把紙裁齊了再訂成本子.

Ba zhi caiqile zai dingcheng benzi.

Bind the paper into a volume after it has all been cut even.

b. 放電影以前先把椅子排齊.

Fang dianying yiqian xian ba yizi paiqi.

Let's line up the chairs before showing the movie.

1. 中国人怎么挑瓜？美国人呢？

2. 裙子说什么样的瓜生，什么样的瓜熟？

3. 裙子想卖大瓜还是想卖小瓜？为什么？

4. 王奶奶是裙子的什么人？

5. 裙子为什么叫裙子？

6. 裙子卖瓜的时候，吃饭怎么办？

7. 农村是怎么富起来的？

8. 裙子的父亲是怎么死的？

9. 自留田是什么？责任田又是什么？

10. 长庚是怎么样的一个人？

11. 裙子为什么觉得王奶奶需要雨鞋？

12. 请举一个例子说明 ′老王卖瓜，自卖自夸′ 的意思是什么？

13. 裙子是怎么样的一个孩子？他为什么会这样？

1. 中國人怎麼挑瓜? 美國人呢?

2. 裙子說什麼樣的瓜生, 什麼樣的瓜熟?

3. 裙子想賣大瓜還是想賣小瓜? 為什麼?

4. 王奶奶是裙子的什麼人?

5. 裙子為什麼叫裙子?

6. 裙子賣瓜的時候, 吃飯怎麼辦?

7. 農村是怎麼富起來的?

8. 裙子的父親是怎麼死的?

9. 自留田是什麼? 責任田又是什麼?

10. 長庚是怎麼樣的一個人?

11. 裙子為什麼覺得王奶奶需要雨鞋?

12. 請舉一個例子說明 ′老王賣瓜, 自賣自誇′ 的意思是什麼?

13. 裙子是怎麼樣的一個孩子? 他為什麼會這樣?

三. 选 爸 爸

To Trade a Father

剧 本

姐姐： 小弟！

弟弟： 哎！

姐姐： 哎呀，小弟！

小弟： 干嘛呀？

姐姐： 臭死了！

弟弟： 嗯。

姐姐： 把窗户打开！

弟弟： 嗯。

姐姐： 把门打开，闻闻！哼，臭死了．讨厌，洗脚去！

弟弟： 嗯．

姐姐： 听见了吗？

弟弟： 嗯，你可别动我东西啊！千万别动！

姐姐：　　放点儿除臭剂．

弟弟： 知道了．

姐姐： 多泡会儿，小脏猪！

弟弟： 你才小脏猪呢！

姐姐： 哎呀，小弟，你捏的是什么呀？

弟弟： 哎，别动！那是我捏的全家福．

姐姐： 谁动你的了？

弟弟： 你别动！

姐姐： 给我看看嘛．

三. 選 爸 爸

To Trade a Father

劇 本

姐姐： 小弟！

弟弟： 哎！

姐姐： 哎呀，小弟！

小弟： 干嘛呀？

姐姐： 臭死了！

弟弟： 嗯。

姐姐： 把窗户打開！

弟弟： 嗯。

姐姐： 把門打開，聞聞！哼，臭死了．討厭，洗脚去！

弟弟： 嗯．

姐姐： 聽見了嗎？

弟弟： 嗯，你可別動我東西啊！千萬別動！

姐姐： 放點兒除臭劑．

弟弟： 知道了．

姐姐： 多泡會兒，小髒猪！

弟弟： 你才小髒猪呢！

姐姐： 哎呀，小弟，你捏的是什麼呀？

弟弟： 哎，別動！那是我捏的全家福．

姐姐： 誰動你的了？

弟弟： 你別動！

姐姐： 給我看看嘛．

弟弟： 别动！

姐姐： 让我看看．

弟弟： 你别动！

姐姐： 哎呀，真好玩儿！

弟弟： 你别动，别动，你给我吧．

姐姐： 我不动，不动，不动。

弟弟： 给我，给我！

姐姐： 哎呀，让我看看嘛．弄不坏的！让我看看嘛，弄不坏的！

弟弟： 这是妈妈。

姐姐： 这怎么是妈妈呢？

弟弟： 妈妈就是老黄牛，一天到晚老干活．忙完了学校忙家里．

姐姐： 那牛角上的小鸟呢？

弟弟： 那是你呀。你一天到晚叽叽喳喳叫个没完．

姐姐： 好啊，你说我，说我是小鸟！

弟弟： 哎哟，本来嘛，本来嘛．

姐姐： 你说我，让你说我，让你说我！瞎说，瞎说！揪你耳朵，
揪你耳朵．叫你瞎说！

弟弟： 本来就是嘛．

姐姐： 就是瞎说！我是小鸟，你是什么呀？

弟弟： 我是小山羊呀．

姐姐： 你是小脏猪．

弟弟： 哼，你瞧我多可爱呀．咩！

姐姐： 可爱什么呀？哼，你应该捏条虫，你是小懒虫．

弟弟： 你才是小懒虫呢．

姐姐： 好啊，你骂我，你是小懒虫．

弟弟： 你是小懒虫．

姐姐/弟弟：

弟弟： 別動！

姐姐： 讓我看看.

弟弟： 你別動！

姐姐： 哎呀，真好玩兒！

弟弟： 你別動，別動，你給我吧.

姐姐： 我不動，不動，不動。

弟弟： 給我，給我！

姐姐： 哎呀，讓我看看嘛.弄不壞的！讓我看看嘛，弄不壞的！

弟弟： 這是媽媽。

姐姐： 這怎麼是媽媽呢？

弟弟： 媽媽就是老黃牛，一天到晚老幹活.忙完了學校忙家裡.

姐姐： 那牛角上的小鳥呢？

弟弟： 那是你呀。你一天到晚嘰嘰喳喳叫個沒完.

姐姐： 好啊，你說我，說我是小鳥！

弟弟： 哎喲，本來嘛，本來嘛.

姐姐： 你說我，讓你說我，讓你說我！瞎說，瞎說！揪你耳朵，揪你耳朵.叫你瞎說！

弟弟： 本來就是嘛.

姐姐： 就是瞎說！我是小鳥， 你是什麼呀？

弟弟： 我是小山羊呀.

姐姐： 你是小髒豬.

弟弟： 哼，你瞧我多可愛呀.咩！

姐姐： 可愛什麼呀？ 哼，你應該捏條蟲，你是小懶蟲.

弟弟： 你才是小懶蟲呢.

姐姐： 好啊，你罵我，你是小懶蟲.

弟弟： 你是小懶蟲.

姐姐/弟弟：

你是小懒虫，你是小懒虫，你...

妈妈：　小弟！

弟弟：　哎，妈妈，妈妈。

妈妈：　噢，快点儿！

弟弟：　妈，你今天买那么多东西呀？

妈妈：　啊，慢点儿，慢点儿！

弟弟：　我帮你拿吧．

妈妈：　别　瓶　了啊．

弟弟：　　瓶　不了，妈，今天你又不舒服了？

妈妈：　红红．

姐姐：　啊？

妈妈：　红红．

姐姐：　哎，嘿．香蕉！

妈妈：　哼，你呀，馋猫！

姐姐：　嗯，妈，你去瞧瞧小弟，你看他捏的什么呀？

妈妈：　我得赶紧做饭．

姐姐：　你看．

弟弟：　妈，你瞧，你是牛妈妈．

妈妈：　那你爸爸呢？

弟弟：　我爸是驴．

****

爸爸：　小弟，开门儿嘞．快开门，快开门嘞！

姐姐：　回来了，回来了！

弟弟：　来了．

爸爸：　哎，你们忙什么呢？在家里头，....啊？

你是小懶蟲， 你是小懶蟲， 你...

媽媽： 小弟！

弟弟： 哎，媽媽，媽媽。

媽媽： 噢，快點兒！

弟弟： 媽，你今天買那麼多東西呀？

媽媽： 啊，慢點兒，慢點兒！

弟弟： 我幫你拿吧.

媽媽： 別 甂 了啊.

弟弟： 甂 不了，媽，今天你又不舒服了？

媽媽： 紅紅.

姐姐： 啊？

媽媽： 紅紅.

姐姐： 哎，嘿. 香蕉！

媽媽： 哼，你呀，饞猫！

姐姐： 嗯，媽，你去瞧瞧小弟，你看他捏的什麼呀？

媽媽： 我得趕緊做飯.

姐姐： 你看.

弟弟： 媽，你瞧，你是牛媽媽.

媽媽： 那你爸爸呢？

弟弟： 我爸是驢.

****

爸爸： 小弟，開門兒嘞. 快開門， 快開門嘞！

姐姐： 回來了，回來了！

弟弟： 來了。

爸爸： 哎，你們忙什麼呢？ 在家裏頭,....啊？

姐姐： 爸，你快来看呀！

爸爸： 你妈妈回来了吗？

弟弟： 早就回来了．

爸爸： 你妈今天又得给咱们做好吃的啊．

姐姐： 妈！

爸爸： 哎哟，哈……

妈妈： 怎么了，摔坏了没有？

爸爸： 没事，没事．

弟弟： 太好玩儿了．

爸爸： 你看，你看啊．哈……

妈妈： 你看你．

姐姐： 真好玩儿．

妈妈： 哎，这么多书，都是买的？

爸爸： 啊，旧书摊儿里买的，花不了几个钱．啊？哈……

弟弟： 太好了！

爸爸： 哎，小心点儿，别把书弄窝了，小心点儿，小心点儿！

妈妈： 来，给我，哎，快点儿．

弟弟： 走路都不会走！……真好玩儿！爸爸，快来看哪！

爸爸： 你自己看吧．

弟弟： 来啊，快点儿啊，要不然看不上了．

妈妈： 小弟，小弟，别跟你爸爸捣乱啊，别闹！

爸爸： 哎，小弟，你们的作业都作完了吗？

姐姐： 早作了。

弟弟： 早就作完了．

爸爸： 哎，你们谁看见我画的那张图表了？啊？谁看见了？刚才还在
桌子上呢．

妈妈： 又什么东西找不到了？

姐姐：　爸，你快來看呀！

爸爸：　你媽媽回來了嗎？

弟弟：　早就回來了．

爸爸：　你媽今天又得給咱們做好吃的啊．

姐姐：　媽！

爸爸：　哎喲，哈……

媽媽：　怎麼了，摔壞了沒有？

爸爸：　沒事，沒事．

弟弟：　太好玩兒了．

爸爸：　你看，你看啊．哈……

媽媽：　你看你．

姐姐：　真好玩兒．

媽媽：　哎，這麼多書，都是買的？

爸爸：　啊，舊書攤兒里買的，花不了幾個錢．啊？哈……

弟弟：　太好了！

爸爸：　哎，小心點兒，別把書弄窩了，小心點兒，小心點兒！

媽媽：　來，給我，哎，快點兒．

弟弟：　走路都不會走！……真好玩兒！爸爸，快來看哪！

爸爸：　你自己看吧．

弟弟：　來啊，快點兒啊，要不然看不上了．

媽媽：　小弟，小弟，別跟你爸爸搗亂啊，別鬧！

爸爸：　哎，小弟，你們的作業都作完了嗎？

姐姐：　早作了。

弟弟：　早就作完了．

爸爸：　哎，你們誰看見我畫的那張圖表了？啊？誰看見了？剛才還在
　　　　桌子上呢。

媽媽：　又什麼東西找不到了？

爸爸：　刚才还在桌子上呢，一转眼，没了．真是，见鬼了．简直是，
　　　　哎呀，图表啊，图表，图表，图表，我的那个图表。

姐姐：　爸，什么东西找不着了？

爸爸：　图表啊，图表。

姐姐：　我来帮你找．

弟弟：　我也来帮你找．

爸爸：　哎呀，你看，刚才明明在这儿放着的．哎，没了．

姐姐：　什么样的？

爸爸：　一张图表，一张图表，唉！

姐姐：　爸，是这张吗？

爸爸：　别动，别动，哎呀，都给我弄乱了．哎呀，你们别捣乱了．别捣乱了，
　　　　行不行？走走走，全给我出去，全给我出去！

弟弟：　爸爸一到家就叫人家害怕．

姐姐：　小弟，别胡说．

弟弟：　嗯，我要是爸爸就不会这样了．

姐姐：　小弟，净说傻话．

弟弟：　哎，咱们要能重选个爸爸就好了．

姐姐：　别胡说了！

弟弟：　嗯，哎，咱们再帮爸爸去找图纸吧，别让他再生气了。

姐姐：　嗯。

弟弟：　爸！

爸爸：　哎，来来来，帮帮忙，帮帮忙．

姐姐：　爸，在这儿啊？

爸爸：　别着急，哎呀，别把它撕了就行了．

弟弟：　那张是不是？

爸爸：　哪张啊？

爸爸： 剛才還在桌子上呢，一轉眼，没了．真是，見鬼了．簡直是，
哎呀，圖表啊， 圖表，圖表，圖表，我的那個圖表。

姐姐： 爸，什麼東西找不着了？

爸爸： 圖表啊，圖表。

姐姐： 我來幫你找．

弟弟： 我也來幫你找．

爸爸： 哎呀，你看，剛才明明在這兒放着的．哎，没了．

姐姐： 什麼樣的？

爸爸： 一張圖表，一張圖表，唉！

姐姐： 爸，是這張嗎？

爸爸： 別動，別動，哎呀，都給我弄亂了．哎呀，你們別搗亂了．別搗亂了，
行不行？走走走，全給我出去，全給我出去！

弟弟： 爸爸一到家就叫人家害怕．

姐姐： 小弟，別胡說．

弟弟： 嗯，我要是爸爸就不會這樣了．

姐姐： 小弟，净説傻話．

弟弟： 哎，咱們要能重選個爸爸就好了．

姐姐： 別胡説了！

弟弟： 嗯，哎，咱們再幫爸爸去找圖紙吧，別讓他再生氣了。

姐姐： 嗯。

弟弟： 爸！

爸爸： 哎，來來來，幫幫忙，幫幫忙．

姐姐： 爸，在這兒啊？

爸爸： 別着急，哎呀，別把它撕了就行了．

弟弟： 那張是不是？

爸爸： 哪張啊？

姐姐： 小弟，别捣乱！

爸爸： 不对， 不对。不是那张，不是那张．

弟弟： 我去拿．

爸爸： 哎，小弟，别动，别动，别动，让我看看，让我看看．嗯，这张有点儿像。别动啊，别动．哎呀，对对，对啦！轻点儿拿，轻点儿拿．哈哈，就是这张啊，就是这张啊．哎呀，真是不容易呀．真没想到，这张图表怎么跑到床下来了？哈哈，哎呀，太好了，太好了．如果这张图表找不着啊，咳，我的工作就全完了．

****

姐姐： 妈，喝点儿桔汁儿吧．

妈妈： 小弟，考完了吗？

弟弟： 考完了。

妈妈： 你喝吧．

弟弟： 嗯， 妈，成绩册．语文考了九十五分，错了一道题．

妈妈： 什么题啊？

弟弟： 造句．用 "天气" 两个字造个句子．

妈妈： 你怎么答的？

弟弟： 答：我和爸爸都不爱收拾房间，妈妈天气就变了．

姐姐： 真笨．天气是说的气候．你该回答 "今天天气真好" 什么的．

弟弟： 哎！

妈妈： 算数呢？

弟弟： 九十分．

****

姐姐： 小弟，別搗亂！

爸爸： 不對，不對。不是那張，不是那張．

弟弟： 我去拿．

爸爸： 哎，小弟，別動，別動，別動，讓我看看，讓我看看．嗯，這張有點兒像。別動啊，別動．哎呀，對對，對啦！輕點兒拿，輕點兒拿．哈哈，就是這張啊，就是這張啊．哎呀，真是不容易呀．真沒想到，這張圖表怎麼跑到床下來了？哈哈，哎呀，太好了，太好了．如果這張圖表找不着啊，咳，我的工作就全完了．

****

姐姐： 媽，喝點兒桔汁兒吧．

媽媽： 小弟，考完了嗎？

弟弟： 考完了。

媽媽： 你喝吧．

弟弟： 嗯，媽，成績册．語文考了九十五分，錯了一道題．

媽媽： 什麼題啊？

弟弟： 造句．用 "天氣" 兩個字造個句子．

媽媽： 你怎麼答的？

弟弟： 答：我和爸爸都不愛收拾房間，媽媽天氣就變了．

姐姐： 真笨．天氣是說的氣候．你該回答 "今天天氣真好" 什麼的．

弟弟： 哎！

媽媽： 算數呢？

弟弟： 九十分．

****

护士： 吃药了，一片大的，两片小的．

姐姐： 谢谢阿姨．又哪儿错了？

弟弟： 不用你管，我告诉妈妈．

姐姐： 到底哪儿错了？

弟弟： 哪儿都没错，就是把得数写反了．把八十二写成了二十八．

姐姐： 你总那么马虎．

弟弟： 跟爸爸学的．

妈妈： 爸爸才不马虎呢．爸爸在工作上从来不出错．

弟弟： 可他老迟到．他说今天五点准来，可现在，现在...都几点了？瞧，都六点了．

姐姐： 爸爸忙．

妈妈： 爸爸老觉得耽误了好多年，要拼命地工作。小弟，你们要爱爸爸，他是多好的人．

弟弟： 哎．

姐姐： 嗯．

爸爸： 别动，先焖会儿．再焖会儿．

弟弟： 嗯．

弟弟： 爸爸， 快来上床睡觉．

爸爸： 谁呀？ 还不睡觉去！睡觉去！

弟弟： 妈妈，快回家吧．不等他了．

妈妈： 别急，别急．再等一会儿啊．

姐姐： 看你，小弟，又着急！

爸爸： 小红！

姐姐： 哎！

爸爸： 小弟！

弟弟： 爸， 你怎么刚来啊？

爸爸： 等急了吧？

護士：　吃藥了，一片大的，兩片小的．

姐姐：　謝謝阿姨．又哪兒錯了？

弟弟：　不用你管，我告訴媽媽．

姐姐：　到底哪兒錯了？

弟弟：　哪兒都沒錯，就是把得數寫反了．把八十二寫成了二十八．

姐姐：　你總那麼馬虎．

弟弟：　跟爸爸學的．

媽媽：　爸爸才不馬虎呢．爸爸在工作上從來不出錯．

弟弟：　可他老遲到．他說今天五點準來，可現在，現在...都幾點了？瞧，都六點了．

姐姐：　爸爸忙．

媽媽：　爸爸老覺得耽誤了好多年，要拼命地工作。小弟，你們要愛爸爸，他是多好的人．

弟弟：　哎．

姐姐：　嗯．

爸爸：　別動，先燜會兒．再燜會兒．

弟弟：　嗯．

弟弟：　爸爸，　快來上床睡覺．

爸爸：　誰呀？　還不睡覺去！睡覺去！

弟弟：　媽媽，快回家吧．不等他了．

媽媽：　別急，別急．再等一會兒啊．

姐姐：　看你，小弟，又着急！

爸爸：　小紅！

姐姐：　哎！

爸爸：　小弟！

弟弟：　爸　，你怎麼剛來啊？

爸爸：　等急了吧？

弟弟： 爸，等急了．

爸爸： 哎，哎呀，来晚了一点儿．啊？ 来，把东西都给我，把东西都给我，给我。

妈妈： 我来．

姐姐： 我来拿，我来拿．

弟弟： 给我。

爸爸： 走，咱们回家啊？

弟弟： 哈...回家喽，回家喽！快一点儿！

爸爸： 怎么样？ 身体恢复得还行吧？

妈妈： 没问题，全好了．

姐姐： 小弟这两天还挺乖的呢。

妈妈： 是吗？那这么说我应该多病几次喽．

爸爸： 好好好，你拿着，你拿着．给我拿．

弟弟： 爸，你快点儿来开门哪．

爸爸： 别着急，别着急．不开门啊，你也进不去，啊？哎呀！

妈妈： 这……

爸爸： 请进！

妈妈： 怎么啦？

弟弟： 妈，你快来看哪！

妈妈： 嗬！

姐姐： 妈妈，你快来呀！

弟弟： 爸爸进步喽！爸爸变好喽！

爸爸： 清炖全鸡．

妈妈： 嗨哟，哈..,你们看，你们爸爸还真有两下子哪！啊？ 怎么样？

弟弟： 啊，真棒啊！

妈妈： 那快吃吧．红红！

弟弟： 妈，你吃吧．

弟弟： 爸，等急了．

爸爸： 哎，哎呀，来晚了一點兒．啊？ 来，把東西都給我，把東西都給我，給我。

媽媽： 我来．

姐姐： 我来拿，我来拿．

弟弟： 給我，

爸爸： 走，咱們回家啊？

弟弟： 哈...回家嘍，回家嘍！快一點兒！

爸爸： 怎麼樣？ 身體恢復得還行吧？

媽媽： 没問題，全好了．

姐姐： 小弟這兩天還挺乖的呢。

媽媽： 是嗎？那這麼説我應該多病幾次嘍．

爸爸： 好好好，你拿着，你拿着．給我拿．

弟弟： 爸，你快點兒来開門哪．

爸爸： 别着急，别着急．不開門啊，你也進不去，啊？哎呀！

媽媽： 這……

爸爸： 請進！

媽媽： 怎麼啦？

弟弟： 媽，你快来看哪！

媽媽： 嗬！

姐姐： 媽媽，你快来呀！

弟弟： 爸爸進步嘍！爸爸變好嘍！

爸爸： 清炖全鷄．

媽媽： 嗨喲，哈..,你們看，你們爸爸還真有兩下子哪！啊？ 怎麼樣？

弟弟： 啊，真棒啊！

媽媽： 那快吃吧．红红！

弟弟： 媽，你吃吧．

妈妈：　小弟，快！

弟弟：　妈，你吃吧．

爸爸：　你喝吧．

弟弟：　妈，你喝吧．

爸爸：　喝吧，喝吧．啊，尝尝嘛，啊．哎，吃，吃．大家都吃．哎，好，
　　　　今天特殊，都喝点儿酒，啊．

弟弟：　嗯．

爸爸：　小红．

姐姐：　哎，好了，好了。

爸爸：　好了，好了，好了。喝吧．

妈妈：　小弟，这个给你．

弟弟：　哎．

爸爸：　来，吃点儿沙拉子．（唱）

我的家庭真可爱，
美丽清洁又安详。
父母儿女很和气，
身体健康乐融融。
虽然没有好花园，
月季凤蝶常飘香。
虽然没有大厅堂，
冬天温暖夏天凉。
可爱的家庭啊，
我不能离开你，
体贴恩惠比天长。

（重复一遍）

媽媽： 小弟，快！

弟弟： 媽,你吃吧.

爸爸： 你喝吧.

弟弟： 媽, 你喝吧.

爸爸： 喝吧, 喝吧. 啊, 嚐嚐嘛, 啊. 哎, 吃, 吃. 大家都吃. 哎, 好, 今天特殊, 都喝點兒酒, 啊.

弟弟： 嗯.

爸爸： 小紅.

姐姐： 哎, 好了, 好了。

爸爸： 好了, 好了, 好了。喝吧.

媽媽： 小弟, 這個給你.

弟弟： 哎.

爸爸： 來,吃點兒沙拉子.（唱）

我的家庭真可愛，
美麗清潔又安詳。
父母兒女很和氣，
身體健康樂融融。
雖然沒有好花園，
月季鳳蝶常飄香。
雖然沒有大廳堂，
冬天溫暖夏天涼。
可愛的家庭啊，
我不能離開你，
體貼恩惠比天長。

（重復一遍）

姐姐：你還要重新選一個爸爸嗎？

弟弟：不，我就要这个爸爸了。爸爸！

爸爸：哈哈，我的好儿子！

（旁白）

　　小弟可真逗，爸爸哪有选的呀？我们班班主席才是选的呢．不过，幸亏他没有选成，你们瞧，他爸爸变好了，家里多干净啊！一家人多幸福啊！对了，有件事我觉得挺新鲜。他们家他妈妈是老黄牛，可我们家呀，我爸爸是老黄牛，你们说，有牛爸爸好不好？我原来呀，以为有个牛爸爸挺好的，自己什么事都不用作．可是有一回呀，我吃尽了大苦头．现在想起来可真不好意思，真丢人．我琢磨着，自己的事情就应该自己做。我妈妈说过，不然长大了准是个废物。为这事儿，我也写了一篇作文，名字叫《孺子牛》。嘿！我那倒霉的事儿就别提了。你们还是看吧。咱们再见！

姐姐： 你还要重新选一个爸爸吗？

弟弟： 不，我就要這個爸爸了。爸爸！

爸爸： 哈哈， 我的好兒子！

（旁白）

　　小弟可真逗，爸爸哪有選的呀？我們班班主席才是選的呢．不過，幸虧他没有選成，你們瞧，他爸爸變好了，家里多乾净啊！一家人多幸福啊！ 對了，有件事我覺得挺新鮮。他們家他媽媽是老黄牛，可我們家呀，我爸爸是老黄牛，你們説，有牛爸爸好不好？ 我原來呀，以爲有個牛爸爸挺好的，自己什麽事都不用作．可是有一回呀，我吃盡了大苦頭．現在想起來可真不好意思，真丢人．我琢磨着，自己的事情就應該自己做．我媽媽説過，不然長大了准是個廢物。爲這事兒，我也寫了一篇作文，名字叫 《孺子牛》。嘿！我那倒霉的事兒就別提了。你們還是看吧。咱們再見！

生词　　Vocabulary

1. 选　　　　xuǎn　　　　　　to choose, select

2. 闻　　　　wén　　　　　　　to smell

3. 讨厌　　　tǎoyàn　　　　　be disgusting

4. 除臭剂　　chúchòujì　　　　air-refresher, stench-remover

5. 泡　　　　pào　　　　　　　to soak

6. 脏　　　　zāng　　　　　　be dirty

7. 捏　　　　niē　　　　　　　to sculpture with clay

8. 全家福　　quánjiāfú　　　　the whole family

9. 干活　　　gàn huó　　　　　to do manual labor, to work

10. 角　　　　jiǎo　　　　　　horn

11. 叽叽喳喳　jījizhāzhā　　　twittering, chattering of birds etc

12. 本来　　　běnlái　　　　　that's the truth, original(ly)

13. 瞎说　　　xiāshuō　　　　　to talk rubbish, (fondly) You liar!

14. 揪　　　　jiū　　　　　　　to squeeze & pull with fingers

15. 虫　　　　chóng　　　　　insects, worms

16. 懒　　　　lǎn　　　　　　lazy

17. 𥖨　　　　cèi　　　　　　to smash, to break

18. 香蕉　　　xiāngjiāo　　　bananas

19. 馋　　　　chán　　　　　　be greedy

20. 猫　　　　māo　　　　　　cats

21. 驴　　　　lǘ　　　　　　　donkeys

22. 摔　　　　shuāi　　　　　to smash

23. 书摊儿　　shū tānr　　　　small bookshops or bookstands

24. 窝　　　　wǒ　　　　　　be creased, to fold

生詞　　Vocabulary

1. 選　　　　xuǎn　　　　　to choose, select

2. 聞　　　　wén　　　　　 to smell

3. 討厭　　　tǎoyàn　　　　be disgusting

4. 除臭劑　　chúchòujì　　　air-refresher, stench-remover

5. 泡　　　　pào　　　　　 to soak

6. 髒　　　　zāng　　　　　be dirty

7. 捏　　　　niē　　　　　 to sculpture with clay

8. 全家福　　quánjiāfú　　　the whole family

9. 幹活　　　gàn huó　　　　to do manual labor, to work

10. 角　　　 jiǎo　　　　　 horn

11. 嘰嘰喳喳　jìjìzhāzhā　　　twittering, chattering of birds etc

12. 本來　　 běnlái　　　　 that's the truth, original(ly)

13. 瞎説　　 xiāshuō　　　　to talk rubbish, (fondly) You liar!

14. 揪　　　 jiǔ　　　　　　to squeeze & pull with fingers

15. 蟲　　　 chóng　　　　　insects, worms

16. 懶　　　 lǎn　　　　　　lazy

17. 瓶　　　 cèi　　　　　　to smash, to break

18. 香蕉　　 xiāngjiāo　　　 bananas

19. 饞　　　 chán　　　　　 be greedy

20. 猫　　　 māo　　　　　　cats

21. 驢　　　 lǘ　　　　　　 donkeys

22. 摔　　　 shuāi　　　　　to smash

23. 書攤兒　 shú tànr　　　　small bookshops or bookstands

24. 窩　　　 wǒ　　　　　　 be creased, to fold

25. 捣乱	dǎo luàn	to play havoc with, to fool around
26. 闹	nào	to play havoc with
27. 作业	zuòyè	homework, assignment
28. 图表	túbiǎo	charts
29. 转眼	zhuǎnyǎn	with a blink of the eye, in a flash
30. 胡说	húshuō	to talk rubbish, to lie
31. 净	jìng	to do nothing but...
32. 傻	shǎ	be dumb, foolish, stupid
33. 重	chóng	anew, to re(-do)
34. 撕	sī	to tear up
35. 桔子汁	júzi zhī	orange juice
36. 成绩册	chéngjī cè	grade reports
37. 语文	yǔwén	Chinese (as a subject in schools)
38. 造句	zàojù	to make a sentence
39. 收拾	shōushi	to clean up, to make tidy
40. 变	biàn	to change
41. 笨	bèn	be dumb, stupid
42. 算数	suànshù	arithmetic
43. 药	yào	medicine
44. 阿姨	āyí	aunt, term used by children for older women
45. 得数	déshù	(arithmetic) result, equation
46. 反	fǎn	be reversed, inverted
47. 马虎	mǎhu	be careless
48. 从来	cónglái	never
49. 出错	chū cuò	to make an error
50. 迟到	chídao	to arrive late

25. 搗亂	dǎo luàn	to play havoc with, to fool around
26. 鬧	nào	to play havoc with
27. 作業	zuòyè	homework, assignment
28. 圖表	túbiǎo	charts
29. 轉眼	zhuǎnyǎn	with a blink of the eye, in a flash
30. 胡說	húshuō	to talk rubbish, to lie
31. 净	jìng	to do nothing but...
32. 傻	shǎ	be dumb, foolish, stupid
33. 重	chóng	anew, to re(-do)
34. 撕	sī	to tear up
35. 桔子汁	júzi zhī	orange juice
36. 成績冊	chéngjǐ cè	grade reports
37. 語文	yǔwén	Chinese (as a subject in schools)
38. 造句	zàojù	to make a sentence
39. 收拾	shōushi	to clean up, to make tidy
40. 變	biàn	to change
41. 笨	bèn	be dumb, stupid
42. 算數	suànshù	arithmetic
43. 藥	yào	medicine
44. 阿姨	āyí	aunt, term used by children for older women
45. 得數	déshù	(arithmetic) result, equation
46. 反	fǎn	be reversed, inverted
47. 馬虎	mǎhu	be careless
48. 從來	cónglái	never
49. 出錯	chū cuò	to make an error
50. 遲到	chídào	to arrive late

51.	准	zhǔn	for sure, definitely
52.	耽误	dānwù	to waste, to delay, to hold up
53.	焖	mēn	to braise, to cook while covered
54.	身体	shēntǐ	body, health
55.	恢复	huīfù	to recover from illness
56.	行	xíng	be satisfactory, acceptable
57.	挺	tǐng	rather, fairly, very
58.	乖	guāi	to behave nicely (as children)
59.	进步	jìnbù	to make progress, to improve
60.	清炖	qīngdùn	to stew without spices or soy sauce
61.	有两下子	yǒu liǎng xiàzi	be talented, skillful
62.	棒	bàng	be wonderful
63.	特殊	tèshū	special, exceptional
64.	沙拉子	shālàzi	potato salad
65.	逗	dòu	cute, amusing, fun
66.	主席	zhǔxí	chairman, (班主席, class-leader)

51. 准	zhǔn	for sure, definitely
52. 耽误	dānwù	to waste, to delay, to hold up
53. 焖	mèn	to braise, to cook while covered
54. 身體	shēntǐ	body, health
55. 恢復	huīfù	to recover from illness
56. 行	xíng	be satisfactory, acceptable
57. 挺	tǐng	rather, fairly, very
58. 乖	guāi	to behave nicely (as children)
59. 進步	jìnbù	to make progress, to improve
60. 清炖	qīngdùn	to stew without spices or soy sauce
61. 有兩下子	yǒu liǎng xiàzi	be talented, skillful
62. 棒	bàng	be wonderful
63. 特殊	tèshū	special, exceptional
64. 沙拉子	shālàzi	potato salad
65. 逗	dòu	cute, amusing, fun
66. 主席	zhǔxí	chairman, (班主席, class-leader)

词语句型练习 Usages and Patterns

1. 千万 (qianwan; by all means, in any event)

This adverb is usually used in imperative sentences, urging someone to undertake something. ("千万"是副词，用于祈使句，表示殷切地叮嘱.)

(1) 那个地方正在流行传染病，你千万别去。

There is a plague at that place. You must not go.

(2) 你到了那儿千万给我打个电话，省得我惦记。

When you get there, you must give me a call, so that I don't get worried.

(3) 这份资料很重要，你千万别丢了。

This document is important. You should never lose it.

(4) 明天我们要去长城，千万别下雨.

We're going to the Great Wall tomorrow. I hope it does not rain.

2. 才 (cai)

This is an adverb which refutes someone else' claim and asserts the speaker's point of view. ("才"是副词，可以加强某种语气，可以用来反驳或表示不同意某种说法，"才"要轻读.)

(1) 甲：你真懒，这么晚才起床。

You're so lazy, getting up so late.

詞語句型練習 Usages and Patterns

1. 千萬 (qianwan; by all means, in any event)

   This adverb is usually used in imperative sentences, urging someone to undertake something. ("千萬"是副詞，用于祈使句，表示殷切地叮囑.)

   (1) 那個地方正在流行傳染病，你千萬別去。

   There is an epidemic at that place. You must not go.

   (2) 你到了那兒千萬給我打個電話，省得我惦記。

   When you get there, you must give me a call, so that I don't get worried.

   (3) 這份資料很重要，你千萬別丟了。

   This document is important. You should never lose it.

   (4) 明天我們要去長城，千萬別下雨.

   We're going to the Great Wall tomorrow. I hope it does not rain.

2. 才 (cai)

   This is an adverb which refutes someone else' claim and asserts the speaker's point of view. ("才"是副詞，可以加強某種語氣，可以用來反駁或表示不同意某種說法，"才"要輕讀.)

   (1) 甲：你真懶，這麼晚才起床。

   You're so lazy, getting up so late.

乙： 你才懒呢，我早就起来了。

YOU are lazy. I got up a long time ago.

(2) 甲： 今天的球赛很精彩呀。

The game was great today.

乙： 昨天那场球赛才精彩呢，可惜你没去。

No, yesterday's game was great. Pity you didn't go.

(3) 哪个地方你们想去就去吧，我才不去呢，听说一点意思也没有。

That place is not interesting. If you want to go, go ahead!
I am NOT going.

3. 老 (lao; always, so often)

This is a frequency adverb. ("老"是副词，意思是"一直"，
"再三")

(1) 现在上课呢，你怎么老说话，不听讲。

We're having a class. Why do you keep talking and not
listening.

(2) 这几天天气不太好，老下雨。

The weather has really been bad, always raining.

(3) 这些日子你怎么老不高兴？

Why have you been so unhappy lately?

(4) 我早就想去看你，可是老没时间。

I had wanted to come and see you, but could never
find time.

4. 要不然 (yao buran; otherwise)

乙：你才懶呢，我早就起來了。

YOU are lazy. I got up a long time ago.

(2) 甲：今天的球賽很精彩呀。

The game was great today.

乙：昨天那場球賽才精彩呢，可惜你沒去。

No, yesterday's game was great. Pity you didn't go.

(3) 哪個地方你們想去就去吧，我才不去呢，聽說一點意思也沒有。

That place is not interesting. If you want to go, go ahead!
I am NOT going.

3. 老 (lao; always, so often)

This is a frequency adverb. （"老"是副詞，意思是"一直"，
"再三"）

(1) 現在上課呢，你怎麼老說話，不聽講。

We're having a class. Why do you keep talking and not listening.

(2) 這幾天天氣不太好，老下雨。

The weather has really been bad, always raining.

(3) 這些日子你怎麼老不高興？

Why have you been so unhappy lately?

(4) 我早就想去看你，可是老沒時間。

I had wanted to come and see you, but could never find time.

4. 要不然 (yao buran; otherwise)

This phrase either defines a negative consequence (ex.1 below) or an alternative (ex.2). The phrase is interchangeable with 要不 or 不然. （"要不然"也可以说"要不"、"不然"，表示两件事情的选择关系）

(1) 快点儿走，要不然就迟到了。

Go quickly, otherwise you'll be late for class.

(2) 他每天不是看电视就是看电影，要不然就看小说，就是不想学习。

Everyday, he either watches the TV or movies, or else reads novels. He just doesn't like to study.

(3) 他太粗心了，要不然怎么会把车碰坏了．

He must have been careless, otherwise how could he have wrecked the car?

(4) 幸亏你今天能来接我，要不然我真不知道怎么办．

It's fortunate you could meet me today; otherwise I would not know what to do.

5. "给我..." (gei wo; get the hell...)

This pattern is used in strong, often angry, command sentences. （在祈使句里，"给我"有时不表示实在的意思，而表示很不客气的语气．）

(1) 你给我出去！

Get the hell out of here!

(2) 你们给我住嘴！

Shut up, will you!

This phrase either defines a negative consequence (ex.1 below) or an alternative (ex.2). The phrase is interchangeable with 要不 or 不然. ("要不然"也可以說"要不"、"不然",表示兩件事情的選擇關系)

(1) 快點兒走,要不然就遲到了。

   Go quickly, otherwise you'll be late for class.

(2) 他每天不是看電視就是看電影,要不然就看小說,就是不想學習。

   Everyday, he either watches the TV or movies, or else reads novels. He just doesn't like to study.

(3) 他太粗心了,要不然怎麼會把車碰壞了.

   He must have been careless, otherwise how could he have wrecked the car?

(4) 幸虧你今天能來接我,要不然我真不知道怎麼辦.

   It's fortunate you could meet me today; otherwise I would not know what to do.

5. "給我..." (gei wo; get the hell...)

   This pattern is used in strong, often angry, command sentences. (在祈使句里,"給我"有時不表示實在的意思,而表示很不客氣的語氣.)

(1) 你給我出去!

   Get the hell out of here!

(2) 你們給我住嘴!

   Shut up, will you!

(3) 你给我跪下！

On your knees!

(3) 你給我跪下！

On your knees!

听力理解练习 Questions and Answers

1. 姐姐为什么叫弟弟开窗户？

2. 小弟为什么把妈妈捏成老黄牛？

3. 小弟为什么把姐姐捏成小鸟？

4. 小弟为什么把自己捏成小山羊？

5. 小弟为什么把爸爸捏成驴？

6. 弟弟为什么想选爸爸？

7. 爸爸什么东西不见了？

8. 弟弟说爸爸的脾气不好，他说得对吗？

9. 妈妈为什么生病了？

10. 妈妈说爸爸是什么样的人？

11. 爸爸喜欢弟弟吗？

12. 爸爸工作忙不忙？你怎么知道？

1. 姐姐爲什麽叫弟弟開窗户？

2. 小弟爲什麽把媽媽捏成老黃牛？

3. 小弟爲什麽把姐姐捏成小鳥？

4. 小弟爲什麽把自己捏成小山羊？

5. 小弟爲什麽把爸爸捏成驢？

6. 弟弟爲什麽想選爸爸？

7. 爸爸什麽東西不見了？

8. 弟弟説爸爸的脾氣不好，他説得對嗎？

9. 媽媽爲什麽生病了？

10. 媽媽説爸爸是什麽樣的人？

11. 爸爸喜歡弟弟嗎？

12. 爸爸工作忙不忙？你怎麽知道？

13．爸爸为什么没有准时去医院接妈妈？

14．小弟为什么说爸爸变好了？

15．爸爸作了些什么菜？

16．爸爸唱的那首歌的内容是什么？

17．小弟为什么不想选爸爸了？

18．你觉得这个家庭怎么样？

13．爸爸為什麼沒有準時去醫院接媽媽？

14．小弟為什麼說爸爸變好了？

15．爸爸作了些什麼菜？

16．爸爸唱的那首歌的內容是什麼？

17．小弟為什麼不想選爸爸了？

18．你覺得這個家庭怎麼樣？

背景知识介绍　Background Notes

Over the ten-year-long Cultural Revolution in the 60's and 70's, most of the educated class in China were forced to abandon their rightful careers for something totally unrelated, in particular manual labor in the village. After the turmoil was over, they felt a tremendous urge to get back to their former careers, at the expense of everything else in their life, resulting in many tragic consequences. This play is a mild reflection on this now much-talked-about theme. In Chinese society, old or new, an 'old ox' depicts diligent workers, 'baby bird' chattery girls, and a 'donkey' stubborn and ill-tempered people. A 'baby goat', on the other hand, is a cuddly creature.

中国五十年代至七十年代毕业的大学生，由于文革，业务或学业都中断了近十年．文革以后，这批知识分子当中的很多人，拼命学习，工作，想把失去的宝贵时光补回来．这样一来，有的积劳成疾，甚至英年早逝，有的正埋头业务，把家务事统统推到爱人身上；有的由于繁忙，心情难免急躁，因此常常对孩子粗暴，也无暇顾及孩子的教育．

正在成长中的孩子，对父母以及别人的父母的观察是非常细致的．他们会同情劳累，慈爱的妈妈，而对不大关心家人，粗暴的爸爸会很反感．剧中的弟弟，就希望能"选"一个好爸爸．

一般来说，妻子对丈夫是十分理解，支持的，把家务，子女教育全部承担起来．在外边，也要象男人一样的工作，因此她们很辛苦，有的也会积劳成疾．在这种情况下，相依为命的丈夫就会体贴妻子与妻子分担家务．

背景知識介紹　Background Notes

Over the ten-year-long Cultural Revolution in the 60's and 70's, most of the educated class in China were forced to abandon their rightful careers for something totally unrelated, in particular manual labor in the village. After the turmoil was over, they felt a tremendous urge to get back to their former careers, at the expense of everything else in their life, resulting in many tragic consequences. This play is a mild reflection on this now much-talked-about theme. In Chinese society, old or new, an 'old ox' depicts diligent workers, 'baby bird' chattery girls, and a 'donkey' stubborn and ill-tempered people. A 'baby goat', on the other hand, is a cuddly creature.

中國五十年代至七十年代畢業的大學生，由于文革，業務或學業都中斷了近十年．文革以后，這批知識分子當中的很多人，拼命學習，工作，想把失去的寶貴時光補回來．這樣一來，有的積勞成疾，甚至英年早逝，有的正埋頭業務，把家務事統統推到愛人身上；有的由于繁忙，心情難免急躁，因此常常對孩子粗暴，也無暇顧及孩子的教育．

正在成長中的孩子，對父母以及別人的父母的觀察是非常細致的．他們會同情勞累，慈愛的媽媽，而對不大關心家人，粗暴的爸爸會很反感．劇中的弟弟，就希望能 "選" 一個好爸爸．

一般來說，妻子對丈夫是十分理解，支持的，把家務，子女教育全部承擔起來．在外邊，也要象男人一樣的工作，因此她們很辛苦，有的也會積勞成疾．在這種情況下，相依爲命的丈夫就會體貼妻子與妻子分擔家務．

在中国社会，通常用 "老黄牛" 比喻勤劳的人；用 "小鸟" 比喻喜欢说话的女孩；"小山羊" 怀有喜爱的感情；认为 "驴" 的脾气不好.

在中國社會，通常用 "老黃牛" 比喻勤勞的人；用 "小鳥" 比喻喜歡說話的女孩；"小山羊" 懷有喜愛的感情；認為 "驢" 的脾氣不好．

四．送　礼

A　Bribe

剧　本　Script

玉兰：　　到了局长家，你先说．

郑老师：哎．啊？我？

玉兰：　　怎么？

郑老师：啊？好．我是育华中学数学教员，我和我妻子...，哎？

玉兰：　　哪儿呀？

郑老师：有一条石凳．

玉兰：　　这不？

郑老师：啊？嗨，石凳，石凳的南边．上北...，下南...

玉兰：　　南？

郑老师：就这儿！来，来！这时候，人家可能正吃饭，呆会儿．嘿嘿嘿！

玉兰：　　你又紧张了？

郑老师：噢，不不不，不紧张．嗯，来点儿水！

玉兰：　　不紧张那你喝水干嘛？

郑老师：嘿嘿，嘿嘿．

玉兰：　　我知道你想什么，怕咱这礼送不出去．放心吧，现在有几个不收礼的．

郑老师：我就不收．

玉兰：　　哼，你这穷教书的，谁给你送礼呀？哟，你怎么出这么多汗哪？

郑老师：啊，天热！

玉兰：　　不对！哟，你心跳这么快呀？

四．送　禮

A　Bribe

劇　本　Script

玉蘭：　　到了局長家，你先説．

鄭老師：哎．啊？我？

玉蘭：　　怎麼？

鄭老師：啊？好．我是育華中學數學教員，我和我妻子...，哎？

玉蘭：　　哪兒呀？

鄭老師：有一條石凳．

玉蘭：　　這不？

鄭老師：啊？嗨，石凳，石凳的南邊．上北...，下南...

玉蘭：　　南？

鄭老師：就這兒！來，來！這時候，人家可能正吃飯，呆會兒．嘿嘿嘿！

玉蘭：　　你又緊張了？

鄭老師：噢，不不不，不緊張．嗯，來點兒水！

玉蘭：　　不緊張那你喝水干嘛？

鄭老師：嘿嘿，嘿嘿．

玉蘭：　　我知道你想什麼，怕咱這禮送不出去．放心吧，現在有幾個不收禮的．

鄭老師：我就不收．

玉蘭：　　哼，你這窮教書的，誰給你送禮呀？喲，你怎麼出這麼多汗哪？

鄭老師：啊，天熱！

玉蘭：　　不對！喲，你心跳這麼快呀？

郑老师： 嗨，没...没事呀！自我感觉良好，感觉良好．啦...，...

玉兰： 啊，你吃什么？

郑老师： 安定．

玉兰： 你不是刚才吃了一片了吗？

郑老师： 再吃一片也无妨．

玉兰： 哎！你一连吃了好几片，你呆会吃困了，到人家胡言乱语怎么办？

郑老师： 你放心，我就是睡着了，也说不错．我是育华中学数学教员，

我和我的妻子分居长达十年之久．

玉兰： 哎哟，你怎么和讲课似的？你迫切点儿，要有感情．

郑老师： 到时候保你满意！

玉兰： 别忘了，见了局长先鞠个躬．

郑老师： 哎．不，点头，别掉价儿！

玉兰： 那局长让咱坐，咱再坐下．不让咱坐，千万别坐啊！你可

千万别翘你这二郎腿呀！

郑老师： 啊，嘿嘿．

玉兰： 走吧．

郑老师： 嗯，走．走．走啊！

玉兰： 走吧！慢点！

郑老师： 慢．我是育华中学数学教员，我和我妻子..,再..再来点儿水．

玉兰： 你别紧张啊！啊！

郑老师： 不不不，不紧张．分居长达八年之久．

玉兰： 哎，十年！

郑老师： 啊？啊，对对对，十年．我的孩子十岁了．

玉兰： 哎，八岁．

郑老师： 啊，对对对，八岁！八岁！十年，十年，八岁，八...

玉兰： 你快按门铃 ，啊！

郑老师： 啊，我可按了．

鄭老師：　嗨，没...没事呀！自我感覺良好，感覺良好．啦...，...

玉蘭：　　啊，你吃什麽？

鄭老師：　安定．

玉蘭：　　你不是剛才吃了一片了嗎？

鄭老師：　再吃一片也無妨．

玉蘭：　　哎！你一連吃了好幾片，你呆會吃困了，到人家胡言亂語怎麽辦？

鄭老師：　你放心，我就是睡着了，也説不錯．我是育華中學數學教員，
　　　　　我和我的妻子分居長達十年之久．

玉蘭：　　哎喲，你怎麽和講課似的？你迫切點兒，要有感情．

鄭老師：　到時候保你滿意！

玉蘭：　　別忘了，見了局長先鞠個躬．

鄭老師：　哎．不，點頭，別掉價兒！

玉蘭：　　那局長讓咱坐，咱再坐下．不讓咱坐，千萬別坐啊！你可
　　　　　千萬別翹你這二郎腿呀！

鄭老師：　啊，嘿嘿．

玉蘭：　　走吧．

鄭老師：　嗯，走．走．走啊！

玉蘭：　　走吧！慢點！

鄭老師：　慢．我是育華中學數學教員，我和我妻子..，再..再來點兒水．

玉蘭：　　你別緊張啊！啊！

鄭老師：　不不不，不緊張．分居長達八年之久．

玉蘭：　　哎，十年！

鄭老師：　啊？啊，對對對，十年．我的孩子十歲了。

玉蘭：　　哎，八歲．

鄭老師：　啊，對對對，八歲！八歲！十年，十年，八歲，八...

玉蘭：　　你快按門鈴　，啊！

鄭老師：　啊，我可按了。

玉兰： 哎.

郑老师： 我可真按了？

玉兰： 你快着点儿.

郑老师： 啊，哎. 那万一他家没人呢？

玉兰： 快按吧！

郑老师： 啊，嘿嘿，嘿嘿.

（门内声音：谁呀？）

郑老师： 啊，对......对不起，我敲错门了，我.

玉兰： 哎，你跑什么？哎呀，你慢点儿！你别摔着！你站住！
站住！唉！

郑老师： 别，别紧张呀，你！来，来来，别紧张，擦擦汗！

玉兰： 哎，你怎么回事？

郑老师： 不不不，没事！

玉兰： 没事，那你跑什么？

郑老师： 我......

玉兰： 我什么？

郑老师： 我，我认为咱这个礼不能送！

玉兰： 啊？

郑老师： 哎，你说，咱七个章都盖了，就剩这最后的一个公章.
咱清清白白做人不行吗？

玉兰： 七个公章盖了四个年头啊. 你最后一个章那得盖几个年头？

郑老师： 这好算. 六七四十二，七七四十九，四舍五入.

玉兰： 别算了！

郑老师： 玉兰哪，你的调动它是符合政策的. 他，他早晚得给咱盖！

玉兰： 早晚，早晚！咱那孩子小芬今年都八岁了.

玉蘭：　　哎．

鄭老師：我可真按了？

玉蘭：　　你快着點兒．

鄭老師：啊，哎．那萬一他家沒人呢？

玉蘭：　　快按吧！

鄭老師：啊，嘿嘿，嘿嘿．

(門内聲音：誰呀？)

鄭老師：啊，對……對不起，我敲錯門了，我．

玉蘭：　　哎，你跑什麽？哎呀，你慢點兒！你別摔着！你站住！
　　　　　站住！唉！

鄭老師：別，別緊張呀，你！來，來來，別緊張，擦擦汗！

玉蘭：　　哎，你怎麽回事？

鄭老師：不不不，没事！

玉蘭：　　没事，那你跑什麽？

鄭老師：我……

玉蘭：　　我什麽？

鄭老師：我，我認爲咱這個禮不能送！

玉蘭：　　啊？

鄭老師：哎，你說，咱七個章都蓋了，就剩這最后的一個公章．
　　　　　咱清清白白做人不行嗎？

玉蘭：　　七個公章蓋了四個年頭啊．你最后一個章那得蓋幾個年頭？

鄭老師：這好算．六七四十二，七七四十九，四捨五入．

玉蘭：　　別算了！

鄭老師：玉蘭哪，你的調動它是符合政策的．他，他早晚得給咱蓋！

玉蘭：　　早晚，早晚！咱那孩子小芬今年都八歲了．

郑老师：　是啊，小芬！"小芬"？　当初起这个名字我就不同意！叫
"分，分，分"，一分就是十年！哎，咱改名，叫"小和"。

玉兰：　　别说这些没味儿的话！这个礼呀，咱还得送哇。啊？

郑老师：　你就别难为我了。

玉兰：　　难为你什么了？

郑老师：　我是真张不开这张口啊。

玉兰：　　你给学生上课怎么能张开口呢？

郑老师：　嗨，两码事！上课那是我学过的东西。这送礼，我是头
一回儿。我琢磨着，它这里面，它，它......深奥莫测！

玉兰：　　没那么难。

郑老师：　啊？没那么难？

玉兰：　　啊！

郑老师：　那......你就全权代表吧！

玉兰：　　你让我一个人去呀？不行！

郑老师：　别害怕，别紧张！见了局长你先鞠个躬，噢，不，点头。
局长让你坐，你再坐，局长不让你坐，你可...噢，噢，
咳，你别哭，别哭！咳，你别...，哎？哭得好！现在
就去，趁热打铁！局长他就是铁石心肠，凭你的眼泪，他...
他也得给咱盖这个章！

玉兰：　　哎呀，你别说了不算，算了不说！要去呀，咱俩一块儿去！

郑老师：　哎呀......

玉兰：　　哎，哎，你怎么了？　你醒醒呀！

郑老师：　你，......我没睡着啊。

玉兰：　　哎呀，我说不让你吃药吧，你看，你看你困的。你要睡也不能
在这儿睡呀。

郑老师：　我是育华中学数学教员。我知道，你别......，我就躺一会儿。

玉兰：　　你醒醒，醒醒！

鄭老師： 是啊，小芬！"小芬"？ 當初起這個名字我就不同意！叫
　　　　 "分,分,分"，一分就是十年！哎，咱改名，叫 "小和".

玉蘭： 別説這些没味兒的話！這個禮呀，咱還得送哇．啊？

鄭老師： 你就別難爲我了．

玉蘭： 難爲你什麼了？

鄭老師： 我是真張不開這張口啊．

玉蘭： 你給學生上課怎麼能張開口呢？

鄭老師： 嗨，兩碼事！上課那是我學過的東西．這送禮，我是頭
　　　　 一回兒．我琢磨着，它這里面，它，它......深奥莫測！

玉蘭： 没那麼難.

鄭老師： 啊？没那麼難？

玉蘭： 啊！

鄭老師： 那...... 你就全權代表吧！

玉蘭： 你讓我一個人去呀？不行！

鄭老師： 別害怕，別緊張！見了局長你先鞠個躬，噢，不，點頭．
　　　　 局長讓你坐，你再坐，局長不讓你坐，你可... 噢，噢，
　　　　 咳，你別哭，別哭！咳，你別...，哎？ 哭得好！現在
　　　　 就去，趁熱打鐵！局長他就是鐵石心腸，憑你的眼淚，他...
　　　　 他也得給咱蓋這個章！

玉蘭： 哎呀，你別説了不算，算了不説！要去呀，咱倆一塊兒去！

鄭老師： 哎呀......

玉蘭： 哎，哎，你怎麼了？ 你醒醒呀！

鄭老師： 你，...... 我没睡着啊．

玉蘭： 哎呀，我説不讓你吃藥吧，你看，你看你睏的．你要睡也不能
　　　　 在這兒睡呀．

鄭老師： 我是育華中學數學教員．我知道，你別......，我就躺一會兒．

玉蘭： 你醒醒，醒醒！

郑老师：　下雨了？

玉兰：　　下刀了．

郑老师：　啊，下刀了！哎？玉兰，你回来了？耶，你真行啊！

　　　　　嘿... 玉兰，那咱这礼还送不？

玉兰：　　不送了．

郑老师：　啊，好．哈哈．

玉兰：　　你往哪儿走？

郑老师：　啊，回家．不送了，不送了．咱回家．

玉兰：　　老郑！老郑啊，

郑老师：　啊？

玉兰：　　这个礼呀，咱还得送．啊？

郑老师：　咳！

玉兰：　　你到底怕什么？

郑老师：　我不怕什么．

玉兰：　　那你...

郑老师：　那你也得替我想想．我是连续八年的优秀教师，万一今天

　　　　　人家不收咱这礼，再给你张扬出去，你叫我这脸往哪儿放？

　　　　　轻了，人说你是走后门，搞不正之风；这重了，人家说你是

　　　　　行贿，这，这是要触犯法律的呀．

玉兰：　　出了事，我包着．

郑老师：　哎，我的面子，我的面子！

玉兰：　　你到底去不去呀？

郑老师：　哦......

玉兰：　　好啊，你算什么男子汉！

郑老师：　此话从何说起呀？

玉兰：　　你一个人过得挺自在．

郑老师：　我痛苦无比，我有苦难言！

鄭老師：　下雨了？

玉蘭：　　下刀了．

鄭老師：　啊，下刀了！哎？玉蘭，你回來了？耶，你真行啊！
　　　　　嘿...玉蘭，那咱這禮還送不？

玉蘭：　　不送了．

鄭老師：　啊，好．哈哈．

玉蘭：　　你往哪兒走？

鄭老師：　啊，回家．不送了，不送了．咱回家．

玉蘭：　　　老鄭！老鄭啊，

鄭老師：　啊？

玉蘭：　　這個禮呀，咱還得送．啊？

鄭老師：　咳！

玉蘭：　　你到底怕什麼？

鄭老師：　我不怕什麼．

玉蘭：　　那你...

鄭老師：　那你也得替我想想．我是連續八年的優秀教師，萬一今天
　　　　　人家不收咱這禮，再給你張揚出去，你叫我這臉往哪兒放？
　　　　　輕了，人說你是走后門，搞不正之風；這重了，人家說你是
　　　　　行賄,這，這是要觸犯法律的呀．

玉蘭：　　出了事，我包着．

鄭老師：　哎，我的面子，我的面子！

玉蘭：　　你到底去不去呀？

鄭老師：　哦......

玉蘭：　　好啊，你算什麼男子漢！

鄭老師：　此話從何説起呀？

玉蘭：　　你一個人過得挺自在．

鄭老師：　我痛苦無比，我有苦難言！

玉兰：　　我一个人带着孩子，你知道这些年我是怎么过来的？

郑老师：　非常理解，我深表同情．

玉兰：　　我才三十多岁，你看我这满脸皱纹！

郑老师：　不，你很漂亮，你很有魅力！

玉兰：　　都成老太婆了．

郑老师：　你就是老太婆我也爱你．

玉兰：　　噢，你是不是有外心了？

郑老师：　不不不不不，我..，我对你忠贞不渝！忠贞不渝！

玉兰：　　再说了，就咱们俩那么一点点工资，合到一块儿用...

郑老师：　都紧巴巴．

玉兰：　　这物价上涨得...

郑老师：　太快了．

玉兰：　　分居两地，往后的日子可...

郑老师：　你说怎么过？

玉兰：　　没法儿过！

郑老师：　对，没法儿过了．我，..，我，要有耐心，要有信心！
　　　　　前途是光明的．

玉兰：　　不送就不送！

郑老师：　对，不送就不送！

玉兰：　　我也不跟你过了．

郑老师：　对，你也别跟我过了．啊？那你跟谁过？

玉兰：　　咱俩离婚．

郑老师：　哎，别，你别！哎呀，你别！你以为我的日子好过？下了班，
　　　　　我看见人家老婆孩子在一起，高高兴兴，团团圆圆，我这心里，
　　　　　都是什么滋味？　咳，有时候我真想，咳，男儿有泪不轻弹哪！

玉兰：　　你弹，你弹，弹！

郑老师：　咳，好了，咱回家吧，啊？

玉蘭：　　我一個人帶着孩子，你知道這些年我是怎麼過來的？

鄭老師：非常理解，我深表同情.

玉蘭：　　我才三十多歲，你看我這滿臉皺紋！

鄭老師：不，你很漂亮，你很有魅力！

玉蘭：　　都成老太婆了.

鄭老師：你就是老太婆我也愛你.

玉蘭：　　噢，你是不是有外心了？

鄭老師：不不不不不，我..，我對你忠貞不渝！忠貞不渝！

玉蘭：　　再說了，就咱們倆那麼一點點工資，合到一塊兒用...

鄭老師：都緊巴巴.

玉蘭：　　這物價上漲得...

鄭老師：太快了。

玉蘭：　　分居兩地，往后的日子可...

鄭老師：你說怎麼過？

玉蘭：　　沒法兒過！

鄭老師：對，沒法兒過了.我，..，我，要有耐心，要有信心！
　　　　　前途是光明的.

玉蘭：　　不送就不送！

鄭老師：對，不送就不送！

玉蘭：　　我也不跟你過了.

鄭老師：對，你也別跟我過了.啊？那你跟誰過？

玉蘭：　　咱倆離婚.

鄭老師：哎，別，你別！哎呀，你別！你以爲我的日子好過？下了班，
　　　　　我看見人家老婆孩子在一起，高高興興，團團圓圓，我這心裏，
　　　　　都是什麼滋味？　咳，有時候我真想，咳，男兒有淚不輕彈哪！

玉蘭：　　你彈，你彈，彈！

鄭老師：咳，好了，咱回家吧，啊？

玉兰：　　　（哭）

郑老师：　好，我去！走！

玉兰：　　你看我这样，我怎么能，怎么去呀？

郑老师：　啊，你让我一个人去呀？我..，哎哟..，我.. 好，前边就是
　　　　　有惊涛骇浪，刀山火海，它就是鬼门关，我也豁出去了，我.

玉兰：　　哎，等等！

郑老师：　我是育华中学数，数学教员，我和我妻子分居已然到了八年.

（屋内声音：谁呀？）

郑老师：　我。哈哈哈......

玉兰：　　怎么啦？

郑老师：　大功告成了，咱们. 可真的.

玉兰：　　哎，你干什么？　别，别别！

郑老师：　（唱）　阳光呀阳光呀，你把我吹绿；春风呀春风呀，你把我照亮.
　　　　　阳光，阳光 ... 那是太简单，太容易，太顺利了. 哎，你别哭，
　　　　　哎，走，得得得，回家，走吧.

玉兰：　　哎，别让人看见.

郑老师：　啊，我......

玉兰：　　怎么啦？

郑老师：　坏了，我忘了说我是谁了.

（剧　　终）

玉蘭： 　　(哭)

鄭老師： 好，我去！走！

玉蘭： 　　你看我這樣，我怎麼能，怎麼去呀？

鄭老師： 啊，你讓我一個人去呀？我..，哎喲..，我.. 好，前邊就是

　　　　　 有驚濤駭浪，刀山火海，它就是鬼門關，我也豁出去了，我.

玉蘭： 　　哎，等等！

鄭老師： 我是育華中學數，數學教員，我和我妻子分居已然到了八年.

(屋內聲音：誰呀?)

鄭老師： 我。哈哈哈.......

玉蘭： 　　怎麼啦？

鄭老師： 大功告成了，咱們. 可真的.

玉蘭： 　　哎，你干什麼？ 別，別別！

鄭老師： (唱) 　陽光呀陽光呀，你把我吹綠；春風呀春風呀，你把我照亮.

　　　　　 陽光，陽光 ... 那是太簡單，太容易，太順利了. 哎，你別哭，

　　　　　 哎，走，得得得，回家，走吧.

玉蘭： 　　哎，別讓人看見.

鄭老師： 啊，我......

玉蘭： 　　怎麼啦？

鄭老師： 壞了，我忘了說我是誰了.

（ 劇　　終 ）

生词　Vocabulary

1.	送礼	sòng lǐ	to present a gift
2.	局长	júzhǎng	director of a bureau (gov't office)
3.	育华	Yùhuá	name of a high school (educate China)
4.	数学	shùxué	mathematics
5.	教员	jiàoyuán	school-teacher
6.	石凳	shí dèng	a bench made of stone/cement
7.	紧张	jǐnzhāng	be nervous
8.	干嘛	gànmá	what for, to do what
9.	收	shōu	to receive, accept
10.	穷	qióng	be poor, impoverished
11.	汗	hàn	sweat
12.	心跳	xīntiào	heart-beat
13.	自我感觉	zìwǒ gǎnjué	self-perception
14.	良好	liánghǎo	good, superior
15.	安定	āndìng	mild sedative
16.	无妨	wúfáng	be harmless
17.	一连	yìlián	in succession
18.	胡言乱语	hú yán luàn yǔ	to talk nonsense
19.	分居	fēn jū	to live separately, separated
20.	达	dá	to reach
21.	...之久	...zhī jiǔ	the length of, as long as (classical usage)
22.	和...似的	hé...shìde	to act like
23.	迫切	pòqiè	be eager, to sound urgent

生詞 Vocabulary

1.	送禮	sòng lǐ	to present a gift
2.	局長	júzhǎng	director of a bureau (gov't office)
3.	育華	Yùhuá	name of a high school (educate China)
4.	數學	shùxué	mathematics
5.	教員	jiàoyuán	school-teacher
6.	石凳	shí dèng	a bench made of stone/cement
7.	緊張	jǐnzhāng	be nervous
8.	幹嘛	gànmá	what for, to do what
9.	收	shōu	to receive, accept
10.	窮	qióng	be poor, impoverished
11.	汗	hàn	sweat
12.	心跳	xīntiào	heart-beat
13.	自我感覺	zìwǒ gǎnjué	self-perception
14.	良好	liánghǎo	good, superior
15.	安定	āndìng	mild sedative
16.	無妨	wúfáng	be harmless
17.	一連	yìlián	in succession
18.	胡言亂語	hú yán luàn yǔ	to talk nonsense
19.	分居	fèn jū	to live separately, separated
20.	達	dá	to reach
21.	....之久	...zhī jiǔ	the length of, as long as (classical usage)
22.	和...似的	hé...shìde	to act like
23.	迫切	pòqiè	be eager, to sound urgent

24. 感情	gǎnqíng	feelings
25. 保你满意	bǎo nǐ mǎnyì	to guarantee (that you are satisfied)
26. 鞠躬	jū gōng	to make a bow
27. 掉价儿	diào jiàr	for price to go down
28. 翘二郎腿	qiào èrláng tuǐ	to cross legs while sitting, casual
29. 按	àn	to press (down)
30. 敲(门)	qiāo(mén)	to knock (on the door)
31. 摔	shuāi	to trip over, fall down
32. 擦	cā	to wipe
33. 盖章	gài zhāng	to have signatures stamped
34. 清清白白	qīng qīng bái bái	be innocent, free from corruption
35. 四舍五入	sì shě wǔ rù	to round up the figure (delete if under 5 and add 1 if over 5)
36. 调动	diàodòng	to transfer to another location
37. 符合	fúhé	to comply with, in agreement with
38. 政策	zhèngcè	policy
39. 当初	dāngchū	then, at that time
40. 起名字	qǐ míngzi	to give a name (to a child)
41. 同意	tóngyì	to agree, to consent
42. 没味儿	méi wèir	meaningless, no flavor
43. 难为	nánwei	to make it difficult for
44. 张不开	zhāng bu kāi	be unable to open (=to talk)
45. 两码事	liǎng mǎ shì	two unrelated items
46. 琢磨	zuómo	to ponder over, to figure
47. 深奥莫测	shēn'ào mò cè	too profound to figure out
48. 全权	quánquán	with full authority
49. 代表	dàibiǎo	representative, proxy

24.感情	gǎnqíng	feelings
25.保你满意	bǎo nǐ mǎnyì	to guarantee (that you are satisfied)
26.鞠躬	jū gōng	to make a bow
27.掉價兒	diào jiàr	for price to go down
28.翹二郎腿	qiào èrláng tuǐ	to cross legs while sitting, casual
29.按	àn	to press (down)
30.敲(門)	qiāo(mén)	to knock (on the door)
31.摔	shuāi	to trip over, fall down
32.擦	cā	to wipe
33.蓋章	gài zhāng	to have signatures stamped
34.清清白白	qīng qīng bái bái	be innocent, free from corruption
35.四捨五入	sì shě wǔ rù	to round up the figure (delete if under 5 and add 1 if over 5)
36.調動	diàodòng	to transfer to another location
37.符合	fúhé	to comply with, in agreement with
38.政策	zhèngcè	policy
39.當初	dāngchū	then, at that time
40.起名字	qǐ míngzi	to give a name (to a child)
41.同意	tóngyì	to agree, to consent
42.沒味兒	méi wèir	meaningless, no flavor
43.難為	nánwei	to make it difficult for
44.張不開	zhāng bu kāi	be unable to open (=to talk)
45.兩碼事	liǎng mǎ shì	two unrelated items
46.琢磨	zuómo	to ponder over, to figure
47.深奧莫測	shēn'ào mò cè	too profound to figure out
48.全權	quánquán	with full authority
49.代表	dàibiǎo	representative, proxy

50.趁热打铁	chèn rè dǎ tiě	to strike the iron while it's hot
51.铁石心肠	tiě shí xīncháng	heart made of iron and rock, hard
52.凭	píng	to count on, on the basis of
53.不算	bú suàn	it doesn't count, invalid
54.药	yào	medicine
55.行	xíng	be wonderful, capable, great!
56.连续	liánxù	successive, consecutively
57.优秀	yōuxiù	distinguished
58.万一	wànyī	in case, supposing
59.张扬	zhāngyáng	be exposed, publicised
60.走后门儿	zǒu hòuménr	to practice 'back-doorism'
61.搞不正之风	gǎo bú zhèng zhī fēng	to promote unethical practices
62.行贿	xíng huì	to offer bribery
63.触犯	chùfàn	to violate, to infringe on
64.法律	fǎlǜ	laws
65.包	bāo	to assume responsibility
66.面子	miànzi	'face'
67.男子汉	nánzǐhàn	a righteous man
68.此	cǐ	this
69.从何说起	cóng hé shuō qǐ	on what is it based?
70.过	guò	(here:) to live
71.自在	zìzài	without worries
72.无比	wúbǐ	incomparable, extreme
73.痛苦	tòngkǔ	painful, sad, agonising
74.有苦难言	yǒu kǔ nán yán	inexpressible pain
75.理解	lǐjiě	to understand, to appreciate
76.深表同情	shēn biǎo tóngqíng	be deeply sympathetic

50.趁熱打鐵	chèn rè dǎ tiě	to strike the iron while it's hot
51.鐵石心腸	tiě shí xīncháng	heart made of iron and rock, hard to count on, on the basis of
52.憑	píng	to count on, on the basis of
53.不算	bú suàn	it doesn't count, invalid
54.藥	yào	medicine
55.行	xíng	be wonderful, capable, great!
56.連續	liánxù	successive, consecutively
57.優秀	yōuxiù	distinguished
58.萬一	wànyī	in case, supposing
59.張揚	zhāngyáng	be exposed, publicised
60.走后門兒	zǒu hòuménr	to practice 'back-doorism'
61.搞不正之風	gǎo bú zhèng zhī fēng	to promote unethical practices
62.行賄	xíng huì	to offer bribery
63.觸犯	chùfàn	to violate, to infringe on
64.法律	fǎlǜ	laws
65.包	bāo	to assume responsibility
66.面子	miànzi	'face'
67.男子漢	nánzǐhàn	a righteous man
68.此	cǐ	this
69.從何說起	cóng hé shuó qǐ	on what is it based?
70.過	guò	(here:) to live
71.自在	zìzài	without worries
72.無比	wúbǐ	incomparable, extreme
73.痛苦	tòngkǔ	painful, sad, agonising
74.有苦難言	yǒu kǔ nán yán	inexpressible pain
75.理解	lǐjiě	to understand, to appreciate
76.深表同情	shēn biǎo tóngqíng	be deeply sympathetic

77. 皱纹	zhòuwén	wrinkles
78. 魅力	mèilì	charm
79. 老太婆	lǎotàipó	old hag, old women
80. 外心	wàixīn	infidelity
81. 忠贞不渝	zhōngzhēn bù yú	loyal and faithful
82. 紧巴巴	jǐn bābā	tight-budgeted
83. 上涨	shàngzhǎng	for price to go up
84. 往后	wǎnghòu	future, days to come
85. 没法儿	méi fǎr	there's no way
86. 耐心	nàixīn	patience
87. 信心	xìnxīn	faith, confidence
88. 前途	qiántú	the future, days to come
89. 光明	guāngmíng	be bright, promising
90. 离婚	líhūn	to get divorced
91. 团圆	tuányuán	be united
92. 滋味	zīwèi	the way one feels
93. 男儿有	nán ér yǒu lèi	a man doesn't shed his tears
泪不轻弹	bù qīng tán	lightly
94. 惊涛骇浪	jīng tāo hài làng	violent waves
95. 鬼门关	guǐménguān	demon-guarded gates, gates of hell
96. 豁出去	huō chuqu	be committed
97. 已然	yǐrán	already
98. 大功告成	dà gōng gào chéng	'mission accomplished'
99. 顺利	shùnlì	be successful
100. 坏了	huài le	I'm ruined! damned

77. 皺紋	zhòuwén	wrinkles
78. 魅力	mèilì	charm
79. 老太婆	lǎotàipó	old hag, old women
80. 外心	wàixīn	infidelity
81. 忠貞不渝	zhōngzhēn bù yú	loyal and faithful
82. 緊巴巴	jǐn bābā	tight-budgeted
83. 上漲	shàngzhǎng	for price to go up
84. 往后	wǎnghòu	future, days to come
85. 没法兒	méi fǎr	there's no way
86. 耐心	nàixīn	patience
87. 信心	xìnxīn	faith, confidence
88. 前途	qiántú	the future, days to come
89. 光明	guāngmíng	be bright, promising
90. 離婚	líhūn	to get divorced
91. 團圓	tuányuán	be united
92. 滋味	zīwèi	the way one feels
93. 男兒有 涙不輕彈	nán ér yǒu lèi bù qīng tán	a man doesn't shed his tears lightly
94. 驚濤駭浪	jīng tāo hài làng	violent waves
95. 鬼門關	guǐménguán	demon-guarded gates, gates of hell
96. 豁出去	huō chuqu	be committed
97. 已然	yǐrán	already
98. 大功告成	dà gōng gào chéng	'mission accomplished'
99. 順利	shùnlì	be successful
100. 壞了	huài le	I'm ruined! damned

词语与句型练习 Usages and Patterns

1. 就(是) (jiushi, used as an emphatic marker, it was xxx that)

An adverb with which a speaker asserts a fact, 就是 can be either stressed or unstressed. What is stressed comes after 就是. It is often pronounced 'jiur'. ("就是", 副词. "就是" 可以重读, 也可以轻读. 表示毫不怀疑的肯定. 口语中 "就是" 常常说成 "jiur", 或把 "是" 完全"吃掉", 只说"就".)

a. 这件事就是你干的, 你别抵赖.

It was you that did it; don't deny it!

b. 我们家就在这儿.

Our house is right here!

c. 甲: 你应该昨天来, 为什么没来?

You should have come yesterday? Why didn't you?

乙: 谁说我昨天没来? 我就是昨天来的.

Who said that I didn't come? I did come yesterday.

d. 甲: 你找什么呢? 是找这本书吗?

What are you looking for? This book?

乙: 对, 我就是找这本书.

Right, I WAS looking for that book.

e. 就这儿, 就这儿, 我们就坐这儿.

Right here! Right here! We'll sit RIGHT here!

2. 就 (jiu, used as an emphatic marker)

詞語與句型練習 Usages and Patterns

1. 就(是) (jiushi, used as an emphatic marker, it was xxx that)

An adverb with which a speaker asserts a fact, 就是 can be either stressed or unstressed. What is stressed comes after 就是. It is often pronounced 'jiur'. ("就是", 副詞. "就是" 可以重讀, 也可以輕讀. 表示毫不懷疑的肯定. 口語中 "就是" 常常說成 "jiur", 或把 "是" 完全"吃掉", 只說"就".)

a. 這件事就是你干的, 你別抵賴.

   It was you that did it; don't deny it!

b. 我們家就在這兒.

   Our house is right here!

c. 甲：你應該昨天來, 爲什麼沒來?

   You should have come yesterday? Why didn't you?

   乙：誰説我昨天沒來? 我就是昨天來的.

   Who said that I didn't come? I did come yesterday.

d. 甲：你找什麼呢? 是找這本書嗎?

   What are you looking for? This book?

   乙：對, 我就是找這本書.

   Right, I WAS looking for that book.

e. 就這兒, 就這兒, 我們就坐這兒.

   Right here! Right here! We'll sit RIGHT here!

2. 就 (jiu, used as an emphatic marker)

In this usage, in contrast with that given in (1) above, 就 stresses what comes before it, and what is asserted is pronounced with a heavy stress.

("就" 可以用在动词(短语)前，引出一个事实，证明对方刚刚说的话不是真的，"就" 前面的词语要重读．)

a. 玉兰：放心吧，现在有几个不收礼的？

Don't worry! Who would refuse a gift these days?

郑老师：我就不收．

"I" would.

b. 甲：昨天在会上大家不都同意这么办吗？

Didn't everyone at the meeting agree to do it this way?

乙：谁说的？我就不同意．你没注意我就是了．

Who said that? "I" didn't. You just didn't notice me.

c. 甲：明天去的人不会太多．也就是五十来个吧．

There won't be many going tomorrow, probably just 50 some.

乙：那可不一定，我们班就去四十个，有三个班呢．

Not necessarily. There will be 40 from my class, and there are 3 classes.

d. 甲：去年冬天下了三场雪吧？

Were there 3 snow-falls last year?

乙：不对，光十二月就下了三场，十一月还下了呢．

No, there were 3 in Dec. alone. It also snowed in Nov.

e. 甲：你们班的同学就小赵去过新疆吧？

Only Xiao Zhao in your class has been to Xinjiang, right?

乙：不对，我知道小李就去过，小王可能也去过．

No, I know Xiao Li has been, and probably Xiao Wang too.

In this usage, in contrast with that given in (1) above, 就 stresses what comes before it, and what is asserted is pronounced with a heavy stress.

("就" 可以用在動詞(短語)前, 引出一個事實, 證明對方剛剛説的話不是真的, "就" 前面的詞語要重讀.)

a. 玉蘭: 放心吧, 現在有幾個不收禮的?

Don't worry! Who would refuse a gift these days?

鄭老師: 我就不收.

"I" would.

b. 甲: 昨天在會上大家不都同意這麼辦嗎?

Didn't everyone at the meeting agree to do it this way?

乙: 誰説的? 我就不同意. 你没注意我就是了.

Who said that? "I" didn't. You just didn't notice me.

c. 甲: 明天去的人不會太多. 也就是五十來個吧.

There won't be many going tomorrow, probably just 50 some.

乙: 那可不一定, 我們班就去四十個, 有三個班呢.

Not necessarily. There will be 40 from my class, and there are 3 classes.

d. 甲: 去年冬天下了三場雪吧?

Were there 3 snow-falls last year?

乙: 不對, 光十二月就下了三場, 十一月還下了呢.

No, there were 3 in Dec. alone. It also snowed in Nov.

e. 甲: 你們班的同學就小趙去過新疆吧?

Only Xiao Zhao in your class has been to Xinjiang, right?

乙: 不對, 我知道小李就去過, 小王可能也去過.

No, I know Xiao Li has been, and probably Xiao Wang too.

3. 来 (lai, used as a Pro-Verb)

来, when it does not mean 'come, arrive', is a Pro-Verb, in that it replaces other verbs in given, specific contexts. ("来" 可以代替表示某种具体动作的动词，常用于祈使句.)

a. (在餐厅, At a restaurant)

服务员： 您吃点儿什么？

   What would you like to order, Mme?

顾 客： 来一个鱼香肉丝，一个麻婆豆腐，再来一碗米饭.

   I'd like to order some pork, some tofu, and can I have some rice too?

b. 你唱得真好！ 再来一个！

You sing so beautifully. Encore!

c. (病人要下床拿东西, The patient wants to get off the bed to get something)

护士：你别动，你要什么？

   Don't move! What would you like?

病人：我要那瓶药.

   I want to get that medicine.

护士：我来，我来.

   I'll get it.

d. (学生练习表演, Students are rehearsing a play)

老师：再来一遍.

   Do it again!

3. 來 (lai, used as a Pro-Verb)

來, when it does not mean 'come, arrive', is a Pro-Verb,
in that it replaces other verbs in given, specific contexts.
("來" 可以代替表示某種具體動作的動詞，常用于祈使句.)

a. (在餐廳, At a restaurant)

服務員： 您吃點兒什麼?

What would you like to order, Mme?

顧　客： 來一個魚香肉絲，一個麻婆豆腐，再來一碗米飯.

I'd like to order some pork, some tofu, and can I have some
rice too?

b. 你唱得真好! 再來一個!

You sing so beautifully. Encore!

c. (病人要下床拿東西, The patient wants to get off the bed
to get something)

護士：你別動，你要什麼?

Don't move! What would you like?

病人：我要那瓶藥.

I want to get that medicine.

護士：我來，我來.

I'll get it.

d. (學生練習表演, Students are rehearsing a play)

老師：再來一遍.

Do it again!

4. 就是...也... (jiushi...ye, even if)

This pattern asserts the realization of something against a condition given, usually hypothetical and exaggerated.
(连词"就是" 表示假设让步，常常引出一种极端的情况，"也" 后的句子表示说话人的一种看法或一种决心.)

a. 你就是把他打死了，他也不会说的.

   He wouldn't talk, even if you killed him.

b. 这个字这么简单，就是三岁的孩子也会写.

   This is such a simple character. Even a 3-year old knows how to write it.

c. 这次考试太容易了，我就是闭着眼睛也能作出来.

   The test was so easy. I could do it even with my eyes shut.

d. 他们兄弟俩长得太像了，就是家里人有的时候也分不清楚.

   Those two brothers look so alike. Even their own family cannot tell them apart at times.

e. 你就是给他一座金山，他也不跟你结婚.

   Even if you gave her a gold mountain, she would not marry you.

5. 可 (ke, otherwise, in that case, on the other hand)

As an adverb, 可 presents an unexpected twist in the utterance, sometimes with a slight flavor of threat.
("可"，副词，用于陈述句. "可" 后边的句子，说话人认为是听话人想不到的. 有时有轻微的威胁或恐吓的意味.)

4. 就是...也... (jiushi...ye, even if)

This pattern asserts the realization of something against a condition given, usually hypothetical and exaggerated. (連詞"就是" 表示假設讓步, 常常引出一種極端的情況, "也" 后的句子表示說話人的一種看法或一種決心.)

a. 你就是把他打死了, 他也不會説的.

He wouldn't talk, even if you killed him.

b. 這個字這麼簡單, 就是三歲的孩子也會寫.

This is such a simple character. Even a 3-year old knows how to write it.

c. 這次考試太容易了, 我就是閉着眼睛也能作出來.

The test was so easy. I could do it even with my eyes shut.

d. 他們兄弟倆長得太像了, 就是家里人有的時候也分不清楚.

Those two brothers look so alike. Even their own family cannot tell them apart at times.

e. 你就是給他一座金山, 他也不跟你結婚.

Even if you gave her a gold mountain, she would not marry you.

5. 可 (ke, otherwise, in that case, on the other hand)

As an adverb, 可 presents an unexpected twist in the utterance, sometimes with a slight flavor of threat. ("可", 副詞, 用于陳述句. "可" 后邊的句子, 説話人認爲是聽話人想不到的. 有時有輕微的威脅或恐嚇的意味.)

a. 你别唱了，你再唱，大家可要走了．

Don't keep on singing. If you do, everyone will leave.

b. 那辆车你买不买？ 你不买，他可要卖给别人了．

Do you want to buy that car? If not, he's going to sell it to someone else.

c. 你明天去不去长城？你不去，我可要找别人一块儿去了．

Are you going to the Great Wall tomorrow? If not, I'll go with someone else.

d. 你快去找他谈吧，不然，他可要把你辞了．

You'd better talk to him quickly. Otherwise, he might terminate your job.

e. 你快给你妈妈写封信吧，再不写，她可要急死了．

You'd better write to your mother. Otherwise, she will really worry.

6. (急) 什么 (Verb/Adj + sheme, what are you xxx for?)

This construction is used for disapproving someone's claim or action. (在一个动词或形容词的后边用上 "什么" ，可以表示否定，表示不同意对方的说法或不满意对方的行为.)

a. (甲和乙正在走路，甲忽然跑起来)

[A and B are walking, and A starts running.]

乙：跑什么？等等我！ (意思是：别跑/别跑了.)

B: How come you want to run? Wait!

b. (甲的笔丢了，他在找)

[A's pen is missing, and he's looking for it.]

a. 你别唱了，你再唱，大家可要走了.

Don't keep on singing. If you do, everyone will leave.

b. 那輛車你買不買？ 你不買，他可要賣給別人了.

Do you want to buy that car? If not, he's going to sell
it to someone else.

c. 你明天去不去長城？ 你不去，我可要找別人一塊兒去了.

Are you going to the Great Wall tomorrow? If not, I'll go
with someone else.

d. 你快去找他談吧，不然，他可要把你辭了.

You'd better talk to him quickly. Otherwise, he might
terminate your job.

e. 你快給你媽媽寫封信吧，再不寫，她可要急死了.

You'd better write to your mother. Otherwise, she will
really worry.

6. (急) 什麼 (Verb/Adj + sheme, what are you xxx for?)

   This construction is used for disapproving someone's claim
or action. (在一個動詞或形容詞的后邊用上 "什麼" ，可以表示
否定，表示不同意對方的説法或不滿意對方的行爲.)

a. (甲和乙正在走路，甲忽然跑起來)

   [A and B are walking, and A starts running.]

   乙：跑什麼？ 等等我！ (意思是：別跑/別跑了.)

   B: How come you want to run? Wait!

b. (甲的筆丟了，他在找)

   [A's pen is missing, and he's looking for it.]

—71 —

乙：一枝笔，找什么！（意思是：别找了.）再买一枝吧.

    B: It's only a pen, not worth looking for. Get another one!

c. 甲：明天咱们去上海玩玩吧.

    Shall we go to Shanghai tomorrow?

乙：玩什么！考试还没准备好呢.

    What for? I'm not prepared for the test yet.

d. 甲：这个电影很好，我很喜欢.

    The movie was excellent. I liked it a lot.

乙：好什么！一点儿意思也没有.

    Good?? Not very interesting at all.

Note: the pattern can also be used for genuine information-seeking, asking why a particular event is taking place. (有时，"动词+什么" 可以问原因)

e. 她笑什么？我说错话了吗？

Why is she laughing? Did I say something wrong?

f. 那个客人吵什么？钱找错了吗？

    Why is that customer making so much noise? Did we make
    a mistake with his change?

7. 怎么 (zenme, how come?)

怎么，like 为什么，also asks 'why?' but is different from the latter in that it includes an element of surprise or inquisitiveness. ("怎么" 可以问原因，但和 "为什么" 不同. "怎么" 包含惊讶，奇怪的成分，"为什么" 只问原因. 因此如果只问原因，不包括奇怪的成分，要用 "为什么".)

乙：一枝筆，找什麼！（意思是：別找了．）再買一枝吧．

    B: It's only a pen, not worth looking for. Get another one!

c. 甲：明天咱們去上海玩玩吧．

    Shall we go to Shanghai tomorrow?

乙：玩什麼！考試還沒准備好呢．

    What for? I'm not prepared for the test yet.

d. 甲：這個電影很好，我很喜歡．

    The movie was excellent. I liked it a lot.

乙：好什麼！一點兒意思也沒有．

    Good?? Not very interesting at all.

Note: the pattern can also be used for genuine information-seeking, asking why a particular event is taking place. (有時，"動詞+什麼" 可以問原因)

e. 她笑什麼？我說錯話了嗎？

Why is she laughing? Did I say something wrong?

f. 那個客人吵什麼？錢找錯了嗎？

    Why is that customer making so much noise? Did we make

    a mistake with his change?

7. 怎麼 (zenme, how come?)

怎麼，like 為什麼，also asks 'why?' but is different from the latter in that it includes an element of surprise or inquisitiveness. ("怎麼" 可以問原因，但和 "為什麼" 不同．"怎麼" 包含驚訝，奇怪的成分，"為什麼" 只問原因．因此如果只問原因，不包括奇怪的成分，要用 "為什麼"．)

a. 怎么，你不认识我了？

What?? You don't recognise me?

b. 明天不上课？我怎么不知道？

There's no class tomorrow? How come I didn't know about it

c. 他怎么不考研究生了？

How come he doesn't want to go to graduate school?

a. 怎麼，你不認識我了？

  What?? You don't recognise me?

b. 明天不上課？我怎麼不知道？

  There's no class tomorrow? How come I didn't know about it

c. 他怎麼不考研究生了？

  How come he doesn't want to go to graduate school?

听力和说话练习 Questions and Answers

1. 郑老师是哪个学校的老师？

2. "上北" 和 "下南" 是什么意思？

3. 郑老师为什么要喝水？

4. 郑老师和他的妻子来这儿做什么？

5. 他妻子认为他们的礼送得出去吗？她为什么这么认为？

6. 郑老师为什么出了很多汗？他心跳为什么快？

7. 郑老师为什么吃了两片安定？他妻子为什么反对他吃两片安定？

8. 郑老师和他妻子来谁的家？

9. 郑老师为什么不同意见了局长要先鞠个躬？他说见了局长要先怎么样？
   为什么？

10. 玉兰为什么嘱咐郑老师见了局长千万别翘二郎腿呢？

11. 郑老师和玉兰分居多久了？他们的孩子几岁了？

12. 郑老师按了门铃以后，为什么说 "对不起，我敲错门了"？

1.　鄭老師是哪個學校的老師？

2.　"上北" 和 "下南" 是什麼意思？

3.　鄭老師爲什麼要喝水？

4.　鄭老師和他的妻子來這兒做什麼？

5.　他妻子認爲他們的禮送得出去嗎？她爲什麼這麼認爲？

6.　鄭老師爲什麼出了很多汗？他心跳爲什麼快？

7.　鄭老師爲什麼吃了兩片安定？他妻子爲什麼反對他吃兩片安定？

8.　鄭老師和他妻子來誰的家？

9.　鄭老師爲什麼不同意見了局長要先鞠個躬？他説見了局長要先怎麼樣？爲什麼？

10.玉蘭爲什麼囑咐鄭老師見了局長千萬別翹二郎腿呢？

11.鄭老師和玉蘭分居多久了？他們的孩子幾歲了？

12.鄭老師按了門鈴以后，爲什麼説 "對不起，我敲錯門了"？

13．郑老师他们到底为什么要送礼？

14．玉兰调动工作符合政策吗？你想想政策可能是怎么规定的？

15．郑老师为什么说"小芬"这个名字不好？他要把它改成什么？为什么？

16．郑老师为什么叫玉兰一个人去送礼？

17．郑老师在石凳上睡着了吗？如果睡着了，为什么？如果没睡着，他为什么装睡？

18．郑老师到底为什么不愿意去送礼？他为什么紧张？

19．郑老师和玉兰分居两地，玉兰觉得怎么样？郑老师觉得怎么样？

20．他们两地分居有什么困难？

21．郑老师最后为什么去送礼了？

22．郑老师送礼难不难？

23．你想想，郑老师送了礼以后，玉兰能调动工作吗？

13．鄭老師他們到底爲什麽要送禮？

14．玉蘭調動工作符合政策嗎？你想想政策可能是怎麽規定的？

15．鄭老師爲什麽説 "小芬" 這個名字不好？他要把它改成什麽？爲什麽？

16．鄭老師爲什麽叫玉蘭一個人去送禮？

17．鄭老師在石凳上睡着了嗎？如果睡着了，爲什麽？如果没睡着，
　　他爲什麽裝睡？

18．鄭老師到底爲什麽不願意去送禮？他爲什麽緊張？

19．鄭老師和玉蘭分居兩地，玉蘭覺得怎麽樣？鄭老師覺得怎麽樣？

20．他們兩地分居有什麽困難？

21．鄭老師最后爲什麽去送禮了？

22．鄭老師送禮難不難？

23．你想想，鄭老師送了禮以后，玉蘭能調動工作嗎？

背景知识介绍　Background Notes

Everyone in China is issued a 'residency card'. Nobody is allowed to move without prior approval by the gov't. From the 50's till the 70's, numerous couples were separated, one working in a city while the other was in a remote village. This is called 两地分居, which caused much inconvenience and hardship. For one thing, couples could not tend to all the family business together, such as bringing up their children, which usually fell on the women. Second, separate households generated extra expenses, which China's 'low-wages' policy could not accommodate. Third, long separation gave rise to marital problems.

From the late 70's, the gov't started addressing the problem and many families were reunited. But in some locations, corruption and nepotism persisted. This play is a criticism of such practices by some party cadres.

在中国大陆，居住在城市和农村的人都有户口．不经过政府有关部门许可并办理一定的手续，户口是不能随便迁移的．从五十年代到七十年代，不少家庭丈夫和妻子在不同的城市工作，或者一个人在城市工作一个人在农村，这种现象叫两地分居．两地分居给家庭带来很大的困难和危害．第一，夫妻不能生活在一起，不能互相照顾，不能共同抚育子女，给生活带来极大的不便．孩子一般由妻子照顾，负担很重．丈夫一个人生活也会感到孤独，寂寞．第二，两地分居，生活开支(花消)大．特别是中国实行低工资政策，造成他们生活很

背景知識介紹　Background Notes

Everyone in China is issued a 'residency card'. Nobody is allowed to move without prior approval by the gov't. From the 50's till the 70's, numerous couples were separated, one working in a city while the other was in a remote village. This is called 兩地分居, which caused much inconvenience and hardship. For one thing, couples could not tend to all the family business together, such as bringing up their children, which usually fell on the women. Second, separate households generated extra expenses, which China's 'low-wages' policy could not accommodate. Third, long separation gave rise to marital problems.

From the late 70's, the gov't started addressing the problem and many families were reunited. But in some locations, corruption and nepotism persisted. This play is a criticism of such practices by some party cadres.

在中國大陸，居住在城市和農村的人都有戶口．不經過政府有關部門許可并辦理一定的手續，戶口是不能隨便遷移的．從五十年代到七十年代，不少家庭丈夫和妻子在不同的城市工作，或者一個人在城市工作一個人在農村，這種現象叫兩地分居．兩地分居給家庭帶來很大的困難和危害．第一，夫妻不能生活在一起，不能互相照顧，不能共同撫育子女，給生活帶來極大的不便．孩子一般由妻子照顧，負擔很重．丈夫一個人生活也會感到孤獨，寂寞．第二，兩地分居，生活開支(花消)大．特別是中國實行低工資政策，造成他們生活很困难．第三，夫妻长期分居，感情可能会逐渐冷淡或起变化，造成婚姻破裂．

七十年代末期开始，中国政府注意到解决两地分居的问题，大量长期分居的家庭得到了团圆．但也有部分地区，由于种种原因，夫妻仍然分居两地．有些干部对群众生活不关心，或有私心，优先解决跟自己有关系的人．有的干部营私舞弊，谁送礼就给谁解决．"送礼"这个电视剧抨击的就是后一种干部(局长)．

在中国中学教师人数很多，工作辛苦，待遇很低，生活困难很大．他们的房子问题，两地分居问题也比其他人难解决．中学老师是知识分子，爱面子，胆小怕事，没有权势，也没有后门儿．学生家长送礼他们一般不收．让他们送礼，他们不但觉得难为情，而且还害怕遭到拒绝或给自己带来危害．他们是很令人同情的．

困難．第三，夫妻長期分居，感情可能會逐漸冷淡或起變化，造成婚姻破裂．

　　七十年代末期開始，中國政府注意到解決兩地分居的問題，大量長期分居的家庭得到了團圓．但也有部分地區，由于種種原因，夫妻仍然分居兩地．有些干部對群眾生活不關心，或有私心，優先解決跟自己有關系的人．有的干部營私舞弊，誰送禮就給誰解決．"送禮"這個電視劇抨擊的就是后一種干部（局長）．

　　在中國中學教師人數很多，工作辛苦，待遇很低，生活困難很大．他們的房子問題，兩地分居問題也比其他人難解決．中學老師是知識分子，愛面子，膽小怕事，沒有權勢，也沒有后門兒．學生家長送禮他們一般不收．讓他們送禮，他們不但覺得難為情，而且還害怕遭到拒絕或給自己帶來危害．他們是很令人同情的．

五. 家 庭 小 夜 曲

A Family Serenade

剧 本 Script

(旁白)

您看，人群中走着的这个黄老，刚刚离了休，去官解甲，顿感清静怡然. 颐养天年，不免会产生一些新的喜好. 但不知黄老的乐趣是什么？原来黄老最大的乐趣就是在全家福的小宴上安享着天伦之乐. 这位窈窕端庄的姑娘就是黄老的大女儿培培.

培培： 爸爸，晚上有什么好吃的？爸爸，作什么呢？

黄老： 油焖大虾，红烧鱼，怎么样？行了吧，我的大小姐？

培培： 太好了，爸爸！谢谢爸爸！

黄老： 哎，培培，是不是明华晚上来吃饭哪？

培培： 爸爸，看你，知道你还要问！啦，啦，啦，...十八寸彩电，双缸洗衣机，一百二十立升电冰箱？

(旁白) 这是黄老的小女儿珠珠，外号小精豆.

珠珠： 爸爸！

黄老： 啊？回来了？

珠珠： 好香啊！爸爸真好！

黄老： 这个小调皮鬼！

五．家庭小夜曲

A　Family　Serenade

劇　本　Script

(旁白)

您看，人群中走着的這個黃老，剛剛離了休，去官解甲，頓感清静怡然．頤養天年，不免會産生一些新的喜好．但不知黃老的樂趣是什麼？原來黃老最大的樂趣就是在全家福的小宴上安享着天倫之樂．這位窈窕端莊的姑娘就是黃老的大女兒培培．

培培： 爸爸，晚上有什麼好吃的？爸爸，作什麼呢？

黃老： 油燜大蝦，紅燒魚，怎麼樣？行了吧，我的大小姐？

培培： 太好了，爸爸！謝謝爸爸！

黃老： 哎，培培，是不是明華晚上來吃飯哪？

培培： 爸爸，看你，知道你還要問！啦，啦，啦，...十八寸彩電，雙缸洗衣機，一百二十立升電冰箱？

　　(旁白)　這是黃老的小女兒珠珠，外號小精豆．

珠珠： 爸爸！

黃老： 啊？回來了？

珠珠： 好香啊！爸爸真好！

黃老： 這個小調皮鬼！

(旁白)　这是黄老的老伴儿回来了，一看就知道，是位辛苦了
　　　　大半生，精力预支过多的母亲．

黄老：　唉？来，来，来，给我，给我！啊，看你累的！买这么多东西，
　　　　该歇歇了．
黄妻：　你的厨房的活儿也不轻．你休息一会儿，我来做吧．
黄老：　唉，不用不用，都齐了，就是那个...
黄妻：　你坐会儿吧！

培培：　珠珠，这个清单是你写的吗？
珠珠：　小小备忘录，写着玩儿的．
培培：　我可没有请你当统计！

黄妻：　嚄，什么日子啊？这么丰盛！
黄老：　啊，今儿是星期六，还不该犒劳犒劳！再说明华晚上也要来．
黄妻：　噢，噢．
黄老：　这，唉，还有个汤．
黄妻：　我做，我做．

(旁白)　这位虎气生生的小伙子，是黄老的儿子强强，也是黄老的
　　　　骄傲．只是因为报社工作紧张，外交频繁，他难得在家多
　　　　坐会儿．

强强：　爸，饭做好了吗？妈，我饿了．
黄妻：　回来了？
强强：　啊．

(旁白)　　這是黃老的老伴兒回來了，一看就知道，是位辛苦了
　　　　　　大半生，精力預支過多的母親．

黃老：　唉？來，來，來，給我，給我！啊，看你累的！買這麼多東西，
　　　　該歇歇了．

黃妻：　你的厨房的活兒也不輕．你休息一會兒，我來做吧．

黃老：　唉，不用不用，都齊了，就是那個...

黃妻：　你坐會兒吧！

培培：　珠珠，這個清單是你寫的嗎？

珠珠：　小小備忘錄，寫着玩兒的．

培培：　我可沒有請你當統計！

黃妻：　嗬，什麼日子啊？這麼豐盛！

黃老：　啊，今兒是星期六，還不該犒勞犒勞！再說明華晚上也要來．

黃妻：　噢，噢．

黃老：　這，唉，還有個湯．

黃妻：　我做，我做．

(旁白)　　這位虎氣生生的小伙子，是黃老的兒子强强，也是黃老的
　　　　　　驕傲．只是因爲報社工作緊張，外交頻繁，他難得在家多
　　　　　　坐會兒．

强强：　爸，飯做好了嗎？媽，我餓了．

黃妻：　回來了？

强强：　啊．

黄妻： 全好了，强强，明华今天要来，咱们就等等他，啊！

强强： 好．

珠珠： 唉，哥哥，你就闻闻止饿吧．如果明华不来呀，咱们家这顿饭就省了．

黄妻： 珠珠！

培培： 妈，开饭吧，他不守约，挨饿活该！

黄妻： 吃个苹果先垫垫，再等等吧，啊！

珠珠： 这也不管饿．

强强： 唉！

培培： 妈，别等了，这个人真讨厌！

珠珠： 妈，姐姐发话了，开饭了．

黄妻： 就你饿！... 来，都来端菜来，来！

强强： 哎！快端菜去！

黄老： 珠珠啊，来！

珠珠： 来了！

培培： 来，爸爸！

强强： 嗬，真香啊！

黄老： 哎！那儿，那儿，啊，唉，来了．

强强： 放这儿！

珠珠： 真香！

强强： 味道真不错，我馋坏了．

珠珠： 爸爸的手艺就是棒嘛！让我先尝一尝．

黄老： 都坐！

珠珠： 哥哥，换 <小夜曲> 呀！

黄老： 强强啊，这 <小夜曲> 就是好，优雅，悦耳，听了都叫人增加食欲．

培培： 爸爸，您吃这个吧．

珠珠： 爸爸，给您酒钟．

黄老： 嗯，好！

黃妻：　全好了，強強，明華今天要來，咱們就等等他，啊！

強強：　好．

珠珠：　唉，哥哥，你就聞聞止餓吧．如果明華不來呀，咱們家這頓飯就省了．

黃妻：　珠珠！

培培：　媽，開飯吧，他不守約，挨餓活該！

黃妻：　吃個蘋果先墊墊，再等等吧，啊！

珠珠：　這也不管餓．

強強：　唉！

培培：　媽，別等了，這個人真討厭！

珠珠：　媽，姐姐發話了，開飯了．

黃妻：　就你餓！ ... 來，都來端菜來，來！

強強：　哎！快端菜去！

黃老：　珠珠啊，來！

珠珠：　來了！

培培：　來，爸爸！

強強：　嘀，真香啊！

黃老：　哎！那兒，那兒，啊，唉，來了．

強強：　放這兒！

珠珠：　真香！

強強：　味道真不錯，我饞壞了．

珠珠：　爸爸的手藝就是棒嘛！讓我先嚐一嚐．

黃老：　都坐！

珠珠：　哥哥，換 <小夜曲> 呀！

黃老：　強強啊，這 <小夜曲> 就是好，優雅，悅耳，聽了都叫人增加食欲．

培培：　爸爸，您吃這個吧．

珠珠：　爸爸，給您酒鐘．

黃老：　嗯，好！

强强： 爸爸，您喝这个酒．

黄老： 好，哎，少来一点儿．

黄妻： 行了，行了．噢．

珠珠： 妈妈，您也来一杯吧．

黄妻： 哎，哎，行了，行了，够了，够了．

黄老： 吃大虾，吃大虾，喝啤酒，喝啤酒．

珠珠： 我也来一杯．

黄妻： 来，吃吧．

珠珠： 这个菜真好吃！

黄妻： 看你那个样儿！

珠珠： 噢，你瞧爸爸！

黄老： 唉，吃菜，吃菜，啊，吃菜，吃菜！

强强： 爸爸，您吃吧．

黄老： 唉！

珠珠： 真好吃！

强强： 确实好吃！

珠珠： 真好吃！

黄妻： 来，吃这个！

黄老： 唉，你们都多吃点儿，啊！唉，珠珠啊，饭要慢慢吃，不然会把胃搞坏的．

强强： 爸爸，珠珠中午在厂里吃饭，三两米饭五分汤，早就坚持不住了．

珠珠： 谁说的？

强强： 准确情报．

黄妻： 这可不行啊，珠珠！人们不是常说：早上要吃好，中午要吃饱，晚上要吃少 嘛！

强强： 妈，咱们珠珠早掉过来了，中午要吃少，晚上要吃饱嘛．

黄妻： 哦，为什么？

强强： 爸爸，您喝這個酒.

黄老： 好，哎，少來一點兒.

黄妻： 行了，行了. 噢.

珠珠： 媽媽，您也來一杯吧.

黄妻： 哎，哎，行了，行了，够了，够了.

黄老： 吃大蝦，吃大蝦，喝啤酒，喝啤酒.

珠珠： 我也來一杯.

黄妻： 來，吃吧.

珠珠： 這個菜真好吃！

黄妻： 看你那個樣兒！

珠珠： 噢，你瞧爸爸！

黄老： 唉，吃菜，吃菜，啊，吃菜，吃菜！

强强： 爸爸，您吃吧.

黄老： 唉！

珠珠： 真好吃！

强强： 確實好吃！

珠珠： 真好吃！

黄妻： 來，吃這個！

黄老： 唉，你們都多吃點兒，啊！唉，珠珠啊，飯要慢慢吃，不然會把
胃搞壞的.

强强： 爸爸，珠珠中午在廠里吃飯，三兩米飯五分湯，早就堅持不住了.

珠珠： 誰説的？

强强： 準確情報.

黄妻： 這可不行啊，珠珠！人們不是常説： 早上要吃好，中午要吃飽，
晚上要吃少. 嘛！

强强： 媽，咱們珠珠早掉過來了，中午要吃少，晚上要吃飽嘛.

黄妻： 哦，爲什麼？

强强：　晚上在家供给制，中午嘛，自己掏．

珠珠：　哥哥，你，你胡说．哼！

强强：　我胡说？

珠珠：　就你胡说！我根本不是那么回事．

强强：　就是那么回事．

珠珠：　就你．．．

黄妻：　唉，哥在跟你开玩笑！唉，都是快成家的人了，总是吵！

黄老：　啊，吃，吃，吃菜！

黄妻：　培培，你和明华的事，到底打算放在什么时候办啊？啊？

黄老：　我看哪，就订在"十．一"吧，嗯？

培培：　东西都没齐，有法办吗？

黄妻：　没齐？

黄老：　那还缺什么？

培培：　你们忘了，我们的彩电是预购的．明华去问了，"十．一"前来不了．

黄老：　哎，这有什么？它迟早会来的嘛！你们照样结婚，这有什么关系！

培培：　爸爸，看您说的，新房里连台彩电都没有，象什么样子！八十年代了，
　　　　能和你们当年比吗？两条被子一张床的！

黄老：　哎，这，这，唉！

培培：　妈，那件东西您还没有答应给我呢？

珠珠：　哼！

黄妻：　什么东西？

培培：　妈，你明白还要问！

黄妻：　你是说，外婆的那串项链？那是妈妈的纪念品．

培培：　妈，你就不能留给我做个纪念？

黄妻：　为了你的婚事，用了家里的全部积蓄．四季的衣服，全套的电器．我和
　　　　你爸爸差不多把心都掏给你了，你还．．．

珠珠：　爸，妈，你们两个给姐姐什么我都不反对，可是我事先声明，姐姐结婚

强强： 晚上在家供給制，中午嘛，自己掏．

珠珠： 哥哥，你，你胡説．哼！

强强： 我胡説？

珠珠： 就你胡説！我根本不是那麽回事．

强强： 就是那麽回事．

珠珠： 就你...

黄妻： 唉，哥在跟你開玩笑！唉，都是快成家的人了，總是吵！

黄老： 啊，吃，吃，吃菜！

黄妻： 培培，你和明華的事，到底打算放在什麽時候辦啊？啊？

黄老： 我看哪，就訂在"十．一"吧，嗯？

培培： 東西都没齊，有法辦嗎？

黄妻： 没齊？

黄老： 那還缺什麽？

培培： 你們忘了，我們的彩電是預購的．明華去問了，"十．一"前來不了．

黄老： 哎，這有什麽？它遲早會來的嘛！你們照樣結婚，這有什麽關係！

培培： 爸爸，看您説的，新房里連台彩電都没有，像什麽樣子！八十年代了，能和你們當年比嗎？兩條被子一張床的！

黄老： 哎，這，這，唉！

培培： 媽，那件東西您還没有答應給我呢？

珠珠： 哼！

黄妻： 什麽東西？

培培： 媽，你明白還要問！

黄妻： 你是説，外婆的那串項鏈？那是媽媽的紀念品．

培培： 媽，你就不能留給我做個紀念？

黄妻： 爲了你的婚事，用了家里的全部積蓄．四季的衣服，全套的電器．我和你爸爸差不多把心都掏給你了，你還...

珠珠： 爸，媽，你們兩個給姐姐什麽我都不反對，可是我事先聲明，姐姐結婚有什么，将来我也要有什么．你们两个可不要偏心啊！

培培：　珠珠，那串项链你也想要啊？

珠珠：　你要我就不能要了！

培培：　妈妈是外婆的长女，外婆把项链留给妈妈，我是妈妈的长女，项链当然
　　　　应该留给我了．

珠珠：　哼！当然！这是外婆的规定还是妈妈的规定？这是你的规定吧！哼！

强强：　行了，行了，好意思吗？爸妈都健健康康的，你们倒争起财产来了．哼！

珠珠：　哼！唱高调！将来你结婚要不要？

强强：　我什么都要，可这要靠自己，靠我的智慧，我的才能．我不会依赖家里．
　　　　哼！我会自己挣．

培培：　自己挣？你的摩托也是自己挣的？哼！

强强：　我，我会把钱还给爸爸，绝不像你们，贪！

培培：　什么？

强强：　你们贪，太贪！瞧瞧你那屋里满满当当的，全是爸妈的血汗：录音机，
　　　　洗衣机，电视机，照相机，哪一样是你自己买的？

培培：　看爸妈给我花了点钱，你眼红，你就巴不得呀，把钱都留给你！

强强：　哼！小人之心！我黄强从来没争过！

珠珠：　是啊，你用不着争．咱妈咱爸是孔夫子家乡人士，到时候还能亏待儿子？
　　　　哼！

黄妻：　珠珠！

黄老：　唉！唉！你们这些孩子啊！哼！

强强：　爸，妈，我走了．

培培：　妈，我找明华去．

黄老：　唉！

黄妻：　唉！

黄老：　珠珠，小声一点儿！

有什麼，將來我也要有什麼．你們兩個可不要偏心啊！

培培： 珠珠，那串項鏈你也想要啊？

珠珠： 你要我就不能要了！

培培： 媽媽是外婆的長女，外婆把項鏈留給媽媽，我是媽媽的長女，項鏈當然
應該留給我了．

珠珠： 哼！當然！這是外婆的規定還是媽媽的規定？這是你的規定吧！哼！

強強： 行了，行了，好意思嗎？爸媽都健健康康的，你們倒爭起財產來了．哼！

珠珠： 哼！唱高調！將來你結婚要不要？

強強： 我什麼都要，可這要靠自己，靠我的智慧，我的才能．我不會依賴家里．
哼！我會自己挣．

培培： 自己挣？你的摩托也是自己挣的？哼！

強強： 我，我會把錢還給爸爸，絕不像你們，貪！

培培： 什麼？

強強： 你們貪，太貪！瞧瞧你那屋里滿滿當當的，全是爸媽的血汗：錄音機，
洗衣機，電視機，照相機，哪一樣是你自己買的？

培培： 看爸媽給我花了點錢，你眼紅，你就巴不得呀，把錢都留給你！

強強： 哼！小人之心！我黃強從來沒爭過！

珠珠： 是啊，你用不着爭．咱媽咱爸是孔夫子家鄉人士，到時候還能虧待兒子？
哼！

黃妻： 珠珠！

黃老： 唉！唉！你們這些孩子啊！哼！

強強： 爸，媽，我走了．

培培： 媽，我找明華去．

黃老： 唉！

黃妻： 唉！

黃老： 珠珠，小聲一點兒！

[旁白]　　　唉，<小夜曲>里蹦出几个不谐和的音符，一顿幸福的
　　　　　　家庭晚餐和黄老所企盼的欢娱，就这样怏怏而散.

　　　　　　　--- 剧　终 ---

[旁白]　　　唉，<小夜曲>里蹦出幾個不諧和的音符，一頓幸福的
家庭晚餐和黃老所企盼的歡娛，就這樣快快而散．

　　　　　　　--- 劇　終 ---

1. 离休	líxiū	to retire
2. 去官解甲	qù guān jiě jiǎ	to be rid of all duties & responsibilities
3. 顿(时)	dùn(shí)	all of a sudden
4. 怡然	yírán	at ease and leisurely
5. 颐养	yíyǎng	to give tender care to
6. 天年	tiānnián	one's remaining life
7. 不免	bùmiǎn	couldn't help, naturally
8. 喜好	xǐhào	likings
9. 乐趣	lèqù	pleasures
10. 全家福	quánjiāfú	family gatherings
11. 宴	yàn	banquets
12. 安享	ān xiǎng	to enjoy
13. 天伦之乐	tiānlún zhī lè	familial bliss
14. 窈窕	yǎotiáo	gentle and charming
15. 端庄	duānzhuāng	graceful
16. 焖	mèn	stewed
17. 红烧	hóngshāo	stewed in soysauce
18. 彩电	cǎidiàn	color TV set (彩色电视)
19. 双缸	shuāng gāng	washing machine with separate
洗衣机	xǐyījī	washing & spin-drying bins
20. 立升	lìshēng	cubic 'sheng' (sheng=1/10 pint)
21. 电冰箱	diànbīngxiāng	a refrigerator
22. 外号儿	wàihàor	nicknamed, nickname

1. 離休	líxiū	to retire
2. 去官解甲	qù guān jiě jiǎ	to be rid of all duties & responsibilities
3. 頓(時)	dùn(shí)	all of a sudden
4. 怡然	yírán	at ease and leisurely
5. 頤養	yíyǎng	to give tender care to
6. 天年	tiānnián	one's remaining life
7. 不免	bùmiǎn	couldn't help, naturally
8. 喜好	xǐhào	likings
9. 樂趣	lèqù	pleasures
10. 全家福	quánjiāfú	family gatherings
11. 宴	yàn	banquets
12. 安享	ān xiǎng	to enjoy
13. 天倫之樂	tiānlún zhī lè	familial bliss
14. 窈窕	yǎotiáo	gentle and charming
15. 端莊	duānzhuāng	graceful
16. 燜	mèn	stewed
17. 紅燒	hóngshāo	stewed in soysauce
18. 彩電	cǎidiàn	color TV set (彩色電視)
19. 雙缸	shuāng gāng	washing machine with separate
洗衣機	xǐyījī	washing & spin-drying bins
20. 立升	lìshēng	cubic 'sheng' (sheng=1/10 pint)
21. 電冰箱	diànbīngxiāng	a refrigerator
22. 外號兒	wàihàor	nicknamed, nickname

23. 调皮鬼	tiáopí guǐ	a mischievous brat [can be said fondly]
24. 辛苦	xīnkǔ	to work hard, undergo much labor
25. 精力	jīnglì	energy
26. 预支	yù zhī	to draw in advance
27. 齐	qí	to get everything ready as planned
28. 清单	qīngdān	shopping list, bill of sale, invoice
29. 备忘录	bèiwànglù	a memo, list of items to remember
30. 统计	tǒngjì	a statistician, statistics
31. 丰盛	fēngshèng	be sumptuous, rich in variety
32. 犒劳	kàolao	to reward hard work (with)
33. 虎气生生	hǔqì shēngshēng	be full of energy and life
34. 骄傲	jiāo'ào	pride, be proud
35. 紧张	jǐnzhāng	tight-scheduled, busy, short in supply
36. 外交	wàijiāo	public relations, diplomacy
37. 频繁	pínfán	frequent
38. 难得	nándé	rarely
39. 止	zhǐ	to stop, to quench
40. 省	shěng	to spare
41. 守约	shǒu yuē	to keep a promise
42. 捱	ái	to suffer (捱饿: to starve)
43. 活该	huógāi	to suffer as one deserves
44. 垫	diàn	to have a snack so as to prevent hunger
45. 讨厌	tǎoyàn	be annoying

23. 調皮鬼	tiáopí guǐ	a mischievous brat [can be said fondly]
24. 辛苦	xīnkǔ	to work hard, undergo much labor
25. 精力	jīnglì	energy
26. 預支	yù zhī	to draw in advance
27. 齊	qí	to get everything ready as planned
28. 清單	qīngdān	shopping list, bill of sale, invoice
29. 備忘錄	bèiwànglù	a memo, list of items to remember
30. 統計	tǒngjì	a statistician, statistics
31. 豐盛	fēngshèng	be sumptuous, rich in variety
32. 犒勞	kàolao	to reward hard work (with)
33. 虎氣生生	hǔqì shēngshēng	be full of energy and life
34. 驕傲	jiāo'ào	pride, be proud
35. 緊張	jǐnzhāng	tight-scheduled, busy, short in supply
36. 外交	wàijiāo	public relations, diplomacy
37. 頻繁	pínfán	frequent
38. 難得	nándé	rarely
39. 止	zhǐ	to stop, to quench
40. 省	shěng	to spare
41. 守約	shǒu yuē	to keep a promise
42. 捱	ái	to suffer (捱餓: to starve)
43. 活該	huógāi	to suffer as one deserves
44. 墊	diàn	to have a snack so as to prevent hunger
45. 討厭	tǎoyàn	be annoying

46.	发话	fā huà	to make an utterance, to speak
47.	开饭	kāi fàn	to start a meal
48.	端	duān	to carry with one's hands
49.	味道	wèidào	flavor
50.	馋	chán	to crave for good food
51.	手艺	shǒuyì	craftsmanship, (here: ability as a cook)
52.	棒	bàng	be superb
53.	优雅	yōuyǎ	elegant, graceful
54.	悦耳	yuè'ěr	pleasing to the ear
55.	食欲	shíyù	appetite
56.	酒盅	jiǔzhōng	small wine/liquor glasses
57.	坚持	jiānchí	to hold out, to insist on
58.	准确	zhǔnquè	be accurate
59.	情报	qíngbào	information
60.	掉	diào	to reverse, to exchange
61.	供给制	gōngjǐzhì	(system of) free supply
62.	到底	dàodǐ	What's the story?
63.	预购	yùgòu	to order with pre-payment
64.	迟早	chízǎo	sooner or later
65.	照样	zhàoyàng	just the same, to go ahead as planned
66.	串	chuàn	Measure: a chain of (pearls etc)
67.	项链	xiàngliànr	necklace
68.	纪念品	jìniànpǐn	souvenir
69.	婚事	hūn shì	marriage, wedding
70.	积蓄	jīxù	savings

46.	發話	fā huà	to make an utterance, to speak
47.	開飯	kāi fàn	to start a meal
48.	端	duān	to carry with one's hands
49.	味道	wèidào	flavor
50.	饞	chán	to crave for good food
51.	手藝	shǒuyì	craftsmanship, (here: ability as a cook)
52.	棒	bàng	be superb
53.	優雅	yōuyǎ	elegant, graceful
54.	悦耳	yuè'ěr	pleasing to the ear
55.	食欲	shíyù	appetite
56.	酒盅	jiǔzhōng	small wine/liquor glasses
57.	堅持	jiānchí	to hold out, to insist on
58.	準確	zhǔnquè	be accurate
59.	情報	qíngbào	information
60.	掉	diào	to reverse, to exchange
61.	供給制	gōngjǐzhì	(system of) free supply
62.	到底	dàodǐ	What's the story?
63.	預購	yùgòu	to order with pre-payment
64.	遲早	chízǎo	sooner or later
65.	照樣	zhàoyàng	just the same, to go ahead as planned
66.	串	chuàn	Measure: a chain of (pearls etc)
67.	項鏈	xiàngliànr	necklace
68.	紀念品	jìniànpǐn	souvenir
69.	婚事	hūn shì	marriage, wedding
70.	積蓄	jīxù	savings

71.	电器	diànqì	home appliances
72.	声明	shēngmíng	to make a prior announcemnt
73.	偏心	piānxīn	be biased, partial
74.	规定	guīdìng	ruling
75.	唱高调	chàng gāodiào	be full of hot air, haughty statements
76.	智慧	zhìhuì	wisdom, intelligence
77.	才能	cáinéng	ability
78.	依赖	yīlài	to rely on
79.	挣	zhèng	to earn
80.	摩托(车)	mótuōchē	motorcycles
81.	绝对	juéduì	(not) by any means
82.	贪	tān	to be greedy
83.	满满当当	mǎnmǎndāngdāng	(whole room) full of, packed with
84.	眼红	yǎnhóng	be jealous
85.	巴不得	bā bù dé	to anxiously wish
86.	从来	cónglái	never
87.	用不着	yòng bù zháo	there is no need for
88.	孔夫子	Kǒngfūzǐ	Confucius
89.	人氏	rénshì	a citizen or native of
90.	亏待	kuīdài	to ill-treat, to treat unfairly
91.	小夜曲	xiǎoyèqǔ	serenade
92.	蹦	bèng	to hop (蹦出: to leap out)
93.	谐和	xiéhé	be harmonious
94.	音符	yīnfú	a musical note
95.	企望	qǐwàng	to hope for
96.	欢娱	huānyù	happiness, joy

71.	電器	diànqì	home appliances
72.	聲明	shēngmíng	to make a prior announcemnt
73.	偏心	piānxīn	be biased, partial
74.	規定	guīdìng	ruling
75.	唱高調	chàng gāodiào	be full of hot air, haughty statements
76.	智慧	zhìhuì	wisdom, intelligence
77.	才能	cáinéng	ability
78.	依賴	yīlài	to rely on
79.	挣	zhèng	to earn
80.	摩托(車)	mótuōchē	motorcycles
81.	絕對	juéduì	(not) by any means
82.	貪	tān	to be greedy
83.	滿滿當當	mǎnmǎndāngdāng	(whole room) full of, packed with
84.	眼紅	yǎnhóng	be jealous
85.	巴不得	bā bù dé	to anxiously wish
86.	從來	cónglái	never
87.	用不着	yòng bù zháo	there is no need for
88.	孔夫子	Kǒngfūzǐ	Confucius
89.	人氏	rénshì	a citizen or native of
90.	虧待	kuīdài	to ill-treat, to treat unfairly
91.	小夜曲	xiǎoyèqǔ	serenade
92.	蹦	bèng	to hop (蹦出: to leap out)
93.	諧和	xiéhé	be harmonious
94.	音符	yīnfú	a musical note
95.	企望	qǐwàng	to hope for
96.	歡娛	huānyù	happiness, joy

97. 怏怏　　　yàngyàng　　　be displeased

98. 散　　　　sàn　　　　　to terminate, to break up

97. 怏怏　　　yàngyàng　　　be displeased

98. 散　　　　sàn　　　　　to terminate, to break up

词语及句型练习　Usages and Patterns

1. 不免 (bumian, couldn't help):

The word refers to an unavoidable consequence, which is in most cases undesirable. It is usually preceded by its cause. Note that simple verbs or adjectives cannot follow 不免 directly.

[表示由于某种原因而导致一种结果. 这种结果往往是较不理想的. 一般用于复句的后一个分句. 注意: "不免" 后要用动词短语或形容词短语, 不能只用一个动词或形容词.]

(1) 他拿起考卷一看, 第一道题就不会做, 心里不免慌乱起来.
　　 He took a look at the test, and he couldn't even do the first item; he couldn't help feeling rather disturbed.

(2) 我一回家, 看见书房被搞得乱七八糟, 不免埋怨了妻子几句, 没想到妻子竟哭起来了.
　　 When I got home and found my study in disorder. I couldn't help grumbling to my wife, who, unexpectedly, burst into tears.

(3) 老朋友见面, 不免寒喧了几句.
　　 It is natural to exchange a few words when old friends meet.

2. 难得 (nande, rarely):

詞語及句型練習　Usages and Patterns

1. 不免 (bumian, couldn't help):

The word refers to an unavoidable consequence, which is in most cases undesirable. It is usually preceded by its cause. Note that simple verbs or adjectives cannot follow 不免 directly.

[表示由于某種原因而導致一種結果. 這種結果往往是較不理想的. 一般用于復句的后一個分句. 注意: "不免" 后要用動詞短語或 形容詞短語, 不能只用一個動詞或形容詞.]

(1) 他拿起考卷一看, 第一道題就不會做, 心里不免慌亂起來.
   He took a look at the test, and he couldn't even do the first item; he couldn't help feeling rather disturbed.

(2) 我一回家, 看見書房被搞得亂七八糟, 不免埋怨了妻子幾句, 没想到妻子竟哭起來了.
   When I got home and found my study in disorder.I couldn't help grumbling to my wife, who, unexpectedly, burst into tears.

(3) 老朋友見面, 不免寒喧了幾句.
   It is natural to exchange a few words when old friends meet.

2. 難得 (nande, rarely):

难得 refers to a rare occurrence of events. [表示不常常发生]

(1) 小李不爱学习，在图书馆和教室里难得见到他。

Xiao Li doesn't study much. He is rarely seen in the library or classroom.

(2) 他是个大忙人，一年难得到我们这儿来几次。

He is a busy person, who rarely visits us.

(3) 我们都怕麻烦，平常难得吃上一顿饺子。

We cannot be bothered, so we rarely eat jiaozi.

3. 到底 (daodi):

到底 indicates inquisitiveness and presses for an answer. Its translation depends heavily on the situation. [在疑问句中表示进一步追究]

(1) A: 我们明天要去纽约，你想去吗？

We are going to NY tomorrow. Would you like to go?

B: 嗯，我想去，可是又有点不想去。

Yes, I'd like to. Well, maybe not.

A: 你到底是想去还是不想去？

Are YOU or are you NOT coming?

(2) 你上街去了这么半天，那本书到底买了没有？

You've been shopping for a while now. Did you or did you not buy that book?

(3) A: 明天有一个会，每个班去一个人，你们班谁去？

難得 refers to a rare occurrence of events. [表示不常常發生]

(1) 小李不愛學習，在圖書館和教室里難得見到他．

Xiao Li doesn't study much. He is rarely seen in the library or classroom.

(2) 他是個大忙人，一年難得到我們這兒來幾次．

He is a busy person, who rarely visits us.

(3) 我們都怕麻煩，平常難得吃上一頓餃子．

We cannot be bothered, so we rarely eat jiaozi.

3. 到底 (daodi):

到底 indicates inquisitiveness and presses for an answer. Its translation depends heavily on the situation. [在疑問句中表示進一步追究]

(1) A: 我們明天要去紐約，你想去嗎？

We are going to NY tomorrow. Would you like to go?

B: 嗯，我想去，可是又有點不想去．

Yes, I'd like to. Well, maybe not.

A: 你到底是想去還是不想去？

Are YOU or are you NOT coming?

(2) 你上街去了這麼半天，那本書到底買了沒有？

You've been shopping for a while now. Did you or did you not buy that book?

(3) A: 明天有一個會，每個班去一個人，你們班誰去？

There's a meeting tomorrow, and every class is send-
ing a representative. Who's going from your class?

B: 我!

C: 我! 我!

A: 到底谁去?

Note that it cannot be used in particle questions, e.g.

(1) *你到底去吗?

(2) *他到底不来啊?

4. 刚刚 (ganggang; just a minute ago, just as...)

刚刚 is an adverb referring to the time just prior to the
time of speaking when there is only one event, or referring
to the immediate juxtaposition of two events. ["刚刚" 是副词,
表示不久前发生]

(1) 他刚刚离开家, 你快去追他吧.

He left just a minute ago. Go after him!

(2) 王老师刚刚下课, 你先让他休息一会儿.

Teacher Wang just came back from class. Let him rest for
a while first.

(3) 病刚刚好了几天, 还得注意一点儿.

You just recovered from the illness a couple of days ago.
You still have to be careful.

(4) 天刚刚亮, 人们就出来锻炼身体了.

People come out exercising right after daybreak.

There's a meeting tomorrow, and every class is send-
ing a representative. Who's going from your class?

B：我!

C：我! 我!

A：到底誰去?

Note that it cannot be used in particle questions, e.g.

(1) *你到底去嗎?

(2) *他到底不來啊?

4. 剛剛 (ganggang; just a minute ago, just as...)

剛剛 is an adverb referring to the time just prior to the
time of speaking when there is only one event, or referring
to the immediate juxtaposition of two events. ["剛剛" 是副詞,
表示不久前發生]

(1) 他剛剛離開家, 你快去追他吧.

He left just a minute ago. Go after him!

(2) 王老師剛剛下課, 你先讓他休息一會兒.

Teacher Wang just came back from class. Let him rest for
a while first.

(3) 病剛剛好了幾天, 還得注意一點兒.

You just recovered from the illness a couple of days ago.
You still have to be careful.

(4) 天剛剛亮, 人們就出來鍛鍊身體了.

People come out exercising right after daybreak.

(5) 他的心情刚刚平静下来，听了这个消息，他又着急起来了.

Just when he was getting calmer, he heard the news and relapsed into anxiety again.

5. 原来 (yuanlai; originally, to come to the realisation that..)

This adverb has two basic meanings: [副词 "原来" 有两个意思]

A. "Originally", usually accompanied by a change of situation, interchangeable with 本来. [表示 "以前某一个时期", "当初", 含有 "现在不是这样" 的意思]

(1) 他原来不在这个学校，是去年才转过来的.

Originally he wasn't working at this school. He was transferred here last year.

(2) 我原来是北大的学生，现在在南大教书.

I was studying at Beijing Univ originally. Now I am teaching at Nanking University.

(3) 这儿原来是个学校，后来变成公园了.

Originally there was a school here. It was later turned into a park.

(4) 老马原来准备参加今天的会，因为临时有重要的事，不能来了.

Mr. Ma planned originally to attend the meeting today, but he couldn't make it because something important turned up that needed his attention.

(5) 他现在不是这儿的校长，原来是.

Originally he was our president, but not any longer.

B. 原来 can also refer to the sudden realisation of the truth of something. [发现以前不知道的情况, 含有恍然醒悟的意思]

(5) 他的心情剛剛平静下來, 聽了這個消息, 他又着急起來了.

Just when he was getting calmer, he heard the news and relapsed into anxiety again.

5. 原來 (yuanlai; originally, to come to the realisation that..)

This adverb has two basic meanings: [副詞 "原來" 有兩個意思]

A. "Originally", usually accompanied by a change of situation, interchangeable with 本來. [表示 "以前某一個時期", "當初", 含有 "現在不是這樣" 的意思]

(1) 他原來不在這個學校, 是去年才轉過來的.

Originally he wasn't working at this school. He was transferred here last year.

(2) 我原來是北大的學生, 現在在南大教書.

I was studying at Beijing Univ originally. Now I am teaching at Nanking University.

(3) 這兒原來是個學校, 后來變成公園了.

Originally there was a school here. It was later turned into a park.

(4) 老馬原來準備參加今天的會, 因爲臨時有重要的事, 不能來了.

Mr. Ma planned originally to attend the meeting today, but he couldn't make it because something important turned up that needed his attention.

(5) 他現在不是這兒的校長, 原來是.

Originally he was our president, but not any longer.

B. 原來 can also refer to the sudden realisation of the truth of something. [發現以前不知道的情况, 含有恍然醒悟的意思]

(1) 听说今天要来一个重要人物．我以为是谁呢，原来是你．

I heard that some VIP was coming today. I was wondering who it might be. It's YOU!

(2) 噢，原来你在骗我．

So, you were lying to me all along.

(3) 原来你就是小王的姐姐．怪不得那么像．

I see, so you're Xiao Wang's sister. No wonder you look so alike!

(4) 原来今天晚上你要上班，我说你怎么白天睡觉．

I didn't realise you are working tonight. I was wondering why you were sleeping during the day.

(5) 原来你还没走，我以为你已经走了呢．

I didn't realise you were still here. I thought you had already left.

6. "Verb+着玩儿" (shuozhe wanr; just kidding)

This pattern is used to indicate that the verb is being undertaken just for fun. ["说着玩儿" 的意思是 "说某些话是开玩笑，不是真的"]

(1) 刚才我是说着玩儿，你别当真．

I was only kidding just now. Don't take it seriously!

(2) 甲：这篇文章完全是胡写的，你别看了！

　　 Don't read that article! It's all nonsense.

　　乙：我看着玩儿的，挺有意思的．

　　 I am just reading it for fun. Quite interesting actually.

(3) 甲：你买这双小孩鞋干什么，你也穿不了．

　　 Why are you buying baby-shoes? You can't wear them.

(1) 聽說今天要來一個重要人物. 我以爲是誰呢, 原來是你.

I heard that some VIP was coming today. I was wondering who it might be. It's YOU!

(2) 噢, 原來你在騙我.

So, you were lying to me all along.

(3) 原來你就是小王的姐姐. 怪不得那麼像.

I see, so you're Xiao Wang's sister. No wonder you look so alike!

(4) 原來今天晚上你要上班, 我説你怎麼白天睡覺.

I didn't realise you are working tonight. I was wondering why you were sleeping during the day.

(5) 原來你還沒走, 我以爲你已經走了呢.

I didn't realise you were still here. I thought you had already left.

6. "Verb+着玩兒" (shuozhe wanr; just kidding)

This pattern is used to indicate that the verb is being undertaken just for fun. ["説着玩兒" 的意思是 "説某些話是開玩笑, 不是真的"]

(1) 剛才我是説着玩兒, 你別當真.

I was only kidding just now. Don't take it seriously!

(2) 甲: 這篇文章完全是胡寫的, 你別看了!

Don't read that article! It's all nonsense.

乙: 我看着玩兒的, 挺有意思的.

I am just reading it for fun. Quite interesting actually.

(3) 甲: 你買這雙小孩鞋干什麼, 你也穿不了.

Why are you buying baby-shoes? You can't wear them.

乙：我看挺好看的，买着玩儿.

They are so cute. Just buying them for fun.

(4) 甲：你写什么呢？写诗吗？

What are you writing? A poem?

乙：不是，我写着玩儿呢.

No, I'm just writing something for fun.

(5) 甲：你刚吃完饭，怎么又吃？

You're eating again? You just had your dinner.

乙：吃着玩呗，你看，是小点心.

Just nibbling. See, only a little something.

乙：我看挺好看的，買着玩兒．

They are so cute. Just buying them for fun.

(4) 甲：你寫什麼呢？寫詩嗎？

What are you writing? A poem?

乙：不是，我寫着玩兒呢．

No, I'm just writing something for fun.

(5) 甲：你剛吃完飯，怎麼又吃？

You're eating again? You just had your dinner.

乙：吃着玩唄，你看，是小點心．

Just nibbling. See, only a little something.

1. 你猜猜，黄老以前可能是作什么工作的？

2. 黄老现在最大的乐趣是什么？

3. 黄老和妻子给了培培哪些陪嫁 (女儿结婚时父母给的东西)？

4. 黄老的老伴为什么精力预支过多？

5. 珠珠为什么写了一个小小备忘录？

6. 黄老为什么今天要做一顿丰盛的晚餐？

7. 强强为什么是黄老的骄傲？

8. 强强在吃饭时为什么换上<小夜曲>？

9. 孩子们对黄老和黄老的老伴怎么样？

10. 珠珠中午饭吃什么？她为什么晚饭吃得又快又多？

11. 关于吃饭，人们常说什么话？

12. 培培为什么还不结婚？你觉得她说的理由成立吗？

1．你猜猜，黄老以前可能是作什麼工作的？

2．黄老現在最大的樂趣是什麼？

3．黄老和妻子給了培培哪些陪嫁（女兒結婚時父母給的東西）？

4．黄老的老伴爲什麼精力預支過多？

5．珠珠爲什麼寫了一個小小備忘録？

6．黄老爲什麼今天要做一頓豐盛的晚餐？

7．强强爲什麼是黄老的驕傲？

8．强强在吃飯時爲什麼換上<小夜曲>？

9．孩子們對黄老和黄老的老伴怎麼樣？

10．珠珠中午飯吃什麼？她爲什麼晚飯吃得又快又多？

11．關于吃飯，人們常説什麼話？

12．培培爲什麼還不結婚？你覺得她説的理由成立嗎？

13. 培培又向妈妈要什么东西？妈妈为什么不想给她？培培应该要
    这件东西吗？

14. 黄老的妻子对培培满意吗？为什么？

15. 为什么珠珠的外号叫小精豆？举电视剧的几件事来说明．

16. 你认为强强说 "我不依赖家庭" 是真的吗？为什么？

17. 这个电视剧为什么叫 <家庭小夜曲>？这个家庭美满幸福吗？
    "不谐和的音符" 是什么？

18. 美国人结婚时父母送给孩子很多东西吗？美国人结婚有什么风俗？

13. 培培又向媽媽要什麼東西? 媽媽爲什麼不想給她? 培培應該要
　　這件東西嗎?

14. 黃老的妻子對培培滿意嗎? 爲什麼?

15. 爲什麼珠珠的外號叫小精豆? 舉電視劇的幾件事來説明.

16. 你認爲强强説 "我不依賴家庭" 是真的嗎? 爲什麼?

17. 這個電視劇爲什麼叫 <家庭小夜曲>? 這個家庭美滿幸福嗎?
　　"不諧和的音符" 是什麼?

18. 美國人結婚時父母送給孩子很多東西嗎? 美國人結婚有什麼風俗?

In China, when a man is married, his parents have to provide everything for the wedding and also gifts and/or money to the bride's family (called 财礼); and when a woman marries, her parents must provide a dowry (陪嫁) of clothing and household items. This practice is most prevalent in rural villages or among factory workers. Many parents worry over their children's marriage. In villages, such practices may leave permanent scars on a family's financial records, as matrimonial gifts or dowries may play a deciding role in arranging marriages. Frugality in this regard may even cause public contempt.

This is not to say that this ill custom prevails throughout China. Well-educated families, especially those of the brides, are modest with their 'list' or often dispense entirely with it.

按中国的传统，儿子结婚时，父母要准备结婚的一切用品，要送给儿媳妇及其家庭 "财礼" (东西，钱)．女儿结婚时，父母要给陪嫁 (衣服，用品)．这种风气在农村最盛，在工厂也比较严重．不少父母为了子女的婚事大伤脑筋．在农村甚至于是一辈子的奋斗目标，因为 "财礼，陪嫁" 在婚姻中有时起重要的甚至于决定性的作用．而且，如果财礼，陪嫁少，还会受到社会舆论的压力．但在中国不是所有的地方都存在财礼与陪嫁的问题．如果男女双方，特别是女方，受教育的程度越高，对双方家长索取的财物就越少，不少人甚至不要任何财礼或陪嫁．

背景知識介紹　Background Notes

In China, when a man is married, his parents have to provide everything for the wedding and also gifts and/or money to the bride's family (called 財禮); and when a woman marries, her parents must provide a dowry (陪嫁) of clothing and household items. This practice is most prevalent in rural villages or among factory workers. Many parents worry over their children's marriage. In villages, such practices may leave permanent scars on a family's financial records, as matrimonial gifts or dowries may play a deciding role in arranging marriages. Frugality in this regard may even cause public contempt.

This is not to say that this ill custom prevails throughout China. Well-educated families, especially those of the brides, are modest with their 'list' or often dispense entirely with it.

按中國的傳統，兒子結婚時，父母要準備結婚的一切用品，要送給兒媳婦及其家庭 "財禮" (東西，錢)．女兒結婚時，父母要給陪嫁 (衣服，用品)．這種風氣在農村最盛，在工廠也比較嚴重．不少父母爲了子女的婚事大傷腦筋．在農村甚至于是一輩子的奮鬥目標，因爲 "財禮，陪嫁" 在婚姻中有時起重要的甚至于決定性的作用．而且，如果財禮，陪嫁少，還會受到社會輿論的壓力．但在中國不是所有的地方都存在財禮與陪嫁的問題．如果男女雙方，特別是女方，受教育的程度越高，對雙方家長索取的財物就越少，不少人甚至不要任何財禮或陪嫁．

六．水红的羊毛衫

A Pink Sweater

剧 本 Script

老张： 雁如！雁如！

雁如： 唉！

老张： 你快来呀，啊！

雁如： 什么事啊？又是什么书找不着了吧？

老张： 来，来，来，来，快来，快来！

雁如： 哎呀，什么事啊？看你火烧火燎地！

老张： 来，你看！

雁如： 瞧你，这么点儿小事，看把你急的．上次当着孩子的面
就让我穿上，也不怕人笑话！

老张： 这会儿孩子都不在家，快穿上，让我好好看看．

雁如： 哎，嗳！

老张： 来，这颜色真不错．

雁如： 嗯．

(歌曲：现在流行什么？现在流行什么？)

女儿： 真新鲜！

男友： 怎么了？怎么了？

女儿： 你听我说呀．

男友： 什么事呀，这么好笑？你说呀！

女儿： 哎，你说新鲜不？我爸，一向不管柴米油盐，不管穿衣

六. 水紅的羊毛衫

A   Pink   Sweater

劇   本   Script

老張： 雁如！雁如！

雁如： 唉！

老張： 你快來呀，啊！

雁如： 什麼事啊？又是什麼書找不着了吧？

老張： 來，來，來，來，快來，快來！

雁如： 哎呀，什麼事啊？看你火燒火燎地！

老張： 來，你看！

雁如： 瞧你，這麼點兒小事，看把你急的．上次當着孩子的面
　　　 就讓我穿上，也不怕人笑話！

老張： 這會兒孩子都不在家，快穿上，讓我好好看看．

雁如： 哎，噯！

老張： 來，這顏色真不錯．

雁如： 嗯．

(歌曲：現在流行什麼？現在流行什麼？)

女兒： 真新鮮！

男友： 怎麼了？怎麼了？

女兒： 你聽我説呀．

男友： 什麼事呀，這麼好笑？你説呀！

女兒： 哎，你説新鮮不？我爸，一向不管柴米油鹽，不管穿衣

吃饭，今儿也不知道怎么了，自个儿上街给妈买了件羊毛衫．

男友： 是吗？

女儿： 啊，下班以后就从书包里把羊毛衫拿出来了，还当着我和哥哥的面，非让妈妈穿上不可．唉，你倒是说呀，新鲜不新鲜啊？

男友： 真新鲜！

****

老张： 你还记得吗？三十多年前，咱们....

雁如： 记得．

老张： 有一次啊，咱们走遍了王府井大大小小的商店，想买一件这样的羊毛衫，结果呢，蓝的，绿的，黄的都有，唯独没有水红的．最后...

雁如： 最后，记得，我们还是在大栅栏的一家商店里发现的．哎，可是我第一个发现的！

老张： 你高兴得都叫起来了！

雁如： 高兴？我是让标价把我给吓了一跳．

老张： 喔，你看，我是这样理解的，嗯...

雁如： 嗯？

老张： 那见羊毛衫好象是四十...

雁如： 四十二块五．

老张： 四十二块五，我头一回知道会有这么贵的羊毛衫哪．其实呀，只要不怕贵，早就买到了．咱们找了一两年吧？

****

吃飯，今兒也不知道怎麼了，自個兒上街給媽買了件羊毛衫．

男友： 是嗎？

女兒： 啊，下班以后就從書包里把羊毛衫拿出來了，還當着我和
哥哥的面，非讓媽媽穿上不可．唉，你倒是説呀，新鮮不
新鮮啊？

男友： 真新鮮！

****

老張： 你還記得嗎？三十多年前，咱們....

雁如： 記得．

老張： 有一次啊，咱們走遍了王府井大大小小的商店，想買一件
這樣的羊毛衫，結果呢，藍的，綠的，黃的都有，唯獨没
有水紅的．最后...

雁如： 最后，記得，我們還是在大栅欄的一家商店里發現的．哎，
可是我第一個發現的！

老張： 你高興得都叫起來了！

雁如： 高興？我是讓標價把我給嚇了一跳．

老張： 喔，你看，我是這樣理解的，嗯...

雁如： 嗯？

老張： 那見羊毛衫好像是四十...

雁如： 四十二塊五．

老張： 四十二塊五，我頭一回知道會有這麽貴的羊毛衫哪．其實呀，
只要不怕貴，早就買到了．咱們找了一兩年吧？

****

女儿： 那件皮甲克可真漂亮！

男友： 要多少钱？

女儿： 一百四五十块吧．

男友： 那可不算贵呀．

女儿： 一两个月的奖金足够了．

男友： 嗯，再配上一双小皮靴，那太漂亮了，啊，是不是？哎，
这种货挺缺货的，得赶紧买．

女儿： 嗯，去晚了就买不上了．咱们明天一定去，好吗？

男友： 好，明天一定去．

女儿： 我就喜欢那件皮甲克，穿在身上那该...多漂亮呀？

男友： 是啊，一定美极了．

****

老张： 好，好极了，嗯，好看．

雁如： 漂亮吗？

老张： 真漂亮！漂亮！真漂亮！哎，你好好看看，哎，老天不负
有心人哪，总算找到了可心的羊毛衫．你自个儿好好看看，
啊？哎...再看一看．唉，总算找到了．

雁如： 是啊，找了快三十年了．

老张： 哎，别脱呀，快到国庆节了，穿着吧．这件羊毛衫是朋友
到新疆出差带回来的．多柔软哪！颜色多正，水红！穿着
也漂亮．

雁如： 那是当年了．

老张： 当年？现在穿着也合适啊．

雁如： 给珍珍吧．

老张： 嗯？

女兒： 那件皮甲克可真漂亮！

男友： 要多少錢？

女兒： 一百四五十塊吧．

男友： 那可不算貴呀．

女兒： 一兩個月的獎金足够了．

男友： 嗯，再配上一雙小皮靴，那太漂亮了，啊，是不是？哎，
這種貨挺缺貨的，得趕緊買．

女兒： 嗯，去晚了就買不上了．咱們明天一定去，好嗎？

男友： 好，明天一定去．

女兒： 我就喜歡那件皮甲克，穿在身上那該...多漂亮呀？

男友： 是啊，一定美極了．

****

老張： 好，好極了，嗯，好看．

雁如： 漂亮嗎？

老張： 真漂亮！漂亮！真漂亮！哎，你好好看看，哎，老天不負
有心人哪，總算找到了可心的羊毛衫．你自個兒好好看看，
啊？哎...再看一看．唉，總算找到了．

雁如： 是啊，找了快三十年了．

老張： 哎，別脫呀，快到國慶節了，穿着吧．這件羊毛衫是朋友
到新疆出差帶回來的．多柔軟哪！顏色多正，水紅！穿着
也漂亮．

雁如： 那是當年了．

老張： 當年？現在穿着也合適啊．

雁如： 給珍珍吧．

老張： 嗯？

雁如： 她现在跟我买羊毛衫的时候一般大．

****

女儿： 我要是穿上那件羊皮甲克，再穿上一双黑皮靴，嘿，准把
　　　 我们餐厅那帮姑娘们给镇了．
男友： 对．
女儿： 她们呀，不懂什么叫时髦．嘿，人家穿剩下的式样，还
　　　 当成新流行的呢．真没治！
男友： 我看，哎，你有时髦细胞，是遗传的吧？
女儿： 我们家才没有呢．瞧我爸今儿买的那件羊毛衫，式样也
　　　 太旧了，白给我都不要．

****

雁如： 唉！
老张： 雁如，当年上有父母，弟妹又小，负担是重一些，不然，
　　　 一件羊毛衫总还是买得起的．
雁如： 快三十年了，这么点儿小事，亏你还老记着它．唉，都怪我，
　　　 太固执了，只想要件水红色的，其它颜色我都不喜欢．
老张： 这些年苦了你了．
雁如： 还记得吗？那个时候我还发过誓，不买到水红色羊毛衫决不
　　　 跳舞．为了这个事你还跟我生过气．咱们多少年不跳了，
　　　 你还跳得动吗？ 来，来嘛．
老张： 嗯．
雁如： (唱) 南风多么凉爽，月儿悄悄爬上树梢．
　　　　　　　老了，真的老了．

(剧　终)

雁如： 她現在跟我買羊毛衫的時候一般大．

****

女兒： 我要是穿上那件羊皮甲克，再穿上一雙黑皮靴，嘿，准把
　　　 我們餐廳那幫姑娘們給鎮了．
男友： 對．
女兒： 她們呀，不懂什麼叫時髦．嘿，人家穿剩下的式樣，還
　　　 當成新流行的呢．真沒治！
男友： 我看，哎，你有時髦細胞，是遺傳的吧？
女兒： 我們家才沒有呢．瞧我爸今兒買的那件羊毛衫，式樣也
　　　 太舊了，白給我都不要．

****

雁如： 唉！
老張： 雁如，當年上有父母，弟妹又小，負擔是重一些，不然，
　　　 一件羊毛衫總還是買得起的．
雁如： 快三十年了，這麼點兒小事，虧你還老記着它．唉，都怪我，
　　　 太固執了，只想要件水紅色的，其它顏色我都不喜歡．
老張： 這些年苦了你了．
雁如： 還記得嗎？那個時候我還發過誓，不買到水紅色羊毛衫決不
　　　 跳舞．爲了這個事你還跟我生過氣．咱們多少年不跳了，
　　　 你還跳得動嗎？ 來，來嘛．
老張： 嗯．
雁如： (唱) 南風多麼凉爽，月兒悄悄爬上樹梢．
　　　　　　老了，真的老了．

(劇　終)

生　词　Vocabulary

1. 火烧　　　huǒ shāo　　　be ablaze, (here: desperate,
   火燎地　　huǒ liǎo de　　excited)
2. 当着...面　dāng(zhe)...miàn　in the presence of
3. 笑话　　　xiàohua　　　to ridicule, to make fun of
4. 颜色　　　yánsè　　　colors
5. 流行　　　liúxíng　　　be popular, trendy, fashionable
6. 新鲜　　　xīnxian　　　strange, funny
7. 好笑　　　hǎoxiào　　　funny, interesting
8. 一向　　　yíxiàng　　　has always been the case that
9. 自个儿　　zìgě'r　　　all alone, by oneself
10. 上街　　　shàng jiē　　to go downtown
11. 非...不可　fēi...bùkě　　must, be imperative to
12. 倒是　　　dào shi　　　for a change, for god's sake
13. 走遍　　　zǒu biàn　　walk all over (town)
14. 羊毛衫　　yángmáoshān　sweater (of lamb's wool)
15. 唯独　　　wéidú　　　simply, the only thing being
16. 水红　　　shuǐhóng　　light orange color
17. 大栅栏　　Dàshílànr　　a business district in Beijing
18. 标价　　　biāojià　　　price (on the tag)
19. 吓一跳　　xià yi tiào　to be frightened, startled
20. 理解　　　lǐjiě　　　to understand
21. 好象　　　hǎoxiàng　　maybe, to seem like
22. 其实　　　qíshí　　　actually
23. 头一回　　tóu yì huí　　the first time

1.　火燒　　huǒ shāo　　　be ablaze, (here: desperate,
　　火燎地　huǒ liǎo de　　excited)

2.　當着...面　dāng(zhe)...miàn　in the presence of

3.　笑話　xiàohua　　　to ridicule, to make fun of

4.　顏色　yánsè　　　colors

5.　流行　liúxíng　　be popular, trendy, fashionable

6.　新鮮　xīnxian　　strange, funny

7.　好笑　hǎoxiào　　funny, interesting

8.　一向　yíxiàng　　has always been the case that

9.　自個兒　zìgě'r　　all alone, by oneself

10.　上街　shàng jiē　　to go downtown

11.　非...不可　fēi...bùkě　　must, be imperative to

12.　倒是　dào shi　　for a change, for god's sake

13.　走遍　zǒu biàn　　walk all over (town)

14.　羊毛衫　yángmáoshān　　sweater (of lamb's wool)

15.　唯獨　wéidú　　simply, the only thing being

16.　水紅　shuǐhóng　　light orange color

17.　大柵欄　Dàshílànr　　a business district in Beijing

18.　標價　biāojià　　price (on the tag)

19.　嚇一跳　xià yi tiào　　to be frightened, startled

20.　理解　lǐjiě　　to understand

21.　好像　hǎoxiàng　　maybe, to seem like

22.　其實　qíshí　　actually

23.　頭一回　tóu yì huí　　the first time

24.	皮甲克	pí jiǎkè	leather jacket
26.	奖金	jiǎngjīn	bonus
27.	足够	zúgòu	sufficient
28.	配	pèi	to match (with)
29.	皮靴	pí xuē	boots
30.	货	huò	goods
31.	挺	tǐng	fairly
32.	缺	quē	be short (in supply)
33.	赶紧	gǎnjǐn	to hurry, quickly, soon
34.	买不上	mǎi bú shàng	be unable to get (one)
35.	老天	lǎotiān	heaven, god
36.	不负	bú fù	(not to neglect), to reward
37	有心人	yǒu xīn rén	those who are determined
38.	总算	zǒngsuàn	finally
39.	可心	kéxīn	be pleasing (to one's heart's desire)
40.	快	kuài	almost, soon
41.	国庆节	guóqìng jié	the national (founding) day
42.	新疆	Xīngjiāng	the Xingjiang Province (northwest)
43.	出差	chūchái	to go on a business trip
44.	柔软	róuruǎn	soft and fluffy
45.	正	zhèng	the right one
46.	当年	dāngnián	those (good old) years/days
47.	合适	héshì	be fitting, to befit
48.	一般	yìbān	same
49.	准	zhǔn	be bound to, will definitely
50.	帮	bāng	a gang, a group of
51.	镇	zhèn	be subdued, to overwhelm

24.	皮甲克	pí jiǎkè	leather jacket
26.	獎金	jiǎngjīn	bonus
27.	足够	zúgòu	sufficient
28.	配	pèi	to match (with)
29.	皮靴	pí xuē	boots
30.	貨	huò	goods
31.	挺	tǐng	fairly
32.	缺	quē	be short (in supply)
33.	趕緊	gǎnjǐn	to hurry, quickly, soon
34.	買不上	mǎi bú shàng	be unable to get (one)
35.	老天	lǎotiān	heaven, god
36.	不負	bú fù	(not to neglect), to reward
37	有心人	yǒu xīn rén	those who are determined
38.	總算	zǒngsuàn	finally
39.	可心	kěxīn	be pleasing (to one's heart's desire)
40.	快	kuài	almost, soon
41.	國慶節	guóqìng jié	the national (founding) day
42.	新疆	Xīngjiāng	the Xingjiang Province (northwest)
43.	出差	chūchái	to go on a business trip
44.	柔軟	róuruǎn	soft and fluffy
45.	正	zhèng	the right one
46.	當年	dāngnián	those (good old) years/days
47.	合適	héshì	be fitting, to befit
48.	一般	yìbān	same
49.	準	zhǔn	be bound to, will definitely
50.	幫	bāng	a gang, a group of
51.	鎮	zhèn	be subdued, to overwhelm

52.	式样	shìyàng	style
53.	当成	dàng chéng	to treat as
54.	没治	méi zhì	be hopeless
55.	细胞	xìbāo	cells (in biology), aptitude for
56.	遗传	yíchuán	heredity
57.	白 (verb)	bái	for free, for nothing
58.	亏	kuī	it's wonderful that, fortunately
59.	怪	guài	to blame
60.	固执	gùzhí	be stubborn
61.	发誓	fā shì	to vow, to promise, to swear
62.	决	jué	definitely, by any means
63.	凉爽	liángshuǎng	nice and cool
64.	悄悄	qiāoqiāo	quietly, without being noticed
65.	树梢	shùshāo	tree-top

52.	式樣	shìyàng	style
53.	當成	dàng chéng	to treat as
54.	沒治	méi zhì	be hopeless
55.	細胞	xìbāo	cells (in biology), aptitude for
56.	遺傳	yíchuán	heredity
57.	白 (verb)	bái	for free, for nothing
58.	虧	kuī	it's wonderful that, fortunately
59.	怪	guài	to blame
60.	固執	gùzhí	be stubborn
61.	發誓	fā shì	to vow, to promise, to swear
62.	決	jué	definitely, by any means
63.	涼爽	liángshuǎng	nice and cool
64.	悄悄	qiāoqiāo	quietly, without being noticed
65.	樹梢	shùshāo	tree-top

词语与句型练习　Usages and Patterns

1. 看把你急的 (You are looking so worried!)

This is abbreviated from the Adjective+的/得 'so adj that' construction with the post-that portion omitted, which may have occurred previously. 把 implies that something has caused the present situation.

(<看把你急的> 意思是 <看把你急得这个样子>. "得" 后边的意思可能在上文出现了，也可能不必说出来，听说双方都能理解. 通常把 "得" 写成 "的". 这个 "的" 实际上是情态(程度)补语中的 "得".)

　a. 看你气的, 饭都吃不下.

　　You've been so angry that you can't eat now.

　b. 看他高兴的, 嘴都闭不上了.

　　See he's so pleased that his mouth is wide open.

　c. 瞧你美的!

　　So you think you look 　 beautiful!

2. 一向 (has always been the case)

一向 is an adverb and refers to a set pattern of behavior or state. ("一向" 是副词，表示从过去到现在)

　a. 他学习一向很努力.

　　He has always studied diligently.

　b. 我一向不问政治.

詞語與句型練習　Usages and Patterns

1. 看把你急的 (You are looking so worried!)

This is abbreviated from the Adjective+的/得 'so adj that' construction with the post-that portion omitted, which may have occurred previously. 把 implies that something has caused the present situation.

(<看把你急的> 意思是 <看把你急得這個樣子>. "得" 后邊的意思可能在上文出現了, 也可能不必說出來, 聽說雙方都能理解. 通常把 "得" 寫成 "的". 這個 "的" 實際上是情態(程度)補語中的 "得".)

a. 看你氣的, 飯都吃不下.

  You've been so angry that you can't eat now.

b. 看他高興的, 嘴都閉不上了.

  See he's so pleased that his mouth is wide open.

c. 瞧你美的!

  So you think you look　beautiful!

2. 一向 (has always been the case)

一向 is an adverb and refers to a set pattern of behavior or state. ("一向" 是副詞, 表示從過去到現在)

a. 他學習一向很努力.

  He has always studied d iligently.

b. 我一向不問政治.

I have never been politically oriented.

c. 哥哥对弟弟一向很关心.

He has always been thoughtful towards his brother.

3. 非.....不可 (it is imperative that, must)

This double negative construction indicates urgent necessity. (表示 "必须")

a. 今天非把书拿去还不可, 要不然会罚.

I must return the book today; or else there'll be a fine.

b. 以后非得小心点不可, 否则要出事.

You must be more careful in the future; otherwise there will be an accident.

c. 他们非叫我去不可, 我有什么办法.

They insisted on my going. What could I do about it?

4. 倒是 (If you please!)

In most cases, 倒是 refers to 'contrary to expectation, on the contrary', e.g. 那个中国人倒是很高. (He is tall for a Chinese.) Its usage in this play, however, refers to urging or pressing for something. (用来追问或催促.)

a. 你倒是快说呀!

Speak up, if you please/for god's sake!

b. 你倒是想不想买呀?

I have never been politically oriented.

c. 哥哥對弟弟一向很關心.

He has always been thoughtful towards his brother.

3. 非.....不可 (it is imperative that, must)

This double negative construction indicates urgent necessity.
(表示 "必須")

a. 今天非把書拿去還不可, 要不然會罰.

I must return the book today; or else there'll be a fine.

b. 以后非得小心點不可, 否則要出事.

You must be more careful in the future; otherwise there
will be an accident.

c. 他們非叫我去不可, 我有什麼辦法.

They insisted on my going. What could I do about it?

4. 倒是 (If you please!)

In most cases, 倒是 refers to 'contrary to expectation, on the
contrary', e.g. 那個中國人倒是很高. (He is tall for a Chinese.)
Its usage in this play, however, refers to urging or pressing
for something. (用來追問或催促.)

a. 你倒是快說呀!

Speak up, if you please/for god's sake!

b. 你倒是想不想買呀?

Are you or are you not buying it?

c. 你倒是让我看看哪!

Show it to me, if you please!

d. 行不行，你倒是说句话呀!

OK or not, you must say something!

5. 走遍 (zoubian, to have travelled everywhere)

遍 as a verb complement refers to thoroughness. ("遍"
用作补语表示动作涉及的整个范围，一处，一个都不漏掉.)

a. 他走遍了大半个中国.

He has visited half of China.

b. 所有的地方我都找遍了，也没找到他。

I looked everywhere, but couldn't find him.

c. 班里的学生我都问遍了，谁也不会回答这个问题。

I asked everyone in my class, but nobody could answer
this question.

6. 还是 (haishi, it really was XXX that)

还是 in this usage refers to a rather unexpected situation.

a. 这件事还是你告诉我的，你怎么问起我来了?

It was you that told me this. How come you are asking me?

Are you or are you not buying it?

c. 你倒是讓我看看哪！

Show it to me, if you please!

d. 行不行，你倒是説句話呀！

OK or not, you must say something!

5. 走遍 (zoubian, to have travelled everywhere)

遍 as a verb complement refers to thoroughness. ("遍"
用作補語表示動作涉及的整個範圍，一處，一個都不漏掉.)

a. 他走遍了大半個中國.

He has visited half of China.

b. 所有的地方我都找遍了，也没找到他。

I looked everywhere, but couldn't find him.

c. 班里的學生我都問遍了，誰也不會回答這個問題.

I asked everyone in my class, but nobody could answer
this question.

6. 還是 (haishi, it really was XXX that)

還是 in this usage refers to a rather unexpected situation.

a. 這件事還是你告訴我的，你怎麼問起我來了？

It was you that told me this. How come you are asking me?

b. 那个电影还是五年前看的呢，内容我都记不的了．

It was 5 years ago that I saw that movie and I can't remember what it was all about.

c. 这个字我问了很多人，都不认识，最后还是妈妈告诉我的．

I asked many people but nobody knew this character. It was my mother that told me.

7. 惟独 (weidu, only)

It is an adverb and if it refers to a subject, it must precede it. ("惟独" 是副词，意思是 "单单，只有"．如指主语，要用在主语前.)

a. 今天别人都来了，惟独小张没来．

Everyone came today, except Xiao Zhang.

b. 我什么饭都喜欢，惟独日本饭除外．

I like all kinds of food, except Japanese.

c. 他心里装着整个世界，惟独没有自己．

He cares about the entire world, but not himself.

d. 这几本书当中，我惟独喜欢曹禺的 <日出>．

I only enjoy Cao Yu's Sunrise among all these books.

8. 总算(zongsuan, eventually, finally)

总算 indicates the implementation of something after much labor. ("总"是 "毕竟，总归" 的意思．"总算" 意思是 "最后还是"，有 "不容易做到的意思")

b. 那個電影還是五年前看的呢，內容我都記不的了．

It was 5 years ago that I saw that movie and I can't remember what it was all about.

c. 這個字我問了很多人，都不認識，最后還是媽媽告訴我的．

I asked many people but nobody knew this character. It was my mother that told me.

7. 惟獨 (weidu, only)

It is an adverb and if it refers to a subject, it must precede it. ("惟獨" 是副詞，意思是 "單單，只有"．如指主語，要用在主語前.)

a. 今天別人都來了，惟獨小張沒來．

Everyone came today, except Xiao Zhang.

b. 我什麼飯都喜歡，惟獨日本飯除外．

I like all kinds of food, except Japanese.

c. 他心里裝着整個世界，惟獨沒有自己．

He cares about the entire world, but not himself.

d. 這幾本書當中，我惟獨喜歡曹禺的 <日出>．

I only enjoy Cao Yu's Sunrise among all these books.

8. 總算 (zongsuan, eventually, finally)

總算 indicates the implementation of something after much labor. ("總"是 "畢竟，總歸" 的意思．"總算" 意思是 "最后還是"，有 "不容易做到的意思")

a. 这道题最后总算作对了.

   I finally got this test item right.

b. 我们等了很久，八点钟他总算来了.

   We waited a long time, and he finally came at 8.

c. 下了半个月雨，今天总算晴了.

   The weather finally cleared after half a month of rain.

a. 這道題最后總算作對了.

I finally got this test item right.

b. 我們等了很久, 八點鐘他總算來了.

We waited a long time, and he finally came at 8.

c. 下了半個月雨, 今天總算晴了.

The weather finally cleared after half a month of rain.

1．老张给妻子买了什么东西？

2．老张和妻子的感情好吗？你是怎么知道的？

3．雁如说：<上次当着孩子的面就让我穿上，也不怕人笑话！>；老张说：<这会儿孩子都不在家，快穿上...>. 他们的话包含了什么意思？

4．为什么老张的女儿觉得爸爸给妈妈买了一件羊毛衫很新鲜？从她说的话来看，老张给妻子买羊毛衫的事很平常吗？

5．老张和妻子从什么时候开始要买一件水红的羊毛衫？

6．他们第一次为什么没买到水红的羊毛衫？

7．他们在大栅栏发现了一件水红的羊毛衫，为什么没有买？

8．老张和雁如的女儿想买一件什么衣服？她和她男朋友为什么觉得不贵？

9．从老张夫妇买羊毛衫到他们的女儿买皮夹克，你发现了什么变化？

10．老张给妻子买的羊毛衫好不好？是从那儿买来的？

11．雁如说：<那是当年了>，包含什么意思？

聽力理解練習　Questions and Answers

1. 老張給妻子買了什麼東西？

2. 老張和妻子的感情好嗎？你是怎麼知道的？

3. 雁如說：<上次當着孩子的面就讓我穿上，也不怕人笑話！>；老張說：
   <這會兒孩子都不在家，快穿上...>．他們的話包含了什麼意思？

4. 爲什麼老張的女兒覺得爸爸給媽媽買了一件羊毛衫很新鮮？從她說
   的話來看，老張給妻子買羊毛衫的事很平常嗎？

5. 老張和妻子從什麼時候開始要買一件水紅的羊毛衫？

6. 他們第一次爲什麼沒買到水紅的羊毛衫？

7. 他們在大柵欄發現了一件水紅的羊毛衫，爲什麼沒有買？

8. 老張和雁如的女兒想買一件什麼衣服？她和她男朋友爲什麼覺得不貴？

9. 從老張夫婦買羊毛衫到他們的女兒買皮夾克，你發現了什麼變化？

10. 老張給妻子買的羊毛衫好不好？是從那兒買來的？

11. 雁如說：<那是當年了>，包含什麼意思？

12. 你认为老张的女儿是一个什么样的青年？她为什么要买皮夹克，黑皮靴？

13. 珍珍会要她爸爸给妈妈买的那件羊毛衫吗？为什么？

14. 老张和雁如结婚以后二十多年来生活得怎么样？为什么？

15. 雁如很难过，仅仅是为了一件羊毛衫吗？

12. 你認爲老張的女兒是一個什麼樣的青年? 她爲什麼要買皮夾克, 黑皮靴?

13. 珍珍會要她爸爸給媽媽買的那件羊毛衫嗎? 爲什麼?

14. 老張和雁如結婚以后二十多年來生活得怎麼樣? 爲什麼?

15. 雁如很難過, 僅僅是爲了一件羊毛衫嗎?

背景知识介绍　Background Notes

This story presents a contrast between those who had experienced the harder life in the 50's and 60's and the younger generation of today who are blessed with abundance. Back then, wages were low, mouths to feed were numerous, and luxury (a pink sweater!) was beyond reach, if available. Moreover, 'beauty' was branded bourgeois.

The couple in the story were swept up by major political movements (Anti-Rightist, Great Leap Forward, Cultural Revolution) and wasted their productive years on farms. But then they were assigned to formidable responsibilities after the last movement, when they began to feel the toll of 'mature years'.

老张和雁如是五十年代末或六十年代初大学毕业的知识分子．他们工作以后，工资很低，而负担很重：上要赡养父母，还要抚养弟弟妹妹和子女．那时候，他们很年轻，爱美，但不能美．第一，市场物资匮乏，连水红色的羊毛衫都少见；第二，经济上没有能力，贵一点的东西无论多么喜欢都舍不得买．第三，那个时代还常常把穿得漂亮说成是有资产阶级思想． 所以，虽然雁如想买的只是一件水红色的羊毛衫，但这一点小小的要求都不能得到满足．

老张他们这一代人经历了 <反右斗争>，<反右倾>，<大跃进>，<文化大革命>，他们在政治运动，下放劳动中度过了最好的青春年华．文化大革命结束以后，他们成为中国各个组织的中坚力量；承担着繁重的工作任务．他们刚刚开始能够真正地发挥自己的才能，但迈入 "知天命" 之年，他们脸上的皱纹多了，头发开始白了．虽然他们心里还年轻，但实际上开始向老年迈进了．一件水红羊毛衫使他们回忆起二十多年来的艰辛，使他们想了很多很多．

背景知識介紹　Background Notes

This story presents a contrast between those who had experienced
the harder life in the 50's and 60's and the younger generation of
today who are blessed with abundance. Back then, wages were low,
mouths to feed were numerous, and luxury (a pink sweater!) was
beyond reach, if available. Moreover, 'beauty' was branded bourgeois.

The couple in the story were swept up by major political movements
(Anti-Rightist, Great Leap Forward, Cultural Revolution) and wasted
their productive years on farms. But then they were assigned to
formidable responsibilities after the last movement, when they began
to feel the toll of 'mature years'.

老張和雁如是五十年代末或六十年代初大學畢業的知識分子．他們工作以后，
工資很低，而負擔很重：上要贍養父母，還要撫養弟弟妹妹和子女．那時候，
他們很年輕，愛美，但不能美．第一，市場物資匱乏，連水紅色的羊毛衫都少見；
第二，經濟上沒有能力，貴一點的東西無論多麼喜歡都捨不得買．第三，那個
時代還常常把穿得漂亮説成是有資産階級思想．　所以，雖然雁如想買的只是一件
水紅色的羊毛衫，但這一點小小的要求都不能得到滿足．

老張他們這一代人經歷了 <反右鬥爭>, <反右傾>, <大躍進>, <文化大革命>,
他們在政治運動，下放勞動中度過了最好的青春年華．文化大革命結束以后，
他們成爲中國各個組織的中堅力量；承擔着繁重的工作任務．他們剛剛開始
能够真正地發揮自己的才能，但邁入 "知天命" 之年，他們臉上的皺紋多了，
頭發開始白了．雖然他們心里還年輕，但實際上開始向老年邁進了．一件
水紅羊毛衫使他們回憶起二十多年來的艱辛，使他們想了很多很多．

他们的儿女至少在物质生活上比父辈要幸运．他们的父母不仅不用他们赡养反而会给他们种种帮助．他们的工资奖金也多些．所以现在的年轻女孩，有些人很追求时髦．但他们的精神生活丰富吗？

他們的兒女至少在物質生活上比父輩要幸運．他們的父母不僅不用他們贍養反而會給他們種種幫助．他們的工資獎金也多些．所以現在的年輕女孩，有些人很追求時髦．但他們的精神生活豐富嗎？

七. 男子汉的气度
A Man's Capacity

剧 本 Script

段立德： 哎，哎，哎，小伙子，你往那边！

田建民： 躲，躲，躲呀！这，这，躲呀！

段立德： 哎呀，哎哟！

田建民： 老师傅，快起来，你，你伤着没有呀？老师傅！我这车闸不灵了.

段立德： 小伙子，玩命呀？

青年： 这够意思，这个，啊？

田建民： 老师傅，我车闸......，上医院吧，老师傅.

青年： 我说，哥儿们，你玩车技呢？你会骑车吗？

田建民： 我车闸不灵了，老师傅.

段立德： 小伙子，算你走运，算了！

田建民： 你看，这多不好！

青年： 这老头，够意思！还真经久耐用啊！

田建民： 您看看，这，这真对不起.老师傅，您伤着哪儿了？您，您来找我好吧？啊？

段立德： 算了，算了，算了！

田建民： 我是制动装置厂的.

段立德： 你走吧.

田建民： 我叫田建民，要上医院，您来找我吧，啊？

段立德： 走吧！

田建民： 您看这.

青年： 哎，老头，别让他赖帐，先要他十块钱！

七. 男子漢的氣度
A Man's Capacity

劇 本 Script

段立德： 哎，哎，哎，小伙子，你往那邊！

田建民： 躲，躲，躲呀！這，這，躲呀！

段立德： 哎呀，哎喲！

田建民： 老師傅，快起來，你，你傷着沒有呀？老師傅！我這車閘不靈了.

段立德： 小伙子，玩命呀？

青年： 這够意思，這個，啊？

田建民： 老師傅，我車閘.......，上醫院吧，老師傅.

青年： 我說，哥兒們，你玩車技呢？你會騎車嗎？

田建民： 我車閘不靈了，老師傅.

段立德： 小伙子，算你走運，算了！

田建民： 你看，這多不好！

青年： 這老頭，够意思！還真經久耐用啊！

田建民： 您看看，這，這真對不起. 老師傅，您傷着哪兒了？您，您來找我好吧？啊？

段立德： 算了，算了，算了！

田建民： 我是制動裝置廠的.

段立德： 你走吧.

田建民： 我叫田建民，要上醫院，您來找我吧，啊？

段立德： 走吧！

田建民： 您看這.

青年： 哎，老頭，別讓他賴帳，先要他十塊錢！

段立德： 小伙子，走吧！回去呀，把你那个后闸好好修修！

青年： 唉，这老头不错吧？啊？

段立德： 嘿，回家抱孩子去吧！哎，散了，散了，散了，散了！

青年： 走，走，走，咱们走！

青年： 这老头，没法说．

青年： 走了，走了，走了，走了！

过路人： 下回可得注点儿意．

田建民： 哎，老师傅，老师傅，我看还是上医院再去看一看，
好不好，您看？

段立德： 小伙子，你可真罗嗦，走吧，走吧！

田建民： 您看……，哎，哎！

田建民： 芬！

田妻： 嗯？

田建民： 我把人家给撞了，也不知道怎么样了．我想买点东西去
看看人家，啊？

田妻： 我说你这个甩手大爷今天怎么勤快起来了．缺酒钱了吧？

田建民： 你看你！这是真的，

田妻： 哪回你都说是真的，我就不信，怎么好人都让你撞上了？

田建民： 看你，这是真的，真的啊！

田妻： 行了，行了！钱不在抽屉里放着吗？还假模假势地请示什么呢？

田建民： 你不是咱们家的财政兼内务部长吗？

田妻： 平平！碰弦了，重拉呀！

平平： 哼，还是教育部长呢！

段妻： 你呀，真会找事，让人撞成这样！唉，是他撞你呀，还是
你撞他呀？不让他留下名字，记下单位，就让他溜了？

段立德：　小伙子，走吧！回去呀，把你那個后閘好好修修！

青年：　　唉，這老頭不錯吧？啊？

段立德：　嘿，回家抱孩子去吧！哎，散了，散了，散了，散了！

青年：　　走，走，走，咱們走！

青年：　　這老頭，没法説．

青年：　　走了，走了，走了，走了！

過路人：　下回可得注點兒意．

田建民：　哎，老師傅，老師傅，我看還是上醫院再去看一看，
　　　　　好不好，您看？

段立德：　小伙子，你可真囉嗦，走吧，走吧！

田建民：　您看……，哎，哎！

田建民：　芬！

田妻：　　嗯？

田建民：　我把人家給撞了，也不知道怎麼樣了．我想買點東西去
　　　　　看看人家，啊？

田妻：　　我説你這個甩手大爺今天怎麼勤快起來了．缺酒錢了吧？

田建民：　你看你！這是真的，

田妻：　　哪回你都説是真的，我就不信，怎麼好人都讓你撞上了？

田建民：　看你，這是真的，真的啊！

田妻：　　行了，行了！錢不在抽屜里放着嗎？還假模假勢地請示什麼呢？

田建民：　你不是咱們家的財政兼内務部長嗎？

田妻：　　平平！碰弦了，重拉呀！

平平：　　哼，還是教育部長呢！

段妻：　　你呀，真會找事，讓人撞成這樣！唉，是他撞你呀，還是
　　　　　你撞他呀？不讓他留下名字，記下單位，就讓他溜了？

段立德： 人家再三要送我上医院．可我想呢，我家里守着个按摩师，
　　　　 何必呢？

段妻： 哼！

段立德： 哎，轻点儿，轻点儿，轻点儿！你剁肉馅呢？

段妻： 哼！你知道吗？我们一个工友让车撞了，医药费不说，光营养
　　　 费就要了三百！

段立德： 唉！

段妻： 好了，起来，起来吧！

段立德： 哎！

段妻： 嗯！

段立德： 嘿，真不错，手到病除啊！

段妻： 哪儿有你这号的，哼！

段立德： 行了，行了！ 下次我要被车撞了，我一定记住，跟人要三百块！

段妻： 你个浑人！

段立德： 哎，咱们可要五讲四美呀！

段妻： 去，便宜了那小子！谁呀？

段立德： 我去看看．

段妻： 谁呀？

段立德： 他来看我来了．

段妻： 啊？喔！

段立德： 哎，你可别冲人家要什么三百块呀！

段妻： 我知道，我知道．

段立德： 哎．

段妻： 哎，快躺下，快躺下！

段立德： 干嘛？干嘛？

段妻： 快躺下！

段立德： 你这是干嘛？干嘛？

段立德： 人家再三要送我上醫院．可我想呢，我家里守着個按摩師，何必呢？

段妻： 哼！

段立德： 哎，輕點兒，輕點兒，輕點兒！你剁肉餡呢？

段妻： 哼！你知道嗎？我們一個工友讓車撞了，醫藥費不説，光營養費就要了三百！

段立德： 唉！

段妻： 好了，起來，起來吧！

段立德： 哎！

段妻： 嗯！

段立德： 嘿，真不錯，手到病除啊！

段妻： 哪兒有你這號的，哼！

段立德： 行了，行了！ 下次我要被車撞了，我一定記住，跟人要三百塊！

段妻： 你個渾人！

段立德： 哎，咱們可要五講四美呀！

段妻： 去，便宜了那小子！誰呀？

段立德： 我去看看．

段妻： 誰呀？

段立德： 他來看我來了．

段妻： 啊？喔！

段立德： 哎，你可別衝人家要什麽三百塊呀！

段妻： 我知道，我知道．

段立德： 哎．

段妻： 哎，快躺下，快躺下！

段立德： 幹嘛？幹嘛？

段妻： 快躺下！

段立德： 你這是幹嘛？幹嘛？

段妻：　　　快，快，快一点！

段立德：　　你这，这……，干嘛呀你？

段妻：　　　哼哼，你给我哼哼啊，快！哼哼！你要忍不住啊，就哼哼几声.
　　　　　　病成这样儿，也不知道去住　　院！　　啊，你找谁？

田建民：　　我，我就是……，段师傅在家吗？

段妻：　　　喔，您就是工会的？

田建民：　　不，不，不.

段妻：　　　快请进来吧，快请进来，快！

田建民：　　不，不，就是我……

段立德：　　得了，得了，得了！

段妻：　　　你要想气死我呀？还想搅和得家里不得安宁啊？

田建民：　　这，这，这都怨我，是，是我撞的.

段妻：　　　喔，原来就是你呀？

田建民：　　啊.

段妻：　　　嗯，看来你还算老实.

田建民：　　真，真对不起.您…不要紧吧？

段立德：　　你呀，多此一举.

段妻：　　　哎呀，你这是怎么搞的？骑车不看着点儿，差点儿出了人命！

段立德：　　唉，没事儿.啊？

段妻：　　　什么没事啊？昨儿晚上哼哼了一宿，吵得人都睡不了觉！
　　　　　　什么没事？等瘫了才叫有事儿啊？是不是？啊？

田建民：　　那，那…赶快再到医院去看看吧.

段立德：　　得，得，得.

段妻：　　　看什么呀！现在那些二百五大夫能看出什么来呀？就给贴了
　　　　　　一帖伤湿止…　　.唉，那止痛膏呢？

段立德：　　啊？这能贴得上吗？

段妻：　　　唉，大夫说了，他这伤啊，得透视，拍片子，观察几天.少说

段妻：　　快，快，快一點！

段立德：　你這，這……，干嘛呀你？

段妻：　　哼哼，你給我哼哼啊，快！哼哼！你要忍不住啊，就哼哼幾聲．
　　　　　病成這樣兒，也不知道去住院！　啊，你找誰？

田建民：　我，我就是……，段師傅在家嗎？

段妻：　　喔，您就是工會的？

田建民：　不，不，不．

段妻：　　快請進來吧，快請進來，快！

田建民：　不，不，就是我……

段立德：　得了，得了，得了！

段妻：　　你要想氣死我呀？還想攪和得家里不得安寧啊？

田建民：　這，這，這都怨我，是，是我撞的．

段妻：　　喔，原來就是你呀？

田建民：　啊．

段妻：　　嗯，看來你還算老實．

田建民：　真，真對不起．您...不要緊吧？

段立德：　你呀，多此一舉．

段妻：　　哎呀，你這是怎麼搞的？騎車不看着點兒，差點兒出了人命！

段立德：　唉，沒事兒．啊？

段妻：　　什麼沒事啊？昨兒晚上哼哼了一宿，吵得人都睡不了覺！
　　　　　什麼沒事？等癱了才叫有事兒啊？是不是？啊？

田建民：　那，那...趕快再到醫院去看看吧．

段立德：　得，得，得．

段妻：　　看什麼呀！現在那些二百五大夫能看出什麼來呀？就給貼了
　　　　　一帖傷濕止...．唉，那止痛膏呢？

段立德：　啊？這能貼得上嗎？

段妻：　　唉，大夫說了，他這傷啊，得透視，拍片子，觀察幾天．少說也得卧床一个月．你说眼下都搞承包了，三天病假，连工资带奖金全都没了，这就是一百多快钱！

田建民： 啊？

段妻： 你看，在家还得有人伺候不是？这又是要小一百块钱！

段立德： 啊？

段妻： 什么麝香虎骨酒，人参蜂王浆，还有啊...

段立德： 还有乌鸡白凤丸！

田建民： 这...这是治妇女病的呀！

段妻： 喔，喔，去！

段立德： 是啊，十全大补嘛！

段妻： 是得吃点儿补的．他虽说不是什么外伤，没流什么血，可血是人的元气，啊，你知道吗，一只鸡还补不了一滴血哪！

田建民： 啊？

段妻： 现在东西也贵得厉害，一个月营养费就得一百多块钱吧？

段立德： 行了！

段妻： 哎哟，嗯．

田建民： 再加营养...这，恐怕要三百多块钱吧？

段妻： 唉，钱是小事，万一要落个残废呢？啊，看样子，你这个人也是正人君子，我们呢，也不愿意拿这伤讹人家钱财．

段立德： 哎．

段妻： 这么着吧．咱们也甭搞什么实行三包，就一次性处理．以后桥是桥，路是路，决不找你的后帐．怎么样？

田建民： 这...这...一次性，得，得多少钱呢？

段妻： 那你自个儿算去呗．唉，这么着吧，归里包堆三百．

田建民： 啊？

段妻： 这三百块钱也太叫你为难了．就...就这么着吧，就二百．

田建民： 啊？

也得臥床一個月．你說眼下都搞承包了，三天病假，連工資帶獎金全都沒了，這就是一百多快錢！

田建民：　啊？

段妻：　　你看，在家還得有人伺候不是？這又是要小一百塊錢！

段立德：　啊？

段妻：　　什麼麝香虎骨酒，人參蜂王漿，還有啊...

段立德：　還有烏雞白鳳丸！

田建民：　這...這是治婦女病的呀！

段妻：　　喔，喔，去！

段立德：　是啊，十全大補嘛！

段妻：　　是得吃點兒補的．他雖說不是什麼外傷，沒流什麼血，可血是人的元氣，啊，你知道嗎，一只雞還補不了一滴血哪！

田建民：　啊？

段妻：　　現在東西也賣得厲害，一個月營養費就得一百多塊錢吧？

段立德：　行了！

段妻：　　哎喲，嗯．

田建民：　再加營養...這，恐怕要三百多塊錢吧？

段妻：　　唉，錢是小事，萬一要落個殘廢呢？啊，看樣子，你這個人也是正人君子，我們呢，也不願意拿這傷訛人家錢財．

段立德：　哎．

段妻：　　這麼着吧．咱們也甮搞什麼實行三包，就一次性處理．以后橋是橋，路是路，決不找你的后悵．怎麼樣？

田建民：　這...這...一次性，得，得多少錢呢？

段妻：　　那你自個兒算去唄．唉，這麼着吧，歸里包堆三百．

田建民：　啊？

段妻：　　這三百塊錢也太叫你為難了．就...就這麼着吧，就二百．

田建民：　啊？

—119—

段立德：　哼！

段妻：　　这二百块钱可不算过分．得，好人就做到底，你就赔个营养费吧．

段立德：　你呀！

段妻：　　就是一百，要不，谁也甭想过上安生日子．

段立德：　哎哟，喔！

田建民：　怎么了？段师傅？

段妻：　　噢，你腰又疼了吧？快躺下！谁教你不听我的劝呢？自作自受！

田建民：　我背您再去医院吧，啊？

段立德：　行了，你走吧，啊？

段妻：　　唉，他的心里正烦着呢．也是，这好好的一个人...

段立德：　哼！

段妻：　　你说...怎么样啊？

田建民：　我...一百块钱，我身上没带那么多啊，过两天给您送来，啊？

段妻：　　那好吧．

田建民：　那我走了啊？

段妻：　　行，唉．

田建民：　平平！

平平：　　嗯？

田建民：　你都攒了多少钱了？

平平：　　好多呢．

田建民：　让爸爸看看行吗？

平平：　　行．你瞧，这么多呢！

田建民：　平平，把钱借给爸爸行吗？

平平：　　行，拿去吧．都拿去吧．

田建民：　平平，可不能告诉妈妈，啊？

平平：　　为什么？

段立德： 哼！

段妻： 這二百塊錢可不算過分．得，好人就做到底，你就賠個營養費吧．

段立德： 你呀！

段妻： 就是一百，要不，誰也甭想過上安生日子．

段立德： 哎喲，喔！

田建民： 怎麼了？段師傅？

段妻： 噢，你腰又疼了吧？快躺下！誰教你不聽我的勸呢？自作自受！

田建民： 我背您再去醫院吧，啊？

段立德： 行了，你走吧，啊？

段妻： 唉，他的心里正煩着呢．也是，這好好的一個人...

段立德： 哼！

段妻： 你説...怎麼樣啊？

田建民： 我...一百塊錢，我身上沒帶那麼多啊，過兩天給您送來，啊？

段妻： 那好吧．

田建民： 那我走了啊？

段妻： 行，唉．

田建民： 平平！

平平： 嗯？

田建民： 你都攢了多少錢了？

平平： 好多呢．

田建民： 讓爸爸看看行嗎？

平平： 行．你瞧，這麼多呢！

田建民： 平平，把錢借給爸爸行嗎？

平平： 行，拿去吧．都拿去吧．

田建民： 平平，可不能告訴媽媽，啊？

平平： 爲什麼？

田建民： 哎，听话．爸爸很快就还给你，啊？

平平： 噢，你是不是缺酒钱了？

田建民： 别，好，好，好．谢谢，谢谢，谢谢．

青年： 就这些了．

田建民： 我下个月就还给你，啊？

青年： 好，行，可以．

田妻： 回来了？

田建民： 啊．

田妻： 吃饭吧．

田建民： 嗯．

平平： 爸爸，爸爸，快吃饭吧．

田建民： 哎．

田妻： 给，嗯？

田建民： 不喝了．

田妻： 怎么，戒酒了？

田建民： 哎．

田妻： 钱，都凑齐了？

田建民： 啊？什...什么钱哪？

田妻： 赔偿人家的营养费呀．

田建民： 你，你怎么知道的？

田妻： 你看．

田建民： 芬，你真是， 平平，转过脸去！

平平： 嗯，干什么呀？

田妻： 哎．

平平： 爸爸，这是什么意思呀？

田妻： 吃饭！就是你！

田建民：　哎，聽話．爸爸很快就還給你，啊？

平平：　　噢，你是不是缺酒錢了？

田建民：　別，好，好，好．謝謝，謝謝，謝謝．

青年：　　就這些了．

田建民：　我下個月就還給你，啊？

青年：　　好，行，可以．

田妻：　　回來了？

田建民：　啊．

田妻：　　吃飯吧．

田建民：　嗯．

平平：　　爸爸，爸爸，快吃飯吧．

田建民：　哎．

田妻：　　給，嗯？

田建民：　不喝了．

田妻：　　怎麼，戒酒了？

田建民：　哎．

田妻：　　錢，都湊齊了？

田建民：　啊？什...什麼錢哪？

田妻：　　賠償人家的營養費呀．

田建民：　你，你怎麼知道的？

田妻：　　你看．

田建民：　芬，你真是，　平平，轉過臉去！

平平：　　嗯，幹什麼呀？

田妻：　　哎．

平平：　　爸爸，這是什麼意思呀？

田妻：　　吃飯！就是你！

田建民： 嘿，嘿.

田妻： 啊，对了. 这儿还有一封信呢.

平平： 这是一个伯伯送来的.

田建民： 啊？

(段立德的声音：这一百元请你交给我那一位吧. 就当我的营养费. 这样作，是为了图个家庭安定团结.)

田建民： 这才是男子汉的气度！

田妻： 哼，你也别把我们看扁了！

田建民： 嗯？

田妻： 你看，那是什么？

田建民： 啊，虎骨酒？芬！

平平： 爸爸，这回还让我转过头去吗？嘻，嘻！

段妻： 嗨，还叫你这么破费.

田建民： 应该的，应该的. 段师傅，我...

段立德： 行，表现不错嘛！

田建民： 那... 我走了.

段妻： 哎.

田建民： 走了，啊？

段妻： 哎.

段立德： 慢走啊！

段妻： 不送了.

田建民： 那再见啦，啊？

段妻： 慢走！

田建民： 好，再见，再见！

田建民：　嘿，嘿．

田妻：　　啊，對了．這兒還有一封信呢．

平平：　　這是一個伯伯送來的．

田建民：　啊？

(段立德的聲音：這一百元請你交給我那一位吧．就當我的
　營養費．這樣作，是爲了圖個家庭安定團結．)

田建民：　這才是男子漢的氣度！

田妻：　　哼，你也別把我們看扁了！

田建民：　嗯？

田妻：　　你看，那是什麼？

田建民：　啊，虎骨酒？芬！

平平：　　爸爸，這回還讓我轉過頭去嗎？嘻，嘻！

段妻：　　嗨，還叫你這麼破費．

田建民：　應該的，應該的．段師傅，我...

段立德：　行，表現不錯嘛！

田建民：　那...我走了．

段妻：　　哎．

田建民：　走了，啊？

段妻：　　哎．

段立德：　慢走啊！

段妻：　　不送了．

田建民：　那再見啦，啊？

段妻：　　慢走！

田建民：　好，再見，再見！

段立德： 拿来！

段妻： 哎哟，吓了我一跳！什么呀？

段立德： 钱！

段妻： 我数过了，没错儿.

段立德： 当然没错儿！

段妻： 咱们存起来呀，啊？哎呀！

段立德： 这...这是我的营养费！

段妻： 啊？

段立德： 过来！

段妻： 干什么？

段立德： 按摩！

(旁白)： 象这样的小小生活喜剧，在街头巷尾，公共汽车上，每天都有可能发生，下次如果您遇上了，您应该怎样表现自己的气度呢？

--- 剧终 ---

段立德：　拿來！

段妻：　　哎喲，嚇了我一跳！什麼呀？

段立德：　錢！

段妻：　　我數過了，沒錯兒．

段立德：　當然沒錯兒！

段妻：　　咱們存起來呀，啊？哎呀！

段立德：　這...這是我的營養費！

段妻：　　啊？

段立德：　過來！

段妻：　　幹什麼？

段立德：　按摩！

(旁白)：　　像這樣的小小生活喜劇，在街頭巷尾，公共汽車上，
　　　　　每天都有可能發生，下次如果您遇上了，您應該怎樣
　　　　　表現自己的氣度呢？

--- 劇終 ---

生　词　Vocabulary

1.	气度	qìdù	personal capacity
2.	伤	shāng	to be injured
3.	玩命	wánr mìng	to play lightly with one's own life
4.	够意思	gòu yìsi	really something, terrific
5.	(车)闸	zhá	brakes
6.	车技	chējì	(bicycle) acrobatics
7.	不灵	bù líng	to lose control
8.	走运	zǒu yùn	to have much luck, lucky
9.	经久耐用	jīngjiǔ nàiyòng	durable, long lasting
10.	赖账	lài zhàng	to disclaim responsibility
11.	得了	dé le	Enough of it!
12.	罗唆	luōsuo	be long-winded, wordy
13.	撞	zhuàng	to bump into, to collide
14.	甩手	shuǎi shǒu	to not get involved
15.	勤快	qínkuai	be diligent, (here:) actively concerned
16.	抽屉	chōuti	drawers
17.	假模假势	jiǎ mó jiǎ shì	to act falsely, to pretend
18.	请示	qǐngshì	to request instruction
19.	财政	cáizhèng	financial matters
20.	兼	jiān	to play a double role, to double
21.	内务	nèiwù	internal affairs
22.	部长	bùzhǎng	a minister (gov't post)
23.	弦	xián	strings (of a violin etc)

生　詞　Vocabulary

1.	氣度	qìdù	personal capacity
2.	傷	shāng	to be injured
3.	玩命	wánr mìng	to play lightly with one's own life
4.	够意思	gòu yìsi	really something, terrific
5.	(車)閘	zhá	brakes
6.	車技	chējì	(bicyle) acrobatics
7.	不靈	bù líng	to lose control
8.	走運	zǒu yùn	to have much luck, lucky
9.	經久耐用	jīngjiǔ nàiyòng	durable, long lasting
10.	賴賬	lài zhàng	to disclaim responsibility
11.	得了	dé le	Enough of it!
12.	囉唆	luōsuo	be long-winded, wordy
13.	撞	zhuàng	to bump into, to collide
14.	甩手	shuǎi shǒu	to not get involved
15.	勤快	qínkuai	be diligent, (here:) actively concerned
16.	抽屉	chōuti	drawers
17.	假模假勢	jiǎ mó jiǎ shì	to act falsely, to pretend
18.	請示	qǐngshì	to request instruction
19.	財政	cáizhèng	financial matters
20.	兼	jiān	to play a double role, to double
21.	內務	nèiwù	internal affairs
22.	部長	bùzhǎng	a minister (gov't post)
23.	弦	xián	strings (of a violin etc)

#			
24.	溜	liū	to get away
25.	再三	zàisān	repeatedly
26.	按摩师	ànmóshī	a masseur
27.	何必	hébì	why bother, why insist on
28.	剁	duò	to chop
29.	肉馅儿	ròuxiànr	meat filling (for 饺子 etc)
30.	工友	gōngyǒu	a janitor
31.	营养	yíngyǎng	nutrition
32.	费	fèi	fee
33.	手到病除	shǒu dào bìng chú	be highly effective (in curing sth)
34.	这号的	zhè hào de	a person of this nature
35.	浑人	hún rén	a stupid, dumb person
36.	五讲四美	wǔ jiǎng sì měi	acronym for

讲文明，讲礼貌，讲道德，讲秩序，讲卫生

心灵美，语言美，行为美，仪表美

#			
37.	冲	chòng	to act rudely
38.	哼	hēng	the sound one makes in pain, groan
39.	搅和	jiǎohuo	to stir up
40.	安宁	ānníng	peacefulness, tranquility
41.	怨	yuàn	to blame
42.	原来	yuánlái	now I know! the real truth is
43.	老实	lǎoshi	be honest and reliable, decent
44.	不要紧	bú yào jǐn	nothing serious
45.	多此一举	duō cǐ yì jǔ	an act not called for
46.	出人命	chū rénmìng	someone killed
47.	(一)宿	(yì)xiǔ	the whole night
48.	瘫	tān	be paralysed

24. 溜	liū	to get away
25. 再三	zàisān	repeatedly
26. 按摩師	ànmóshī	a masseur
27. 何必	hébì	why bother, why insist on
28. 剁	duò	to chop
29. 肉餡兒	ròuxiànr	meat filling (for 餃子 etc)
30. 工友	gōngyǒu	a janitor
31. 營養	yíngyǎng	nutrition
32. 費	fèi	fee
33. 手到病除	shǒu dào bìng chú	be highly effective (in curing sth)
34. 這號的	zhè hào de	a person of this nature
35. 渾人	hún rén	a stupid, dumb person
36. 五講四美	wǔ jiǎng sì měi	acronym for

講文明，講禮貌，講道德，講秩序，講衛生

心靈美，語言美，行爲美，儀表美

37. 衝	chòng	to act rudely
38. 哼	hēng	the sound one makes in pain, groan
39. 攪和	jiǎohuo	to stir up
40. 安寧	ānníng	peacefulness, tranquility
41. 怨	yuàn	to blame
42. 原來	yuánlái	now I know! the real truth is
43. 老實	lǎoshi	be honest and reliable, decent
44. 不要緊	bú yào jǐn	nothing serious
45. 多此一舉	duō cǐ yì jǔ	an act not called for
46. 出人命	chū rénmìng	someone killed
47. (一)宿	(yì) xiǔ	the whole night
48. 癱	tān	be paralysed

49. 帖	tiē	a dosage of, one application of
50. 伤湿 止痛膏	shāng shī zhǐ tòng gāo	pain killer for wounds & rheumatism
51. 透视	tòushì	x-ray
52. 拍片子	pāi piānzi	to have x-ray film taken
53. 观察	guānchá	to observe
54. 少说	shǎo shuō	the least that can be expected
55. 卧床	wòchuáng	to lie in bed (sick)
56. 眼下	yǎnxià	nowadays
57. 承包	chéngbāo	the 'responsibility system'
58. 病假	bìngjià	leave of sickness
59. 连...带...	lián...dài...	X together with Y
60. 工资	gōngzī	wages, salary
61. 伺候	cìhou	to wait on, to tend to
62. 麝香 虎骨酒	shèxiāng hǔgǔjiǔ	medicated liquor for curing injuries
63. 人参 蜂王浆	rénshēn fēngwáng jiāng	ginseng & royal jelly for strength- building
64. 乌鸡 白凤丸	wūjī báifèng wán	name of a gynecological medicine
65. 十全大补	shíquán dàbǔ	to intake all possible remedies
66. 元气	yuánqì	source of energy
67. 厉害	lìhai	terribly
68. 万一	wànyī	just supposing, if
69. 落	luò	to become, to get into the state of
70. 残废	cánfèi	to become handicapped
71. 正人君子	zhèng rén jūnzǐ	a decent person

49. 帖	tiē	a dosage of, one application of
50. 傷濕 止痛膏	shāng shī zhǐ tòng gāo	pain killer for wounds & rheumatism
51. 透視	tòushì	x-ray
52. 拍片子	pāi piānzi	to have x-ray film taken
53. 觀察	guānchá	to observe
54. 少說	shǎo shuō	the least that can be expected
55. 臥床	wòchuáng	to lie in bed (sick)
56. 眼下	yǎnxià	nowadays
57. 承包	chéngbāo	the 'responsibility system'
58. 病假	bìngjià	leave of sickness
59. 連...帶...	lián...dài...	X together with Y
60. 工資	gōngzī	wages, salary
61. 伺候	cìhou	to wait on, to tend to
62. 麝香 虎骨酒	shèxiāng hǔgǔjiǔ	medicated liquor for curing injuries
63. 人參 蜂王漿	rénshēn fēngwáng jiāng	ginseng & royal jelly for strength-building
64. 烏鷄 白鳳丸	wūjī báifèng wán	name of a gynecological medicine
65. 十全大補	shíquán dàbǔ	to intake all possible remedies
66. 元氣	yuánqì	source of energy
67. 厲害	lìhai	terribly
68. 萬一	wànyī	just supposing, if
69. 落	luò	to become, to get into the state of
70. 殘廢	cánfèi	to become handicapped
71. 正人君子	zhèng rén jūnzǐ	a decent person

72.	讹	é	to blackmail, to swindle, to extort
73.	甭	béng	no need to, don't!
74.	实行	shíxíng	to practice, to put into effect
75.	三包	sānbāo	the 'Three Responsibility' system
76.	一次性	yí cì xìng	a one-time event, in one go
77.	处理	chǔlǐ	to process, deal with, dispose of

(一次性处理 'all sales final')

78.	自个儿	zìgě'r	by oneself
79.	归里包堆	guīlibāozuī	a lump sum of, all-included
80.	为难	wéinán	to make it difficult for someone
81.	这么着	zhèmezhe	to do (it) this way, like this
82.	过分	guòfèn	be excessive
83.	赔(偿)	péi(cháng)	to recompense
84.	安生	ānshēng	be peaceful
85.	腰	yāo	waist
86.	劝	quàn	advice
87.	自作自受	zì zuō zì shòu	to suffer the ill consequences of one's own action
88.	背	bēi	to carry on one's back
89.	烦	fán	be worried, full of anxiety, to bother
90.	攒	zǎn	to save up, to accumulate
91.	戒	jiè	to quit (smoking, drinking etc)
92.	凑	còu	to put (resources) together so as to reach a level desired or needed
93.	伯伯	bóbo (bāibai)	uncle, said of an older unrelated man

72. 訛	é	to blackmail, to swindle, to extort
73. 甭	béng	no need to, don't!
74. 實行	shíxíng	to practice, to put into effect
75. 三包	sānbāo	the 'Three Responsibility' system
76. 一次性	yí cì xìng	a one-time event, in one go
77. 處理	chǔlǐ	to process, deal with, dispose of (一次性處理 'all sales final')
78. 自個兒	zìgě'r	by oneself
79. 歸里包堆	guīlibāozuī	a lump sum of, all-included
80. 爲難	wéinán	to make it difficult for someone
81. 這麼着	zhèmezhe	to do (it) this way, like this
82. 過分	guòfèn	be excessive
83. 賠(償)	péi(cháng)	to recompense
84. 安生	ānsheng	be peaceful
85. 腰	yāo	waist
86. 勸	quàn	advice
87. 自作自受	zì zuǒ zì shòu	to suffer the ill consequences of one's own action
88. 背	bēi	to carry on one's back
89. 煩	fán	be worried, full of anxiety, to bother
90. 攢	zǎn	to save up, to accumulate
91. 戒	jiè	to quit (smoking, drinking etc)
92. 凑	còu	to put (resources) together so as to reach a level desired or needed
93. 伯伯	bóbo (bāibai)	uncle, said of an older unrelated man

94.	图	tú	to plan on, to seek
95.	安定	āndìng	peaceful, uneventful
96.	看扁	kàn biǎn	to look down upon
97.	破费	pòfèi	to incur great expenses
98.	表现	biǎoxiàn	to conduct oneself, to demonstrate, to express
99.	吓一跳	xià yi tiào	be frightened, taken aback
100.	喜剧	xǐjù	a comedy
101.	街头巷尾	jiētóu xiàng wěi	anywhere, everywhere

94. 圖	tú	to plan on, to seek
95. 安定	āndìng	peaceful, uneventful
96. 看扁	kàn biǎn	to look down upon
97. 破費	pòfèi	to incur great expenses
98. 表現	biǎoxiàn	to conduct oneself, to demonstrate, to express
99. 嚇一跳	xià yi tiào	be frightened, taken aback
100. 喜劇	xǐjù	a comedy
101. 街頭巷尾	jiētóu xiàng wěi	anywhere, everywhere

1. 算 (suan; to be considered as)

算 is a verb that can often be followed by 是, presenting the speaker's opinion or assessment of a situation. ("算(是)" 是动词, 可以表示 "当作, 认为, 看作" 的意思.)

(1) 这些书谁接到算(是)谁的.

　　Whoever gets these books can keep them.

(2) 这件事到今天算(是)弄清楚了.

　　This matter can be considered resolved today.

(3) 华盛顿的天气不算(是)太热.

　　The weather in Washington D.C. is not really too hot.

(4) 我们家算(是)他最聪明。

　　In our family, he is considered the brightest.

算是 can refer to 'just make it to be', a counter-factual assumption. ("算是" 有时表示 "可以看作是, 但不真是" 的意思)

(5) 甲：（正在填表）我们俩的关系该怎么填？

　　　(Filling out a form) What shall I put down as our relationship?

　　乙：他就算是你儿子吧。

　　　Well, let's just make him your son.

(6) 甲：好, 这回就算你们队赢了吧。

詞語和句型練習　Usages and Patterns

1. 算 (suan; to be considered as)

算 is a verb that can often be followed by 是, presenting the speaker's opinion or assessment of a situation. ("算(是)" 是動詞, 可以表示 "當作, 認爲, 看作" 的意思.)

(1) 這些書誰接到算(是)誰的.

Whoever gets these books can keep them.

(2) 這件事到今天算(是)弄清楚了.

This matter can be considered resolved today.

(3) 華盛頓的天氣不算(是)太熱.

The weather in Washington D.C. is not really too hot.

(4) 我們家算(是)他最聰明。

In our family, he is considered the brightest.

算是 can refer to 'just make it to be', a counter-factual assumption. ("算是" 有時表示 "可以看作是, 但不真是" 的意思)

(5) 甲：(正在填表) 我們倆的關係該怎麼填？

(Filling out a form) What shall I put down as our relationship?

乙：他就算是你兒子吧。

Well, let's just make him your son.

(6) 甲：好，這回就算你們隊贏了吧。

Well, let's just assume that your team won the game.

乙：什么叫"算"我们队赢了，我们队本来就赢了吗。

What do you mean 'assume'? We DID win!

2. "得得得" (de,de,de; That's enough!)

This phrase expresses the speaker's impatience with a situation, calling it quits, similar to 得了. ("得得"是口语，意思是"算了"，也可以说"得了")

(1) 得得得， 你别说了， 咱们走吧。

Enough has been said, let's go!

(2) 得得得， 别争了，就按你的说法办吧。

All right! Let's not argue over it. We'll do it your way.

(3) 得得得，别跟他罗嗦了，叫他走吧。

That's quite enough! You don't need to argue with him. Just ask him to leave.

得了, on the other hand, disagrees with what has been put forth and is often followed by 吧. ("得了" 的用法与 "得得得" 不完全相同，一般是表示不同意对方的说法或做法，后边可以加"吧".)

(4) 甲：明天我带你去纽约吧。

I'll give you a ride to New York tomorrow.

乙：得了吧， 我才不跟你去呢，你开车技术太差。

No, thanks. You are such a poor driver!

(5) （甲正在修理一块手表）

Well, let's just assume that your team won the game.

乙：什麼叫"算"我們隊贏了，我們隊本來就贏了嗎。

What do you mean 'assume'? We DID win!

2. "得得得" (de,de,de; That's enough!)

This phrase expresses the speaker's impatience with a situation, calling it quits, similar to 得了. ("得得"是口語，意思是"算了"，也可以說"得了")

(1) 得得得， 你別說了， 咱們走吧。

Enough has been said, let's go!

(2) 得得得， 別爭了，就按你的說法辦吧。

All right! Let's not argue over it. We'll do it your way.

(3) 得得得，別跟他囉嗦了，叫他走吧。

That's quite enough! You don't need to argue with him. Just ask him to leave.

得了, on the other hand, disagrees with what has been put forth and is often followed by 吧. ("得了" 的用法與 "得得得" 不完全相同，一般是表示不同意對方的說法或做法，后邊可以加"吧".)

(4) 甲：明天我帶你去紐約吧。

I'll give you a ride to New York tomorrow.

乙：得了吧， 我才不跟你去呢，你開車技術太差。

No, thanks. You are such a poor driver!

(5) （甲正在修理一塊手錶）

A is trying to fix his watch.

乙：得了，别修了，买一块新的吧。

Just forget it! Get a new one.

3. "我说" (wo shuo; I was wondering why...)

Let's look at some cases first, where 我说 is used. (首先看下面的例子)

(1) 我说你今天怎么起得这么早，原来你已经开始打坐了呀。

I was wondering why you got up so early today. I didn't realise you have already started meditation lessons.

(2) 我说你今天态度怎么这么好，原来是想跟我借钱呀。

No wonder you are being so nice today. So, you want to borrow my money!

(3) 我说他怎么不高兴了呢，原来是考试考砸了。

I was wondering why he was so grouchy. I see now; he did his exam really badly.

(4) 我说房间里怎么这么热，原来你把暖气开到九十度了。

No wonder it is so hot here. You turned the heater up to 90.

The examples above indicate that 我说 involves the speakers's realisation of the reason for some unusual situations. The phrase can be followed in some cases by 呢。

(从以上例子可以看出，"我说" 引出说话人正在觉得奇怪或正在怀疑的事，后边的分句引出说话人通过观察或对方说的话、表情等等得出的答案。"我说" 的后边可以加"呢"，可以停顿)

A is trying to fix his watch.

乙：得了， 別修了，買一塊新的吧。

Just forget it! Get a new one.

3. "我說" (wo shuo; I was wondering why...)

Let's look at some cases first, where 我說 is used. (首先看下面的例子)

(1) 我說你今天怎麼起得這麼早， 原來你已經開始打坐了呀。

I was wondering why you got up so early today. I didn't realise you have already started meditation lessons.

(2) 我說你今天態度怎麼這麼好， 原來是想跟我借錢呀。

No wonder you are being so nice today. So, you want to borrow my money!

(3) 我說他怎麼不高興了呢， 原來是考試考砸了。

I was wondering why he was so grouchy. I see now; he did his exam really badly.

(4) 我說房間里怎麼這麼熱， 原來你把暖氣開到九十度了。

No wonder it is so hot here. You turned the heater up to 90.

The examples above indicate that 我說 involves the speakers's realisation of the reason for some unusual situations. The phrase can be followed in some cases by 呢.

(從以上例子可以看出，"我說" 引出說話人正在覺得奇怪或正在懷疑的事，后邊的分句引出說話人通過觀察或對方說的話、表情等等得出的答案。"我說" 的后邊可以加"呢"，可以停頓)

(5) 甲：小张的女朋友吹了。

      Xiao Zhang broke up with his girl-friend.

乙：我说呢，他这几天怎么这么不高兴。

      No wonder he looks depressed these days.

4. 差（一）点儿 (cha yidiar; almost, nearly)

It is an adverb, referring to the near occurrence of an event, but involving a complex interaction between facts and the speaker's assumptions and expectations. First, as illustrated in (1) to (3), for events whose occurrence is undesirable, negative sentences mean the same thing as positive counterparts.

Second, for events whose occurrence is desired, negative sentences are usually used but mean positive results, as seen in (4) to (6).

Third, for events whose occurrence is desired but not implemented, positive sentences are used, as seen (7) to (9).

（"差（一）点儿" 是副词，表示某种事情几乎实现但没有实现，或几乎不能实现但终于实现了。有以下三种情况：

第一，表示不希望实现的事情几乎实现而终于没实现，有庆幸的意思。
    动词用肯定形式或否定形式意思相同。
第二，表示希望实现的事情几乎不能实现但终于实现了，有庆幸的意思。
    动词用否定形式。
第三，表示希望实现的事情几乎要实现但终于没实现，有惋惜的意思。
    动词用肯定形式，前边常用"就"。

(5) 甲：小張的女朋友吹了。

        Xiao Zhang broke up with his girl-friend.

    乙：我說呢，他這幾天怎麼這麼不高興。

        No wonder he looks depressed these days.

4. 差（一）點兒 (cha yidiar; almost, nearly)

It is an adverb, referring to the near occurrence of an event, but involving a complex interaction between facts and the speaker's assumptions and expectations. First, as illustrated in (1) to (3), for events whose occurrence is undesirable, negative sentences mean the same thing as positive counterparts.

Second, for events whose occurrence is desired, negative sentences are usually used but mean positive results, as seen in (4) to (6).

Third, for events whose occurrence is desired but not implemented, positive sentences are used, as seen (7) to (9).

（"差（一）點兒" 是副詞，表示某種事情幾乎實現但沒有實現，或幾乎不能實現但終于實現了。有以下三種情況：

第一，表示不希望實現的事情幾乎實現而終于沒實現，有慶幸的意思。

    動詞用肯定形式或否定形式意思相同。

第二，表示希望實現的事情幾乎不能實現但終于實現了，有慶幸的意思。

    動詞用否定形式.

第三，表示希望實現的事情幾乎要實現但終于沒實現，有惋惜的意思。

    動詞用肯定形式，前邊常用"就"。

(1) a. 刚才我差一点儿没撞了车.

   I almost had an accident just now.

   b. 刚才我差一点儿撞了车。

   (same)

(2) a. 哎呀，我差一点儿把你寄给我的支票扔了。

   I almost threw away the check you gave me.

   b. 哎呀，我差一点儿没把你寄给我的支票扔了。

   (same)

(3) a. 前天他差一点儿把我打晕了。

   The other day, he almost made me pass out.

   b. 前天他差一点儿没把我打晕了。

   (same)

(4) 我今天差一点儿没迟到。 （意思是：没迟到）

   I was almost late for my class.

(5) 他差一点儿考不上大学。 （意思是：考上大学了）

   He almost failed to get into a college.

(6) 我差一点儿没摔个跟头。 （意思是：没摔跟头）

   I almost tripped over.

(7) 那本书我差一点儿就买到了。 （意思是：没买到）

   I almost got that book.

(8) 小高跟小赵差一点儿就离婚了。 （意思是：没离婚）

   Xiao Gao almost got divorced from Xiao Zhao.

(9) 他差一点儿就考上北大了。 （意思是：没考上）

   He almost got into Beijing University.

5. "行了" (xingle; That's enough!)

(1) a. 剛才我差一點兒沒撞了車．

   I almost had an accident just now.

   b. 剛才我差一點兒撞了車。

   (same)

(2) a. 哎呀，我差一點兒把你寄給我的支票扔了。

   I almost threw away the check you gave me.

   b. 哎呀，我差一點兒沒把你寄給我的支票扔了。

   (same)

(3) a. 前天他差一點兒把我打暈了。

   The other day, he almost made me pass out.

   b. 前天他差一點兒沒把我打暈了。

   (same)

(4) 我今天差一點兒沒遲到。 （意思是：沒遲到）

   I was almost late for my class.

(5) 他差一點兒考不上大學。 （意思是：考上大學了）

   He almost failed to get into a college.

(6) 我差一點兒沒摔個跟頭。 （意思是：沒摔跟頭）

   I almost tripped over.

(7) 那本書我差一點兒就買到了。 （意思是：沒買到）

   I almost got that book.

(8) 小高跟小趙差一點兒就離婚了。 （意思是：沒離婚）

   Xiao Gao almost got divorced from Xiao Zhao.

(9) 他差一點兒就考上北大了。 （意思是：沒考上）

   He almost got into Beijing University.

5. "行了" (xingle; That's enough!)

This is used by an impatient speaker to stop an action.
("行了" 在对话中可以用来表示制止)

(1) 行了，别说了.

   (To a child who is always making excuses)

   That's enough, say no more! (Cut it out!!)

(2) 行了，别往前走了，到了。

   (To a cab-driver) Yes, please stop here. There it is!

(3) 行了，行了，这样就可以了。

   (To a friend who is stuffing money into my pocket)

   That's enough!! Quite enough!!

6. 何必 (hebi; why must you, why bother, there's no need to)

   This is an adverb/conjunction, used for challenging someone else's point of view or stance. ("何必" 是副词，意思是 "不必"，"不用"，用于反问句)

(1) 这儿离学校就几步路，何必开车去。

   It's only a short distance from the school. There's no need to drive.

(2) 这么点儿小事何必麻烦他，我们自己干吧。

   Why bothering him with this trivial matter? Let's do it ourselves!

(3) 你何必不高兴，他又不是说你。

   You don't have to be so upset. He wasn't talking about you.

This is used by an impatient speaker to stop an action.

("行了" 在對話中可以用來表示制止)

(1) 行了, 別説了.

(To a child who is always making excuses)

That's enough, say no more! (Cut it out!!)

(2) 行了, 別往前走了, 到了。

(To a cab-driver) Yes, please stop here. There it is!

(3) 行了, 行了, 這樣就可以了。

(To a friend who is stuffing money into my pocket)

That's enough!! Quite enough!!

6. 何必 (hebi; why must you, why bother, there's no need to)

This is an adverb/conjunction, used for challenging someone else's point of view or stance. ("何必" 是副詞, 意思是 "不必", "不用", 用于反問句)

(1) 這兒離學校就幾步路, 何必開車去。

It's only a short distance from the school. There's no need to drive.

(2) 這麼點兒小事何必麻煩他, 我們自己干吧。

Why bothering him with this trivial matter? Let's do it ourselves!

(3) 你何必不高興, 他又不是説你。

You don't have to be so upset. He wasn't talking about you.

(4) 朋友之间为这么一点儿小事争吵，何必呢？

You're friends and you really mustn't quarrel over such a
trivial matter!

(4) 朋友之間爲這麼一點兒小事爭吵，　何必呢？

You're friends and you really mustn't quarrel over such a trivial matter!

1. 在这个剧的开头发生了什么事情？ 为什么会发生这件事？

2. 段立德摔伤了吗？ 田建民想对这件事负责吗？

3. 段立德想让田建民对这件事负责吗？你怎么知道的？

4. 在一边观看的青年人是什么态度？ 他们的态度都一样吗？

5. 田建民回家以后忘了他撞人的事吗？他想做什么？

6. 田建民有什么嗜好？他平常做家务事吗？

7. 他妻子为什么不相信他的话？

8. 平平在做什么？

9. 田建民的妻子在家里都是什么"部长"？

10. 段立德的妻子是做什么工作的？她对这件事是什么态度？

11. 段立德的妻子为什么骂段是"浑人"？

12. 看见田建民来了， 段妻为什么叫段躺下？

聽力和會話練習　Questions and Answers

1. 在這個劇的開頭發生了什麼事情？為什麼會發生這件事？

2. 段立德摔傷了嗎？田建民想對這件事負責嗎？

3. 段立德想讓田建民對這件事負責嗎？你怎麼知道的？

4. 在一邊觀看的青年人是什麼態度？他們的態度都一樣嗎？

5. 田建民回家以后忘了他撞人的事嗎？他想做什麼？

6. 田建民有什麼嗜好？他平常做家務事嗎？

7. 他妻子為什麼不相信他的話？

8. 平平在做什麼？

9. 田建民的妻子在家里都是什麼"部長"？

10. 段立德的妻子是做什麼工作的？她對這件事是什麼態度？

11. 段立德的妻子為什麼罵段是"渾人"？

12. 看見田建民來了，段妻為什麼叫段躺下？

13. 段立德为什么说田多此一举？

14. 你知道那贴伤湿止疼膏为什么贴不上？ 段妻为什么要给他贴？

15. 段妻说段伤得怎么办？ 一共需要多少钱？

16. 段妻最后向田建民要多少钱？她说"要不谁也甭想过上安生日子"是什么意思？

17. 段立德同意他妻子的做法吗？你是怎么知道的？

18. 田建民怎样凑那一百元钱？ 容易吗？

19. 田建民为什么叫平平转过脸去？

20. 谁给田建民送来一封信？ 信里都说了些什么？

22. 田建民说的男子汉的气度是指什么？田妻对这件事的态度怎么样？

23. 你认为段立德解决这个问题的办法好不好，为什么？

24. 田建民和他的妻子，段立德和他的妻子关系怎么样？你是怎么知道的？

13。段立德為什麼説田多此一舉？

14。你知道那貼傷濕止疼膏為什麼貼不上？ 段妻為什麼要給他貼？

15。段妻説段傷得怎麼辦？ 一共需要多少錢？

16。段妻最后向田建民要多少錢？她説"要不誰也甭想過上安生日子"
是什麼意思？

17。段立德同意他妻子的做法嗎？你是怎麼知道的？

18。田建民怎樣湊那一百元錢？ 容易嗎？

19。田建民為什麼叫平平轉過臉去？

20。誰給田建民送來一封信？ 信里都説了些什麼？

22。田建民説的男子漢的氣度是指什麼？田妻對這件事的態度怎麼樣？

23。你認為段立德解決這個問題的辦法好不好，為什麼？

24。田建民和他的妻子，段立德和他的妻子關係怎麼樣？你是怎麼知道的？

背景知识介绍 Background Notes

In a light-hearted manner, this play commends magnanimity and criticises pettiness. There has never been any lack of those who take abundant and profitable advantage of misfortunes. Compassion and forgiveness are rare qualities that need to be promoted.

中国自古以来被称为礼仪之邦。人与人之间讲究宽容、大度，就像《男子汉的气度》中的段立德和田建民。段立德被田建民的自行车撞伤了，他不让田送他去医院检查，也不让他赔偿损失；田建民撞伤了段立德，很过意不去，觉得自己应该负责段的治疗。这就是这部电视剧所称道的男子汉的气度。但在社会上，也有一些人没有这种气度。别人无意中做了一点儿不利于自己的事，就揪住不放，有的恶语伤人，有的报复或要求对方赔偿，有的甚至趁机讹诈。段立德的老伴儿说的她们工厂的那个工友情况可能属于趁机讹诈，她本人也想趁机向人家要一些钱。社会上前一种人（有气度的）多了，人与人之间就礼让，相处和睦，大事化小，小事化无；后一种人多了，人与人之间就常常发生口角，争斗，有时一点小事可以酿成大祸。近几年，在中国青年人当中后一种人有所增加，所以这部电视剧以褒扬前者来教育后者。

背景知識介紹　Background Notes

In a light-hearted manner, this play commends magnanimity and criticises pettiness. There has never been any lack of those who take abundant and profitable advantage of misfortunes. Compassion and forgiveness are rare qualities that need to be promoted.

　　中國自古以來被稱爲禮儀之邦。人與人之間講究寬容、大度，就像《男子漢的氣度》中的段立德和田建民。段立德被田建民的自行車撞傷了，他不讓田送他去醫院檢查，也不讓他賠償損失；田建民撞傷了段立德，很過意不去，覺得自己應該負責段的治療。這就是這部電視劇所稱道的男子漢的氣度。但在社會上，也有一些人沒有這種氣度。別人無意中做了一點兒不利于自己的事，就揪住不放，有的惡語傷人，有的報復或要求對方賠償，有的甚至趁機訛詐。段立德的老伴兒説的她們工廠的那個工友情況可能屬于趁機訛詐，她本人也想趁機向人家要一些錢。社會上前一種人（有氣度的）多了，人與人之間就禮讓，相處和睦，大事化小，小事化無；后一種人多了，人與人之間就常常發生口角，爭鬥，有時一點小事可以釀成大禍。近幾年，在中國青年人當中后一種人有所增加，所以這部電視劇以褒揚前者來教育后者。

八．暮 喜

Happiness in the Golden Age

剧　本　Script

丽荣：　妈，你干嘛去呀？

耿婶：　我给你郑大爷送点儿早点去．

丽荣：　哼！

耿婶：　哟，退烧了？喝点奶吧．

淑娴：　爸爸！

耿婶：　哟，淑娴回来啦？你爸爸正念叨你们俩口子呢．

淑娴：　振兴他　分不开身，我一个人先回来了．爸爸，您好点了吗？

郑大爷：好多了．我寻思这回见不着你们了呢．

淑娴：　瞧您说的，这不见着了吗？

郑大爷：亏了你耿婶啊！

淑娴：　耿婶！

耿婶：　哎！

淑娴：　让您费心了．

耿婶：　咳！街里街坊的，谁用不着谁呀？你这么说就远了．哦，对了，
　　　　郑大爷，淑娴也来了，这下子就好了，那我就回去了．您歇着吧！

淑娴：　耿婶，您看，您看了那么多孩子，还得照顾我爸爸，这真……

耿婶：　没事儿，咱们居委会张主任的闺女结婚了，房子呢，也就腾出来了．
　　　　这么着呢，咱们托儿所也就都搬过去了．再说呢，丽荣也要走了，
　　　　我不忙．

淑娴：　丽荣上哪儿去呀？

耿婶：　她呀，找到正式工作了，领导上说她挺能干的，还会点外语，也不是

八．暮 喜

Happiness in the Golden Age

劇 本 Script

麗榮： 媽，你幹嘛去呀？

耿嬸： 我給你鄭大爺送點兒早點去．

麗榮： 哼！

耿嬸： 喲，退燒了？喝點奶吧．

淑嫺： 爸爸！

耿嬸： 喲，淑嫺回來啦？你爸爸正念叨你們倆口子呢．

淑嫺： 振興他 分不開身，我一個人先回來了．爸爸，您好點了嗎？

鄭大爺：好多了．我尋思這回見不着你們了呢．

淑嫺： 瞧您説的，這不見着了嗎？

鄭大爺：虧了你耿嬸啊！

淑嫺： 耿嬸！

耿嬸： 哎！

淑嫺： 讓您費心了．

耿嬸： 咳！街里街坊的，誰用不着誰呀？你這麼説就遠了．哦，對了，
鄭大爺，淑嫺也來了，這下子就好了，那我就回去了．您歇着吧！

淑嫺： 耿嬸，您看，您看了那麼多孩子，還得照顧我爸爸，這真⋯⋯

耿嬸： 没事兒，咱們居委會張主任的閨女結婚了，房子呢，也就騰出來了．
這麼着呢，咱們托兒所也就都搬過去了．再説呢，麗榮也要走了，
我不忙．

淑嫺： 麗榮上哪兒去呀？

耿嬸： 她呀，找到正式工作了，領導上説她挺能幹的，還會點外語，也不是

—139—

把她介绍到什么科研所去学习了．要学两年呢．

淑娴：　哎哟，那她一走，就剩您一人儿了？

耿婶：　可不是吗？得，您歇着吧．好好照顾你爸爸．

丽荣：　您还要去多半天哪？是不是郑大爷的儿媳妇也来了？

耿婶：　嗯．

丽荣：　那您还呆那么半天！

耿婶：　淑娴来了，我跟她说会儿话，多呆会儿又怎么了？

丽荣：　咱院儿里的街坊人家谁都不象您这样．

耿婶：　哦，听你这话，是嫌我去多了，是不是？

丽荣：　象您这样，我看是有点多余．

耿婶：　哦，说着说着你倒管起我来了．你说说，我到底错在哪儿呀？你倒说话呀！你呀，你就会拿哭吓唬我，得了，我不说了．谁叫我就你这么一个亲生闺女呢？别哭了，啊？咳，都这么大了，撒起娇来就没个完了？快别哭了啊！刚才是妈不对，成了吧？

丽荣：　您，您也不知道人家怎么想的．明天就走了，　　　　　　以后，一年才放一次假，我今天就是想和您多呆一会儿，可您……

耿婶：　嗳，丽荣啊，是妈错怪了你．刚才的话呢，自当妈没说，啊？快别哭了，哭的妈心里也怪酸的．你从小没离开过家，妈是真的不愿意你走啊．

丽荣：　我也是这么想的．以后家里就剩下您一个人了，您身体又不好，万一……

耿婶：　哎呀，哪儿那么多万一呀？你到了那儿呀，好好干！有领导培养，咱们就得干出个样儿来．啊？

丽荣：　嗯．

耿婶：　你不在呢，不用担心，到时候有街坊们呢．

丽荣：　嗯．

把她介紹到什麼科研所去學習了．要學兩年呢．

淑嫻：　哎喲，　那她一走，就剩您一人兒了？

耿孀：　可不是嗎？得，您歇着吧．好好照顧你爸爸．

麗榮：　您還要去多半天哪？是不是鄭大爺的兒媳婦也來了？

耿孀：　嗯．

麗榮：　那您還呆那麼半天！

耿孀：　淑嫻來了，我跟她說會兒話，多呆會兒又怎麼了？

麗榮：　咱院兒里的街坊人家誰都不像您這樣．

耿孀：　哦，聽你這話，是嫌我去多了，是不是？

麗榮：　象您這樣，我看是有點多余．

耿孀：　哦，說着說着你倒管起我來了．你說說，我到底錯在哪兒呀？你倒
　　　　說話呀！你呀，你就會拿哭嚇唬我，得了，我不說了．誰叫我就你
　　　　這麼一個親生閨女呢？別哭了，啊？咳，都這麼大了，撒起嬌來就
　　　　沒個完了？快別哭了啊！剛才是媽不對，成了吧？

麗榮：　您，您也不知道人家怎麼想的．明天就走了，　　　　　以后，一年
　　　　才放一次假，我今天就是想和您多呆一會兒，可您……

耿孀：　噯，麗榮啊，是媽錯怪了你．剛才的話呢，自當媽沒說，啊？快別
　　　　哭了，哭的媽心里也怪酸的．你從小沒離開過家，媽是真的不願意
　　　　你走啊．

麗榮：　我也是這麼想的．以后家里就剩下您一個人了，您身體又不好，
　　　　萬一……

耿孀：　哎呀，哪兒那麼多萬一呀？你到了那兒呀，好好干！有領導培養，咱們
　　　　就得干出個樣兒來．啊？

麗榮：　嗯．

耿孀：　你不在呢，不用擔心，到時候有街坊們呢．

麗榮：　嗯．

高奶奶：丽荣妈！丽荣妈！

耿婶：　哎哟，高奶奶！哎哟，您这会儿怎么有空儿啊？快来这儿坐坐！哎哟！

高奶奶：哟，怎么档子事儿呀？怎么娘儿俩对着掉眼泪呀？

耿婶：　丽荣明儿不是要上昆明吗？离不开．

高奶奶：哦，可不是吗？她从小就没离开过您．荣荣啊，别哭了！什么时候
　　　　想你妈，什么时候坐上飞机就回来．

耿婶：　哎呀．

丽荣：　高奶奶，您说得容易，谁给我假呀？

高奶奶：你高奶奶给假．

淑娴：　高奶奶，张大妈，你们出去呀？

高奶奶：啊，买点儿菜．

张大妈：瞧，郑大爷的儿媳妇多好呀，又端屎又端尿的．

高奶奶：真跟亲闺女一样．

张大妈：亲闺女未必这样，更别说儿媳妇了．

高奶奶：可不吗？

张大妈：郑大爷有福气．

郑大爷：淑娴，你瞧瞧，自打一进门，你就没住脚．哎，坐这儿，坐下歇会儿．

淑娴：　我不累，来，您靠这儿．

郑大爷：歇着，歇着吧．

淑娴：　爸，这次您病好了，说什么我也得接您回天津．

郑大爷：啊？我这儿离得开吗？

淑娴：　喂，是吉祥胡同．您找谁？李志安？您等一会儿啊．

郑大爷：问他什么事儿，先记下来．

淑娴：　啊，您说吧，嗯，嗯，好，一会儿就给您送去．好，您放心．不谢．
　　　　爸，往后，您岁数越来越大了，身边没个人怎么行啊？您不知道，

高奶奶：麗榮媽！麗榮媽！

耿嬸：　哎喲，高奶奶！哎喲，您這會兒怎麼有空兒啊？快來這兒坐坐！哎喲！

高奶奶：喲，怎麼檔子事兒呀？怎麼娘兒倆對着掉眼淚呀？

耿嬸：　麗榮明兒不是要上昆明嗎？離不開．

高奶奶：哦，可不是嗎？她從小就沒離開過您．榮榮啊，別哭了！什麼時候
　　　　想你媽，什麼時候坐上飛機就回來．

耿嬸：　哎呀．

麗榮：　高奶奶，您説得容易，誰給我假呀？

高奶奶：你高奶奶給假．

淑嫻：　高奶奶，張大媽，你們出去呀？

高奶奶：啊，買點兒菜．

張大媽：瞧，鄭大爺的兒媳婦多好呀，又端屎又端尿的．

高奶奶：真跟親閨女一樣．

張大媽：親閨女未必這樣，更別説兒媳婦了．

高奶奶：可不嗎？

張大媽：鄭大爺有福氣．

鄭大爺：淑嫻，你瞧瞧，自打一進門，你就沒住脚．哎，坐這兒，坐下歇會兒．

淑嫻：　我不累，來，您靠這兒．

鄭大爺：歇着，歇着吧．

淑嫻：　爸，這次您病好了，説什麼我也得接您回天津．

鄭大爺：啊？我這兒離得開嗎？

淑嫻：　喂，是吉祥胡同．您找誰？李志安？您等一會兒啊．

鄭大爺：問他什麼事兒，先記下來．

淑嫻：　啊，您説吧，嗯，嗯，好，一會兒就給您送去．好，您放心．不謝．
　　　　爸，往后，您歲數越來越大了，身邊沒個人怎麼行啊？您不知道，

从早到晚，我和振兴老是惦记您，总担心您会...

郑大爷：　你们的孝心我都知道，可我走了这电话谁看呢？嗯？

淑娴：　　那就请他们再另找个人吧．

郑大爷：　再找一个？眼下找我这么一个人还真不大容易．要不这么着，我感觉
　　　　　自个儿身子骨实在不行，连这点事儿也干不了的时候，我一准上
　　　　　天津找你们去．

淑娴：　　爸，吃药吧．

郑大爷：　哎．

淑娴：　　爸！

郑大爷：　嗯．

淑娴：　　爸！

郑大爷：　嗯．

淑娴：　　爸！有句话我不知道该说不该说．

郑大爷：　你今儿是怎么的？有什么说什么唄！

淑娴：　　这次我来，和振兴商量了一件事儿．我们琢磨着，您要是实在不
　　　　　愿意回天津，那就再找个老伴儿．

郑大爷：　不，不，那怎么行呢？我还是一个人过的好．

淑娴：　　爸！我说的都是真心话．您身边需要有个伴儿．您看着合适，我和
　　　　　振兴一点儿意见都没有．爸，您该休息了．这事儿，等您想好，过
　　　　　两天再说，我先给那院儿送个话儿去．

郑大爷：　嗯．

耿婶：　　给您续上点儿．高奶奶，您喝水．

高奶奶：　啊，谢谢，谢谢．啊，依我看呢，你跟郑大爷的事儿就别总
　　　　　耗着了．早点儿定下来，丽荣不在身边，你不也有个伴儿吗？

耿婶：　　唉，高奶奶，您说我是那不听劝的人吗？可这事也没象您说

　　　　　　從早到晚，我和振興老是惦記您，總擔心您會...

鄭大爺：你們的孝心我都知道，可我走了這電話誰看呢？嗯？

淑嫻：　那就請他們再另找個人吧．

鄭大爺：再找一個？眼下找我這麼一個人還真不大容易．要不這麼着，我感覺
　　　　　自個兒身子骨實在不行，連這　點事兒也幹不了的時候，我一准上
　　　　　天津找你們去．

淑嫻：　　爸，吃藥吧．

鄭大爺：　哎．

淑嫻：　　爸！

鄭大爺：　嗯．

淑嫻：　　爸！

鄭大爺：　嗯．

淑嫻：　　爸！有句話我不知道該説不該説．

鄭大爺：你今兒是怎麼的？有什麼説什麼唄！

淑嫻：　　這次我來，和振興商量了一件事兒．我們琢磨着，您要是實在不
　　　　　願意回天津，那就再找個老伴兒．

鄭大爺：　不，不，那怎麼行呢？我還是一個人過的好．

淑嫻：　　爸！我説的都是真心話．您身邊需要有個伴兒．您看着合適，我和
　　　　　振興一點兒意見都沒有．爸，您該休息了．這事兒，等您想好了，過
　　　　　兩天再説，我先給那院兒送個話兒去．

鄭大爺：　嗯．

耿嬋：　　給您續上點兒．高奶奶，您喝水．

高奶奶：　啊，謝謝，謝謝．啊，依我看呢，你跟鄭大爺的事兒就別總
　　　　　耗着了．早點兒定下來，麗榮不在身邊，你不也有個伴兒嗎？

耿嬋：　　唉，高奶奶，您説我是那不聽勸的人嗎？可這事也沒像您説

－142－

的那么容易呀．我跟他郑大爷都是有儿有女的人了，真要提起这事儿，到时候　有一个拨浪脑袋的，我这脸上也拉不住啊．

高奶奶：　小辈的事儿全有我了．

耿婶：　您看您！

高奶奶：　哎，这不郑大爷儿媳妇都回来了吗？我这就去探探她的口风去．啊，咱明儿见．

耿婶：　高奶奶，高奶奶，您看您...

淑娴：　哟，高奶奶．

高奶奶：　怎么，郑大爷好点儿了吧？

淑娴：　刚睡着，轻多了．

高奶奶：　你上街买菜去啊？

淑娴：　啊．

高奶奶：　咱们一块儿走．我也买点儿．

淑娴：　哎，您慢点儿走．

高奶奶：　哎．

淑娴：　来的时候，我跟振兴商量好了．要实在搬不动他老人家，就托人再给他找个伴儿．

高奶奶：　哦，你们俩口子也同意给你爸爸续个后老伴儿？

淑娴：　哎哟，高奶奶，瞧您用的这个词儿！

高奶奶：　哦，找个老爱人．

淑娴：　哎，高奶奶，您是这块儿的老人，那您就给张罗个吧．

高奶奶：　放心吧，我们大伙早合计好了．

淑娴：　谁啊？

高奶奶：　你耿婶，好吗？

淑娴：　哎哟，我心里也是这么想的．

高奶奶：　这回咱们可想到一块儿去了．

你看到了．你买什么？

的那麼容易呀．我跟他鄭大爺都是有兒有女的人了，真要提起這事兒，到時候　有一個撥浪腦袋的，我這臉上也拉不住啊．

高奶奶：　小輩的事兒全有我了．

耿嬸：　您看您！

高奶奶：　哎，這不鄭大爺兒媳婦都回來了嗎？我這就去探探她的口風去．啊，咱明兒見．

耿嬸：　高奶奶，高奶奶，您看您...

淑嫻：　喲，高奶奶．

高奶奶：　怎麼，鄭大爺好點兒了吧？

淑嫻：　剛睡着，輕多了．

高奶奶：　你上街買菜去啊？

淑嫻：　啊．

高奶奶：　咱們一塊兒走．我也買點兒．

淑嫻：　哎，您慢點兒走．

高奶奶：　哎．

淑嫻：　來的時候，我跟振興商量好了．要實在搬不動他老人家，就托人再給他找個伴兒．

高奶奶：　哦，你們倆口子也同意給你爸爸續個后老伴兒？

淑嫻：　哎喲，高奶奶，瞧您用的這個詞兒！

高奶奶：　哦，找個老愛人．

淑嫻：　哎，高奶奶，您是這塊兒的老人，那您就給張羅個吧．

高奶奶：　放心吧，我們大伙早合計好了．

淑嫻：　誰啊？

高奶奶：　你耿嬸，好嗎？

淑嫻：　哎喲，我心里也是這麼想的．

高奶奶：　這回咱們可想到一塊兒去了．

你看到了．你買什麼？

高奶奶：	你看，我忘了带家伙，回去拿一趟．
淑娴：	高奶奶，我带着家伙呢．

耿婶：	哟，这是怎么了？
丽荣：	吃饱撑的，多管闲事．
耿婶：	你这是跟谁啊？
丽荣：	高奶奶．
耿婶：	你这孩子,越来越不懂规矩了．
丽荣：	她懂规矩！都快七十的人了，还想当红娘．哼，　恶心！
高奶奶：	丽荣妈！丽荣妈！
丽荣：	我妈不在．
耿婶：	这孩子，你干嘛不让你高奶奶进来呀？
丽荣：	她呀，妈，您真迟钝．他要给您介绍对象．
耿婶：	唉，丽荣，你听我说．
丽荣：	妈，您怎么了？
耿婶：	唉，没什么，睡觉去吧．
丽荣：	妈，您知道刚才高奶奶为什么找我吗？
耿婶：	嗯．
丽荣：	妈，您真的..真的要找一个老伴？
耿婶：	丽荣，妈知道你心里有个解不开的疙瘩．可你不了解妈的心思啊．你想想看，你能永远不结婚吗？你明天能不走吗？你能老守在妈的身边吗？即...即使能，妈也不能为了我误了你的前程啊！
丽荣：	妈，您真胡涂．您这么大岁数了，您，您这是何必呢？啊？
耿婶：	丽荣，你不了解妈的心思．
丽荣：	我了解，我陪着您，我永远不结婚．行了吧？我，我发誓．
耿婶：	哎哟，丽荣，你别，你别，妈答应你，妈答应你这事算了．
丽荣：	真的？

高奶奶：　你看，我忘了帶家伙，回去拿一趟．

淑嫻：　　高奶奶，我帶着家伙呢．

耿嬸：　　喲，這是怎麼了？

麗榮：　　吃飽撐的，多管閑事．

耿嬸：　　你這是跟誰啊？

麗榮：　　高奶奶．

耿嬸：　　你這孩子，越來越不懂規矩了．

麗榮：　　她懂規矩！都快七十的人了，還想當紅娘．哼，　噁心！

高奶奶：　麗榮媽！麗榮媽！

麗榮：　　我媽不在．

耿嬸：　　這孩子，你干嘛不讓你高奶奶進來呀？

麗榮：　　她呀，媽，您真遲鈍．他要給您介紹對象．

耿嬸：　　唉，麗榮，你聽我説．

麗榮：　　媽，您怎麼了？

耿嬸：　　唉，沒什麼，睡覺去吧．

麗榮：　　媽，您知道剛才高奶奶爲什麼找我嗎？

耿嬸：　　嗯．

麗榮：　　媽，您真的..真的要找一個老伴？

耿嬸：　　麗榮，媽知道你心里有個解不開的疙瘩．可你不了解媽的心思啊．
　　　　　你想想看，你能永遠不結婚嗎？你明天能不走嗎？你能老守在媽
　　　　　的身邊嗎？即...即使能，媽也不能爲了我誤了你的前程啊！

麗榮：　　媽，您真胡塗．您這麼大歲數了，您，您這是何必呢？啊？

耿嬸：　　麗榮，你不了解媽的心思．

麗榮：　　我了解，我陪着您，我永遠不結婚．行了吧？我，我發誓．

耿嬸：　　哎喲，麗榮，你別，你別，媽答應你，媽答應你這事算了．

麗榮：　　真的？

耿婶：　　　嗯，嗯！

丽荣：　　　妈，您自己的事，您自己作主吧，妈．

耿婶：　　　来信！

丽荣：　　　哎．

淑娟：　　　到了．

耿婶：　　　到了，到了，快上车，拿着书包，书包！来信！

丽荣：　　　哎，回去吧！

郑大爷：　　哎呀，你看，把水果给忘了．

耿婶：　　　水果，水果！

丽荣：　　　再见！再见！

耿婶：　　　丽荣，来信！

丽荣：　　　哎，妈，多保重，妈！

耿婶：　　　哎．

丽荣：　　　哎．

(剧　　终)

耿嫱: 嗯，嗯！

麗榮: 媽，您自己的事，您自己作主吧，媽.

耿嫱: 來信！

麗榮: 哎.

淑嫻: 到了.

耿嫱: 到了，到了，快上車，拿着書包，書包！來信！

麗榮: 哎，回去吧！

鄭大爺: 哎呀，你看，把水果給忘了.

耿嫱: 水果，水果！

麗榮: 再見！再見！

耿嫱: 麗榮，來信！

麗榮: 哎，媽，多保重，媽！

耿嫱: 哎.

麗榮: 哎.

(劇　終)

生词 Vocabulary

1.	干嘛	gànmá	what for
2.	早点	zǎodiǎn	breakfast
3.	退烧	tuì shāo	fever subsided
4.	念叨	niàndao	to talk about
5.	分不开身	fēnbùkāi shēn	cannot get away (too busy etc)
6.	寻思	xínsi	to ponder, to figure
7.	亏了	kui le	thanks to, if not for
8.	费心	fèixīn	to have gone into much trouble
9.	街坊	jiēfang	neighbors
10.	歇	xiē	to rest
11.	看	kān	to take care of, to watch
12.	照顾	zhàogù	to take care of
13.	居委会	jūwěihuì	neighborhood committee
14.	腾	téng	to vacate
15.	托儿所	tuō'érsuǒ	day-care center
16.	正式	zhèngshì	be proper, permanent (job)
17.	科研所	kēyánsuǒ	research institute
18.	呆	dai	to stay
19.	嫌	xián	to blame, to criticise
20.	多余	duōyú	be superfluous
21.	倒	dào	indeed!
22.	亲生	qīnshēng	biological (parents etc)
23.	闺女	guīnü	(unmarried) daughters
24.	撒娇	sājiāo	to act like a spoilt child

生詞　Vocabulary

1.	幹嘛	gànmá	what for
2.	早點	zǎodiǎn	breakfast
3.	退燒	tuì sháo	fever subsided
4.	念叨	niàndao	to talk about
5.	分不開身	fēnbùkāi shēn	cannot get away (too busy etc)
6.	尋思	xínsi	to ponder, to figure
7.	虧了	kuī le	thanks to, if not for
8.	費心	fèixīn	to have gone into much trouble
9.	街坊	jiēfang	neighbors
10.	歇	xiē	to rest
11.	看	kān	to take care of, to watch
12.	照顧	zhàogù	to take care of
13.	居委會	júwěihuì	neighborhood committee
14.	騰	téng	to vacate
15.	托兒所	tuō'érsuǒ	day-care center
16.	正式	zhèngshì	be proper, permanent (job)
17.	科研所	kēyánsuǒ	research institute
18.	呆	dai	to stay
19.	嫌	xián	to blame, to criticise
20.	多余	duōyú	be superfluous
21.	倒	dào	indeed!
22.	親生	qīnshēng	biological (parents etc)
23.	閨女	guīnü	(unmarried) daughters
24.	撒嬌	sājiāo	to act like a spoilt child

25.	成	chéng	be satisfied, acceptable, agreeable
26.	错怪	cuò guài	be wrong in blaming someone
27.	怪	guài	quite, rather
28.	酸	suān	be sad
29.	万一	wànyi	supposing, if
30.	培养	péiyǎng	to cultivate, to train
31.	干出个 样儿来	gàn chu ge yàngr lai	to do a proper job
32.	担心	dānxīn	to worry
33.	档子事	dàngzi shì	what's the matter
34.	昆明	Kūnmíng	capital of Yunnan Province, Southwest
35.	给假	gěijià	to grant leave/time off
36.	端	duān	to carry
37.	屎	shǐ	excrement
38.	尿	niào	urine
39.	未必	wèibì	not necessarily
40.	福气	fúqì	be blessed with good fortune
41.	打	dǎ	from the time of
42.	住脚	zhù jiǎo	to stop (working), to halt
43.	靠	kào	to lean on or against
44.	说什么...也	shuō shénmo..yě	no matter what, must insist on
45.	吉祥	jíxiáng	auspicious, lucky, (here:) place-name
46.	胡同	hútòng	lane, alley (used only in Beijing)
47.	惦记	diànji	to worry, be concerned
48.	孝心	xiào xīn	care and love for one's parents
49.	看	kān	to watch (to fetch one to answer phone)
50.	眼下	yǎnxià	at present, given the present conditions

25. 成	chéng	be satisfied, acceptable, agreeable
26. 錯怪	cuò guài	be wrong in blaming someone
27. 怪	guài	quite, rather
28. 酸	suān	be sad
29. 萬一	wànyi	supposing, if
30. 培養	péiyǎng	to cultivate, to train
31. 干出個 樣兒來	gàn chu ge yàngr lai	to do a proper job
32. 擔心	dānxīn	to worry
33. 檔子事	dàngzi shì	what's the matter
34. 昆明	Kūnmíng	capital of Yunnan Province, Southwest
35. 給假	gěijià	to grant leave/time off
36. 端	duān	to carry
37. 屎	shǐ	excrement
38. 尿	niào	urine
39. 未必	wèibì	not necessarily
40. 福氣	fúqì	be blessed with good fortune
41. 打	dǎ	from the time of
42. 住脚	zhù jiǎo	to stop (working), to halt
43. 靠	kào	to lean on or against
44. 説什麼...也	shuō shénmo..yě	no matter what, must insist on
45. 吉祥	jíxiáng	auspicious, lucky, (here:) place-name
46. 胡同	hútòng	lane, alley (used only in Beijing)
47. 惦記	diànji	to worry, be concerned
48. 孝心	xiào xīn	care and love for one's parents
49. 看	kān	to watch (to fetch one to answer phone)
50. 眼下	yǎnxià	at present, given the present conditions

51.	自个儿	zìgěr	one's own
52.	身子骨儿	shēnzigǔr	health in general, physical conditions
53.	实在	shízài	really, factually
54.	一准儿	yìzhǔnr	(will) definitely
55.	琢磨	zuómo	to figure, to ponder, to think
56.	续	xù	to add more water (to cups or pots)
57.	依我看	yī wǒ kàn	in my view
58.	耗	hào	to dawdle, to waste time
59.	拨浪	bōlang	to shake (one's head, in disapproval)
60.	脑袋	nǎodai	the head
61.	挂不住	guà bu zhù	to lose face
62.	小辈儿	xiǎo bèir	the younger generation, children
63.	探口风	tàn kǒufēng	to find out someone's opinions and feelings, (put a feeler out)
64.	托	tuō	to entrust someone (with a mission)
65.	后老伴儿	hòu lǎobànr	elderly widower's bride
66.	张罗	zhāngluo	to see to things, to attend to
67.	合计	héji	to figure out, put heads together
68.	家伙	jiāhuo	utensils, tools, (here:) shopping bag
69.	吃饱撑的	chī bǎo chēng de	(derog) up to some mischief after a hearty meal, (撑 'over-stuffed')
70.	闲事	xiánshì	other people's business, not one's own
71.	规矩	guīju	proper conduct
72.	红娘	hóngniáng	go-between (re: marriage)
73.	迟钝	chídùn	be dumb, slow in response
74.	对象	duìxiàng	prospective spouse
75.	解不开	jiě bu kāi	be bothering

51.	自個兒	zìgěr	one's own
52.	身子骨兒	shēnzigǔr	health in general, physical conditions
53.	實在	shízài	really, factually
54.	一准兒	yìzhǔnr	(will) definitely
55.	琢磨	zuómo	to figure, to ponder, to think
56.	續	xù	to add more water (to cups or pots)
57.	依我看	yī wǒ kàn	in my view
58.	耗	hào	to dawdle, to waste time
59.	撥浪	bōlang	to shake (one's head, in disapproval)
60.	腦袋	nǎodai	the head
61.	掛不住	guà bu zhù	to lose face
62.	小輩兒	xiǎo bèir	the younger generation, children
63.	探口風	tàn kǒufēng	to find out someone's opinions and feelings, (put a feeler out)
64.	托	tuō	to entrust someone (with a mission)
65.	后老伴兒	hòu lǎobànr	elderly widower's bride
66.	張羅	zhāngluo	to see to things, to attend to
67.	合計	héji	to figure out, put heads together
68.	家伙	jiāhuo	utensils, tools, (here:) shopping bag
69.	吃飽撐的	chī bǎo chēng de	(derog) up to some mischief after a hearty meal, (撐 'over-stuffed')
70.	閑事	xiánshì	other people's business, not one's own
71.	規矩	guīju	proper conduct
72.	紅娘	hóngniáng	go-between (re: marriage)
73.	遲鈍	chídùn	be dumb, slow in response
74.	對象	duìxiàng	prospective spouse
75.	解不開	jiě bu kāi	be bothering

76. 疙瘩	gēda	something troubling someone
77. 心思	xīnsi	thoughts, considerations
78. 守	shǒu	to keep watch
79. 即使	jíshǐ	even if
80. 误	wù	to cause harm to, to spoil, ruin
81. 前程	qiánchéng	one's future
82. 糊涂	hútu	be muddle-headed, confused
83. 何必	hébì	why this way?
84. 发誓	fā shì	to swear, to vow
85. 作主	zuòzhǔ	to make one's own decision
86. 保重	bǎozhòng	Take care!

76.	疙瘩	gēda	something troubling someone
77.	心思	xīnsi	thoughts, considerations
78.	守	shǒu	to keep watch
79.	即使	jíshǐ	even if
80.	誤	wù	to cause harm to, to spoil, ruin
81.	前程	qiánchéng	one's future
82.	糊塗	hútu	be muddle-headed, confused
83.	何必	hébì	why this way?
84.	發誓	fā shì	to swear, to vow
85.	作主	zuozhu	to make one's own decision
86.	保重	bǎozhòng	Take care!

词语与句型练习 Usages and Patterns

1. **你看** (ni kan; See!!)

With this pattern, the speaker points out an anticipated ill-consequence-- 'See, I told you!' or something that is obvious. （"你看"有时并不是真叫对方看什么，而是引出说话人的一种看法）

(1) 我刚才叫你加油你不肯，你看，现在怎么办？

I told you to get more gas and you didn't want to. Now, what are we going to do?

(2) 你看，我说过他们不会来的，怎么样？没来吧。

See, I told you they wouldn't come. Right?

(3) 你把他的信给丢了，你看他不大发脾气才怪.

You lost his letter. I bet he'll get really mad.

2. **万一** (wanyi; just supposing, if)

This is a conjunction, presenting an unlikely condition. （"万一"是连词，"万一"后面的句子所表示的是可能性极小的假设）

(1) 飞机是十点的，现在都九点多了，万一咱们赶不上飞机怎么办？

The plane leaves at 10 and it's already past 9. Supposing we miss the flight, what will we do?

(2) 气象预报说明天是晴天，万一预报不准，下雨，咱们还去长城吗？

The weather forecast is good, but supposing it rained, are we still going to the Great Wall?

詞語與句型練習　Usages and Patterns

1. 你看 (ni kan; See!!)

With this pattern, the speaker points out an anticipated ill-consequence-- 'See, I told you!' or something that is obvious.
（"你看"有時並不是真叫對方看什麼，而是引出說話人的一種看法）

(1) 我剛才叫你加油你不肯，你看，現在怎麼辦？

I told you to get more gas and you didn't want to. Now, what are we going to do?

(2) 你看，我說過他們不會來的，怎麼樣？沒來吧。

See, I told you they wouldn't come. Right?

(3) 你把他的信給丟了，你看他不大發脾氣才怪．

You lost his letter. I bet he'll get really mad.

2. 萬一 (wanyi; just supposing, if)

This is a conjunction, presenting an unlikely condition.
（"萬一"是連詞，"萬一"后面的句子所表示的是可能性極小的假設）

(1) 飛機是十點的，現在都九點多了，萬一咱們趕不上飛機怎麼辦？

The plane leaves at 10 and it's already past 9. Supposing we miss the flight, what will we do?

(2) 氣象預報說明天是晴天，萬一預報不準，下雨，咱們還去長城嗎？

The weather forecast is good, but supposing it rained, are we still going to the Great Wall?

(3) 你仔细点儿算，万一算错了，后果严重啊！

   You'd better count carefully. If you made a mistake, the
   consequences would be rather serious.

3. 也不是 (ye bu shi; I wonder, I am not quite sure)

   This is a highly colloquial expression, referring to the
speaker's uncertainty or doubt, quite interchangeable with
也不知道是. ("也不是"可以引出说话人虽然知道一些但不十分清楚的
情况，有时表示疑问．意思可能是"也不知道是")

(1) 甲：小李呢？

       Where is Xiao Li?
    乙：我听说他也不是到什么地方出差去了。

       I was told that he went somewhere on business.

(2) 刚来的这个人我认识，也不是叫什么来着。

    I know the person who just came by. I can't quite remember
    what his name is.

(3) 小王也不是去哪儿了？怎么还不回来？

    I wonder where Xiao Wang has gone to. Why isn't he back yet.

4. "Verb+着 verb+着..." (V+zhe V+zhe...; whilst ...)

   This pattern must be followed by a main verb-phrase and serves
as the setting (i.e. manner) for the occurrence of the main verb.
(" V+着 V+着"后一定还有另外一个短语或分句，表示在进行第一个

(3) 你仔細點兒算，萬一算錯了，后果嚴重啊！

    You'd better count carefully. If you made a mistake, the
    consequences would be rather serious.

3。也不是 (ye bu shi; I wonder, I am not quite sure)

   This is a highly colloquial expression, referring to the
speaker's uncertainty or doubt, quite interchangeable with
也不知道是. ("也不是"可以引出説話人雖然知道一些但不十分清楚的
情況，有時表示疑問. 意思可能是"也不知道是")

(1) 甲： 小李呢？

        Where is Xiao Li?

    乙： 我聽説他也不是到什麼地方出差去了。

        I was told that he went somewhere on business.

(2) 剛來的這個人我認識，也不是叫什麼來着。

    I know the person who just came by. I can't quite remember
    what his name is.

(3) 小王也不是去哪兒了？怎麼還不回來？

    I wonder where Xiao Wang has gone to. Why isn't he back yet.

4。"Verb+着 verb+着..." (V+zhe V+zhe...; whilst ...)

   This pattern must be followed by a main verb-phrase and serves
as the setting (i.e. manner) for the occurrence of the main verb.
(" V+着 V+着"后一定還有另外一個短語或分句，表示在進行第一個

—151—

动作的过程中，第二个动作发生了）

(1) 那个女孩说着说着哭起来了。

    That little girl started crying while she was talking.

(2) 孩子哭着哭着睡着了。

    The baby fell asleep while crying.

(3) 马跑着跑着停下来了。

    The horse came to a halt suddenly while running.

(4) 小丽在看一本书，看着看着笑起来了。

    Xiao Li started laughing while reading a book.

5. "说什么...也/都..." (shuo sheme; in any event, whatever happens)

   This pattern is used when one is committed to or insistent on something. The subject can be placed either in front of 说 or 也. ("说什么"的意思是"无论怎么样")

(1) 这次，我说什么也要去印度一趟。

    Whatever happens, I must go to India this time.

(2) 大家劝他去外地躲一躲，他说什么也不走。

    Everyone advised him to hide out, but he simply would not.

(3) 借人家的东西，说什么也得还。

    When you borrow things, you've got to return them.

(4) 城里很危险，说什么我也不能让你去。

    It's dangerous in the city. I simply cannot let you go.

動作的過程中，第二個動作發生了)

(1) 那個女孩説着説着哭起來了。

That little girl started crying while she was talking.

(2) 孩子哭着哭着睡着了。

The baby fell asleep while crying.

(3) 馬跑着跑着停下來了。

The horse came to a halt suddenly while running.

(4) 小麗在看一本書，看着看着笑起來了。

Xiao Li started laughing while reading a book.

5. "説什麽...也/都..." (shuo sheme; in any event, whatever happens)

This pattern is used when one is committed to or insistent on something. The subject can be placed either in front of 説 or 也. ("説什麽"的意思是"無論怎麽樣")

(1) 這次，我説什麽也要去印度一趟。

Whatever happens, I must go to India this time.

(2) 大家勸他去外地躲一躲，他説什麽也不走。

Everyone advised him to hide out, but he simply would not.

(3) 借人家的東西，説什麽也得還。

When you borrow things, you've got to return them.

(4) 城里很危險，説什麽我也不能讓你去。

It's dangerous in the city. I simply cannot let you go.

6。"还是...（的）好" (haishi...(de) hao; it would be much better..)

With this pattern, one proposes a more viable alternative.
（"还是...（的）好"表示经过比较思考以后所选择的一项，"的"可有可无）

(1) 广州太远，还是去上海（的）好。

Guangzhou is much too far; Shanghai would be better.

(2) 还是住学生宿舍（的）好，离学校近。

Living in the student dorm would be much better, nearer
the school.

(3) 还是我去（的）好，你去怕他不　见你。

I'd better go myself; he might not want to see you.

(4) 还是打电话好，写信太慢。

It would be better if you could telephone; letters take
too long.

6。 "還是...（的）好" (haishi...(de) hao; it would be much better..)

With this pattern, one proposes a more viable alternative.
（"還是...（的）好" 表示經過比較思考以后所選擇的一項，"的"
可有可無)

(1) 廣州太遠，還是去上海（的）好。

Guangzhou is much too far; Shanghai would be better.

(2) 還是住學生宿舍（的）好，離學校近。

Living in the student dorm would be much better, nearer
the school.

(3) 還是我去（的）好，你去怕他不　見你。

I'd better go myself; he might not want to see you.

(4) 還是打電話好，寫信太慢。

It would be better if you could telephone; letters take
too long.

听力和会话练习　Questions and Answers

1。耿婶给郑大爷送的早点是什么？她为什么要给郑大爷送早点？

2。淑娴跟郑大爷是什么关系？郑大爷的儿子为什么不回来？

3。耿婶觉得照顾郑大爷是应该的吗？为什么？

4。耿婶的女儿丽荣要去做什么？她要离开家多久？

5。丽荣对她妈妈照顾正大爷满意吗？她说了些什么？

6。丽荣为什么不满意妈妈去郑大爷家很久？

7。丽荣要离开家，她放心吗？耿婶担心吗？为什么？

8。郑大爷的儿媳妇好不好？为什么？

9。郑大爷对淑娴好吗？你是怎么知道的？

10。淑娴打算等郑大爷的病好了以后怎么办？郑大爷同意吗？为什么？

11。郑大爷做什么工作？他认为自己的工作重要吗？

12。淑娴和郑大爷的儿子振兴是怎么商量的？郑大爷同意吗？他说什么？

聽力和會話練習　Questions and Answers

1。耿嬸給鄭大爺送的早點是什麼？她爲什麼要給鄭大爺送早點？

2。淑嫻跟鄭大爺是什麼關係？鄭大爺的兒子爲什麼不回來？

3。耿嬸覺得照顧鄭大爺是應該的嗎？爲什麼？

4。耿嬸的女兒麗榮要去做什麼？她要離開家多久？

5。麗榮對她媽媽照顧正大爺滿意嗎？她說了些什麼？

6。麗榮爲什麼不滿意媽媽去鄭大爺家很久？

7。麗榮要離開家，她放心嗎？耿嬸擔心嗎？爲什麼？

8。鄭大爺的兒媳婦好不好？爲什麼？

9。鄭大爺對淑嫻好嗎？你是怎麼知道的？

10。淑嫻打算等鄭大爺的病好了以后怎麼辦？鄭大爺同意嗎？爲什麼？

11。鄭大爺做什麼工作？他認爲自己的工作重要嗎？

12。淑嫻和鄭大爺的兒子振興是怎麼商量的？鄭大爺同意嗎？他說什麼？

13。高奶奶劝耿婶做什么？耿婶是怎么想的？

14．高奶奶对郑大爷和耿婶的事热心吗？你是怎么知道的？

15。淑娴觉得谁当她的婆婆合适？这是偶然的吗？

16。丽荣为什么对高奶奶不满意？她同意她妈妈再结婚吗？

17。丽荣为什么反对她妈妈再婚？她最后同意了吗？为什么？

18。郑大爷和耿婶的事到底怎么解决的？你是怎么知道的？

19。你认为郑大爷和耿婶结婚好不好？为什么？

20。请谈谈美国老年人的婚姻情况。

13。高奶奶勸耿孀做什麼？耿孀是怎麼想的？

14．高奶奶對鄭大爺和耿孀的事熱心嗎？你是怎麼知道的？

15。淑嫻覺得誰當她的婆婆合適？這是偶然的嗎？

16。麗榮為什麼對高奶奶不滿意？她同意她媽媽再結婚嗎？

17。麗榮為什麼反對她媽媽再婚？她最后同意了嗎？為什麼？

18。鄭大爺和耿孀的事到底怎麼解決的？你是怎麼知道的？

19。你認為鄭大爺和耿孀結婚好不好？為什麼？

20。請談談美國老年人的婚姻情況。

背景知识介绍 Background Notes

This play looks at the issue of remarrying among older people in China today, which has attracted much attention of late.

Since the Song Dynasty, widows in many places in China were not allowed to remarry. This cruel practice was criticised and put an end to after 1949, but the pressure of tradition still lingers on, especially in connection with women.

The family structure underwent considerable changes in the 80's and many older people live a lonely life apart from their children. This is particularly serious for old widowers, especially after retirement, who have not been trained in household duties or in looking after themselves. Even caring and loving children could not be at hand when they are needed, since they have their own family and separate household. The need for remarrying has become urgent for these helpless ones. But society still disapproves, and, in some cases, their own children object, quite often for reasons of property.

On the whole, China today is sympathetic towards this issue and encourages remarrying among older people. Many 'centers for introduction' have been set up. There are successes and there are unhappy cases. Adjusting to each other at that age may be difficult, and harassment from greedy children adds much pressure.

<暮喜> 讲的是有关老年人婚姻的问题．这个问题目前在中国已成为引人注意的社会问题．老年人的婚姻多为再婚．中国从宋朝以后，在很长一段历史时期中，在很多地方，女人死了丈夫，不许再嫁，要守寡．后来，虽然女人再婚不再受阻拦，但不少有了子女的青年女子(特别在农村)仍要守寡．一九四九年以后，青年女子守寡的现象以封建制度的罪恶，被批判，被消灭了．但由于旧思想的影响，有子女的中年女子丧偶后，很多人不再结婚．老年女子丧偶就更不会再婚了．

男子再婚，在中国从来被认为是天经地义的．但如果老年男子丧偶时已儿孙满堂，再婚的就比较少．因为中国人一般认为老年人没有结婚的需要．六，七十岁的男人结婚还会遭人耻笑．

八十年代以后，由于家庭结构的变化，老年人很多不跟子女生活在一起．由于人的寿命普遍延长，所以丧偶的老人往往面临一段漫长而孤独的岁月．特别是男人，由于以前不做家务事，所以不能很好的料理自己的生活，需要有人照顾．现在的老人多有工作，退休后会突然感到十分寂寞．就是子女十分孝顺，也不能整天陪伴他们．所以这些老人需要一个 "伴儿"．但老人再婚仍有很大阻力．有财产有地位的人面临的阻力会更大一些．主要是子女反对．子女为什么要反对呢？

第一，财产问题．老人再婚后，按法律，财产就属于再婚后的夫妻双方，不能完全由前妻(或前夫)的子女继承，所以不少子女会找种种借口来反对．

第二，社会舆论．社会舆论的转变需要一个过程．一般人仍然认为如果

<暮喜> 講的是有關老年人婚姻的問題．這個問題目前在中國已成爲引人注意的社會問題．老年人的婚姻多爲再婚．中國從宋朝以后，在很長一段歷史時期中，在很多地方，女人死了丈夫，不許再嫁，要守寡．后來，雖然女人再婚不再受阻攔，但不少有了子女的青年女子(特別在農村) 仍要守寡．一九四九年以后，青年女子守寡的現象以封建制度的罪惡，被批判，被消滅了．但由于舊思想的影響，有子女的中年女子喪偶后，很多人不再結婚．老年女子喪偶就更不會再婚了．

男子再婚，在中國從來被認爲是天經地義的．但如果老年男子喪偶時已兒孫滿堂，再婚的就比較少．因爲中國人一般認爲老年人沒有結婚的需要．六，七十歲的男人結婚還會遭人恥笑．

八十年代以后，由于家庭結構的變化，老年人很多不跟子女生活在一起．由于人的壽命普遍延長，所以喪偶的老人往往面臨一段漫長而孤獨的歲月．特別是男人，由于以前不做家務事，所以不能很好的料理自己的生活，需要有人照顧．現在的老人多有工作，退休后會突然感到十分寂寞．就是子女十分孝順，也不能整天陪伴他們．所以這些老人需要一個 "伴兒"．但老人再婚仍有很大阻力．有財産有地位的人面臨的阻力會更大一些．主要是子女反對．子女爲什麼要反對呢？

第一，財産問題．老人再婚后，按法律，財産就屬于再婚后的夫妻雙方，不能完全由前妻 (或前夫) 的子女繼承，所以不少子女會找種種借口來反對．

第二，社會輿論．社會輿論的轉變需要一個過程．一般人仍然認爲如果有子女，六,七十岁的老人就不应该再结婚．所以老人再婚仍会引起一些人的耻笑．有时他们的子女也会被认为是不孝顺的人．所以即使没有财产的纠纷，子女也往往会反对．他们怕承担 "不孝" 的恶名．<暮喜>中耿婶的女儿就是如此．

近几年，随着改革，开放，社会生活的各个方面都发生了变化，人们的思想，观念也随之改变．老人婚姻问题引起了社会的重视．有的地方还成立了老年婚姻介绍所．现在很多人已接受老年人应该有再婚的自由的观念．

但婚姻是一个复杂的社会问题．有的老年人再婚后生活美满，幸福，但也有的老人再婚后，由于家庭纠纷或双方性格，习惯不合，结婚后又离婚了．同时，财产问题，社会舆论问题，在某些家庭中，仍然会成为老年人再婚的障碍．

有子女，六,七十歲的老人就不應該再結婚．所以老人再婚仍會引起一些人的耻笑．有時他們的子女也會被認爲是不孝順的人．所以即使没有財産的糾紛，子女也往往會反對．他們怕承擔 "不孝" 的惡名．<暮喜>中耿嬸的女兒就是如此．

近幾年，隨着改革，開放，社會生活的各個方面都發生了變化，人們的思想，觀念也隨之改變．老人婚姻問題引起了社會的重視．有的地方還成立了老年婚姻介紹所．現在很多人已接受老年人應該有再婚的自由的觀念．

但婚姻是一個複雜的社會問題．有的老年人再婚后生活美滿，幸福，但也有的老人再婚后，由于家庭糾紛或雙方性格，習慣不合，結婚后又離婚了．同時，財産問題，社會輿論問題，在某些家庭中，仍然會成爲老年人再婚的障礙．

九 . 雾 与 露

Fog vs Dew

剧 本 Script

女青年： 余厂长.

余厂长： 啊?

女青年： 签个字.

余厂长： 好, 好, 你跟那个供销科的讲一下啊!

女青年： 说了. 谢谢啊!

男青年： 余厂长, 你参加今天的马拉松比赛吗?

余厂长： 为什么不参加? 啊?

小　谢： 余厂长.

余厂长： 啊? 你等一下, 等一等. 小王, 我跟你摽着劲儿干啊. 我不但
　　　　 要参加, 还要拿名次哪! 走, 怎么样? 小谢, 你怎么这两天没
　　　　 上班哪?

胖　嫂： 喂! 厂长, 哪儿去?

余厂长： 啊?

胖　嫂： 厂长, 哪儿遛去?

余厂长： 胖嫂, 你回去跟我那口子说说, 一会儿我买鱼回去, 让她把米饭
　　　　 先给我焖上, 啊?

胖　嫂： 好啦, 好啦.

余厂长： 走吧.

女工甲： 哎, 瞧她那个德行. 狐狸精!

女工乙： 人家又年轻又有学问, 当然有人疼. 哼!

九．霧與露

Fog vs Dew

劇 本 Script

女青年： 余廠長．

余廠長： 啊？

女青年： 簽個字．

余廠長： 好，好，你跟那個供銷科的講一下啊！

女青年： 說了．謝謝啊！

男青年： 余廠長，你參加今天的馬拉松比賽嗎？

余廠長： 爲什麼不參加？啊？

小 謝： 余廠長．

余廠長： 啊？你等一下，等一等．小王，我跟你摽着勁兒干啊．我不但要參加，還要拿名次哪！走，怎麼樣？小謝，你怎麼這兩天沒上班哪？

胖 嫂： 喂！廠長，哪兒去？

余廠長： 啊？

胖 嫂： 廠長，哪兒邁去？

余廠長： 胖嫂，你回去跟我那口子說說，一會兒我買魚回去，讓她把米飯先給我燜上，啊？

胖 嫂： 好啦，好啦．

余廠長： 走吧．

女工甲： 哎，瞧她那個德行．狐狸精！

女工乙： 人家又年輕又有學問，當然有人疼．哼！

胖　嫂：　谁没年轻过呀，多念点书，有什么了不起的？

女工甲：　哼！

余厂长：　我问你，为什么不上班呢？

小　谢：　不想．

余厂长：　哦？这是理由吗？

女工甲：　哎，我听说她作风不好，要整她呢．

胖　嫂：　得，得，得，管她呢．

余厂长：　你怎么不说话呀？

小　谢：　嗯，怎么说呢？余厂长，我想找你谈件事．

余厂长：　我也正想跟你好好谈谈呢．

小　谢：　我承认自己有缺点，可谁又没有缺点呢？

余厂长：　不错，谁也不是圣人．对你，也应该全面地看．这回你们车间
　　　　　修好了一台报废的进口设备，给国家创造了十几万元的财富，
　　　　　你翻译的那个外文资料起了很关键的作用啊．

小　谢：　嘿，功劳谈不上．余厂长，你还记得那只耳环吗？

余厂长：　那只耳环到底是怎么回事？

(Flashback...

余厂长：　哎，冬冬，小心点儿啊！

冬　冬：　放心吧，爸爸！哎，真好玩儿．爸爸，爸爸，这是什么呀？

余厂长：　嗯？冬冬！

冬　冬：　爸爸，爸爸，这是什么呀？

余厂长：　来来来，爸爸看看．哎，拿住啊，冬冬，给！哎，哎．

冬　冬：　爸爸，这是什么呀？

胖　嫂：　誰沒年輕過呀，多念點書，有什麼了不起的？

女工甲：　哼！

余廠長：　我問你，爲什麼不上班呢？

小　謝：　不想.

余廠長：　哦？這是理由嗎？

女工甲：　哎，我聽說她作風不好，要整她呢.

胖　嫂：　得，得，得，管她呢.

余廠長：　你怎麼不説話呀？

小　謝：　嗯，怎麼説呢？余廠長，我想找你談件事.

余廠長：　我也正想跟你好好談談呢.

小　謝：　我承認自己有缺點，可誰又沒有缺點呢？

余廠長：　不錯，誰也不是聖人. 對你，也應該全面地看. 這回你們車間
　　　　　修好了一台報廢的進口設備，給國家創造了十幾萬元的財富，
　　　　　你翻譯的那個外文資料起了很關鍵的作用啊.

小　謝：　嘿，功勞談不上. 余廠長，你還記得那只耳環嗎？

余廠長：　那只耳環到底是怎麼回事？

(Flashback...

余廠長：　哎，冬冬，小心點兒啊！

冬　冬：　放心吧，爸爸！哎，真好玩兒. 爸爸，爸爸，這是什麼呀？

余廠長：　嗯？冬冬！

冬　冬：　爸爸，爸爸，這是什麼呀？

余廠長：　來來來，爸爸看看. 哎，拿住啊，冬冬，給！哎，哎.

冬　冬：　爸爸，這是什麼呀？

余厂长： 哎，来，哎，好，在这儿等爸爸啊！小谢，这是你的耳环吧？

小　谢： 不，不是． ...)

余厂长： 我看见你戴过．

小　谢： 是的，大学一毕业我就戴上了．

余厂长： 可是为什么那一天你不承认是你掉的？

小　谢： 不是掉的，是我扔的．

余厂长：

　　　　(想)：小谢在学校是个高材生，到工厂里也很能干．

　　　　　　 可是一谈到她的生活，大家都摇头．不过改革

　　　　　　 需要人才，应该帮助她，不能嫌弃她．

　　　　 厂里许多同志对你的生活作风有看法．小谢，处理生活问题

　　　　 一定要严肃，否则会影响你的前途，影响你的一生啊．

小　谢： 嗯．

余厂长： 过去的不提了．听说你这次订婚，和男方相处才一个星期呀？

小　谢： 是啊，就在这一个星期里，他帮我翻译了那份外文资料．

余厂长： 嗯，为什么要抛弃原来的未婚夫呢？有人说那个青年很有作为呀．

小　谢： 是啊，有作为．那只耳环就是他送给我的，可是今年他刚一出国..哼！

余厂长： 真的吗？

小　谢： 生活教我懂得了什么是真金．我现在的未婚夫，其实早在学校

　　　　 的时候就一直默默的爱着我．他是个很平常的同学，毕业后分配

　　　　 到新疆．这次来北京出差，在帮助我翻译那份外文资料的七天里，

　　　　 我才认识到他的价值．

胖　嫂： 刚才我看他们俩儿遛弯去了．看那表情啊，可热乎啦．

余廠長： 哎，來，哎，好，在這兒等爸爸啊！小謝，這是你的耳環吧？

小　謝： 不，不是．　　...)

余廠長： 我看見你戴過．

小　謝： 是的，大學一畢業我就戴上了．

余廠長： 可是為什麼那一天你不承認是你掉的？

小　謝： 不是掉的，是我扔的．

余廠長：

　　　　(想)：小謝在學校是個高材生，到工廠里也很能幹．

　　　　　　可是一談到她的生活，大家都搖頭．不過改革

　　　　　　需要人才，應該幫助她，不能嫌棄她．

　　　　廠里許多同志對你的生活作風有看法．小謝，處理生活問題

　　　　一定要嚴肅，否則會影響你的前途，影響你的一生啊．

小　謝： 嗯．

余廠長： 過去的不提了．聽說你這次訂婚，和男方相處才一個星期呀？

小　謝： 是啊，就在這一個星期里，他幫我翻譯了那份外文資料．

余廠長： 嗯，為什麼要拋棄原來的未婚夫呢？有人說那個青年很有作為呀．

小　謝： 是啊，有作為．那只耳環就是他送給我的，可是今年他剛一出國..哼！

余廠長： 真的嗎？

小　謝： 生活教我懂得了什麼是真金．我現在的未婚夫，其實早在學校

　　　　的時候就一直默默的愛着我．他是個很平常的同學，畢業后分配

　　　　到新疆．這次來北京出差，在幫助我翻譯那份外文資料的七天里，

　　　　我才認識到他的價值．

胖　嫂： 剛才我看他們倆兒遛彎去了．看那表情啊，可熱乎啦．

冬　　冬：　妈妈，我回来了．

余　　妻：　哎，叫阿姨．

冬　　冬：　阿姨．

胖　　嫂：　哎．

冬　　冬：　妈妈，我们今天语文卷子发下来了．

于　　妻：　你先玩会儿去，我待会儿再看．

冬　　冬：　嗯．

胖　　嫂：　那个女的，她早就勾引小余了．哼，这，是猫就没有一个
　　　　　　不吃腥的．

余厂长：　可是现在，你为什么还要那只耳环呢？

小　谢：　我想退还给他，明明白白地告诉他，世上什么是真金．

余厂长：　嗯，我就知道那个耳环是你的，所以一直替你保存着．好吧，
　　　　　明天上午交给你．不过，我要找你谈的不是这件事．

小　谢：　我找你谈的也不是这只耳环的事．我知道厂里很多人看不惯我．
　　　　　对不起，我也看不惯他们．今天我要谈的是我要求调动工作．

余厂长：　我今天找你也是要谈调动的问题．

小　谢：　我知道流言的力量．

余厂长：　厂里准备推荐你到充分发挥你才能的位置上．

余厂长：　冬冬，饿坏了吧？嗯？哎，今天咱们吃大鱼，啊！

冬　　冬：　嗯．

余厂长：　米饭焖熟了吗？

冬　　冬：　爸爸．

余厂长：　啊？

冬　　冬：　今天妈妈不让我吃饭．

冬　冬：　媽媽，我回來了．

余　妻：　哎，叫阿姨．

冬　冬：　阿姨．

胖　嫂：　哎．

冬　冬：　媽媽，我們今天語文卷子發下來了．

于　妻：　你先玩會兒去，我待會兒再看．

冬　冬：　嗯．

胖　嫂：　那個女的，她早就勾引小余了．哼，這，是貓就沒有一個
　　　　　不吃腥的．

余廠長：　可是現在，你爲什麼還要那只耳環呢？

小　謝：　我想退還給他，明明白白地告訴他，世上什麼是真金．

余廠長：　嗯，我就知道那個耳環是你的，所以一直替你保存着．好吧，
　　　　　明天上午交給你．不過，我要找你談的不是這件事．

小　謝：　我找你談的也不是這只耳環的事．我知道廠里很多人看不慣我．
　　　　　對不起，我也看不慣他們．今天我要談的是我要求調動工作．

余廠長：　我今天找你也是要談調動的問題．

小　謝：　我知道流言的力量．

余廠長：　廠里準備推薦你到充分發揮你才能的位置上．

余廠長：　冬冬，餓壞了吧？嗯？哎，今天咱們吃大魚，啊！

冬　冬：　嗯．

余廠長：　米飯燜熟了嗎？

冬　冬：　爸爸．

余廠長：　啊？

冬　冬：　今天媽媽不讓我吃飯．

余厂长： 为什么？

冬　冬： 我考试没得一百分，把"雾"和"露"两个字写混了．

余厂长： 下回记住就行了嘛，啊！我小时候啊，把这个"免"字啊念成了"兔"字，"闲人免进"啊，我给念成了"闲人兔进"，哈哈，哎，你说这可笑不可笑，啊？算了，别生气了，冬冬，妈妈批评得对呀，嗯？学习呀，要认真细心呀，嗯？要把这雾和露这两个字分清楚嘛．雾啊，它是散布在空气中的小水珠，对人的身体有害，啊？露呢，这露水呀，晶亮透明，好看极了，啊？知道吗？

冬　冬： 嗯．

余厂长： 哎，这世界上的事啊，真是是非难辨．有的人明明该提干，可是党委会上整整争了一下午了．哎，对了，上次我拣的那个耳环放哪儿了？

余　妻： 什么耳环？那是你专门买了送人的．

余厂长： 啊？

余　妻： 你，你别糊弄我了．刚才胖嫂来，都告诉我了．这些日子你们形影不离，刚才你是不是和那个姓谢的遛马路去了？

余厂长： 这..这..这..

余　妻： 那个耳环到你们厂里要去吧．我已经托胖嫂送到厂里去了．

余厂长： 什么？真是，这...

冬　冬： 妈妈，妈妈，那个耳环不是爸爸买的，是我拣的．

余　妻： 你懂什么？ 字都认不全，"雾"和"露"都分不出来，写你的字去吧！

-- 剧　终 --

余廠長： 爲什麼？

冬　冬： 我考試没得一百分，把 "霧" 和 "露" 兩個字寫混了．

余廠長： 下回記住就行了嘛，啊！我小時候啊，把這個 "兔" 字啊念成了 "兔" 字，"閑人免進" 啊，我給念成了 "閑人兔進"，哈哈，哎，你説這可笑不可笑，啊？算了，别生氣了，冬冬，媽媽批評得對呀，嗯？學習呀，要認真細心呀，嗯？要把這霧和露這兩個字分清楚嘛．霧啊，它是散布在空氣中的小水珠，對人的身體有害，啊？露呢，這露水呀，晶亮透明，好看極了，啊？知道嗎？

冬　冬： 嗯．

余廠長： 哎，這世界上的事啊，真是是非難辨．有的人明明該提幹，可是黨委會上整整爭了一下午了．哎，對了，上次我揀的那個耳環放哪兒了？

余　妻： 什麼耳環？那是你專門買了送人的．

余廠長： 啊？

余　妻： 你，你别糊弄我了．剛才胖嫂來，都告訴我了．這些日子你們形影不離，剛才你是不是和那個姓謝的遛馬路去了？

余廠長： 這..這..這..

余　妻： 那個耳環到你們廠里要去吧．我已經托胖嫂送到廠里去了．

余廠長： 什麼？真是，這...

冬　冬： 媽媽，媽媽，那個耳環不是爸爸買的，是我揀的．

余　妻： 你懂什麼？仨字都認不全，"霧" 和 "露" 都分不出來，寫你的字去吧！

-- 劇　終 --

生 词 Vocabulary

1. 雾 wù fog
2. 露 lù dew
3. 签字 qiān zì to sign one's name
4. 供销科 gōngxiāo kē Dept of Sales
5. 参加 cānjiā to participate
6. 马拉松 mǎlāsōng marathon
7. 比赛 bǐsài contest, competition
8. 拿名次 ná míngcì to be placed as one of the winners
9. 德行 déxing (derog) the way one carries oneself
10. 狐狸精 húli jīng (derog) fox spirit, witch
11. 学问 xuéwen well-educated
12. 疼 téng to be treated with affection
13. 有什么 yǒu shéme (derog) What's so great about that?
    了不起 liǎobuqǐ
14. 理由 lǐyóu excuse, reason
15. 作风 zuòfēng the way one behaves
16. 整 zhěng to punish, to 'fix' somebody
17. 得了 déle That's enough!
18. 管 guǎn (here:) leave someone alone
19. 承认 chéngrèn to admit, acknowledge
20. 缺点 quēdiǎn short-comings, faults
21. 圣人 shèngrén a sage
22. 全面 quánmiàn in every respect
23. 这回 zhè huí this time

生 詞 Vocabulary

1. 霧　　　　wù　　　　　　fog
2. 露　　　　lù　　　　　　dew
3. 簽字　　　qiān zì　　　to sign one's name
4. 供銷科　　gōngxiāo kē　Dept of Sales
5. 參加　　　cānjiā　　　　to participate
6. 馬拉松　　mǎlāsōng　　　marathon
7. 比賽　　　bǐsài　　　　contest, competition
8. 拿名次　　ná míngcì　　to be placed as one of the winners
9. 德行　　　déxing　　　　(derog) the way one carries oneself
10. 狐狸精　　húli jīng　　(derog) fox spirit, witch
11. 學問　　　xuéwen　　　　well-educated
12. 疼　　　　téng　　　　　to be treated with affection
13. 有什麼　　yǒu shéme　　(derog) What's so great about that?
　　了不起　liǎobuqǐ
14. 理由　　　lǐyóu　　　　excuse, reason
15. 作風　　　zuòfēng　　　the way one behaves
16. 整　　　　zhěng　　　　to punish, to 'fix' somebody
17. 得了　　　déle　　　　That's enough!
18. 管　　　　guǎn　　　　(here:) leave someone alone
19. 承認　　　chéngrèn　　to admit, acknowledge
20. 缺點　　　quēdiǎn　　　short-comings, faults
21. 聖人　　　shèngrén　　a sage
22. 全面　　　quánmiàn　　in every respect
23. 這回　　　zhè huí　　this time

24.	车间	chējiān	'workshop', dept of a factory
25.	修理	xiūlǐ	to repair
26.	台	tái	Measure: for large machinery
27.	报废	bàofèi	to delete from the inventory, as damaged etc
28.	进口	jìnkǒu	to import
29.	设备	shèbèi	equipment
30.	财富	cáifù	wealth, financial asset
31.	翻译	fānyì	to translate
32.	起作用	qǐ zuòyòng	have the effect of, play the role of
33.	关键	guānjiàn	be crucial, critical
34.	功劳	gōngláo	major contribution
35.	耳环	ěrhuán	earrings
36.	到底	dàodǐ	What's the story? What on earth...?
37.	戴	dài	to wear
38.	掉	diào	to lose
39.	扔	rēng	to throw away
40.	高才生	gāocáishēng	a top student in a class
41.	能干	nénggàn	able, capable
42.	改革	gǎigé	to reform
43.	人才	réncái	talents
44.	嫌弃	xiánqì	to discard or abandon as undesir-able
45.	看法	kànfǎ	(here:) reservations
46.	处理	chǔlǐ	to deal with , to tackle
47.	严肃	yánsù	be serious, with care
48.	前途	qiántú	one's future, prospects

24.	車間	chējiān	'workshop', dept of a factory
25.	修理	xiūlǐ	to repair
26.	台	tái	Measure: for large machinery
27.	報廢	bàofèi	to delete from the inventory, as damaged etc
28.	進口	jìnkǒu	to import
29.	設備	shèbèi	equipment
30.	財富	cáifù	wealth, financial asset
31.	翻譯	fānyì	to translate
32.	起作用	qǐ zuòyòng	have the effect of, play the role of
33.	關鍵	guānjiàn	be crucial, critical
34.	功勞	gōngláo	major contribution
35.	耳環	ěrhuán	earrings
36.	到底	dàodǐ	What's the story? What on earth...?
37.	戴	dài	to wear
38.	掉	diào	to lose
39.	扔	rēng	to throw away
40.	高才生	gāocáishēng	a top student in a class
41.	能幹	nénggàn	able, capable
42.	改革	gǎigé	to reform
43.	人才	réncái	talents
44.	嫌棄	xiánqì	to discard or abandon as undesirable
45.	看法	kànfǎ	(here:) reservations
46.	處理	chǔlǐ	to deal with , to tackle
47.	嚴肅	yánsù	be serious, with care
48.	前途	qiántú	one's future, prospects

49.	提	tí	to mention
50.	抛弃	pāoqì	to abandon, to 'dump' someone
51.	有作为	yǒu zuòwéi	be promising (to be successful)
52.	其实	qíshí	but actually
53.	默默地	mòmò de	secretly
54.	平常	píngcháng	be ordinary
55.	分配	fēnpèi	be assigned to, to assign
56.	出差	chūchāi	to go on a business trip
57.	价值	jiàzhí	value, worth
58.	遛弯儿	liù wān'r	to take a walk, to stroll
59.	表情	biǎoqíng	one's facial expressions
60.	热乎	rèhu	be friendly & intimate
61.	语文	yǔwén	Chinese language (as a subject in schools)
62.	卷子	juànzi	exam paper, answer sheet
63.	发	fā	to pass out, to hand out
64.	待会儿	dāi huǐr	in a little while, later
65.	勾引	gōuyǐn	to seduce
66.	腥	xīng	fishy (flavor or smell)
67.	退还	tuìhuán	to return (to owner)
68.	保存	bǎocún	to keep, to preserve
69.	看不惯	kàn bu guàn	to despise
70.	要求	yāoqiú	to request
71.	调动	diàodòng	to transfer, to relocate
72.	流言	liúyán	gossips
73.	推荐	tuījiàn	to recommend
74.	充分	chōngfèn	sufficiently

49.	提	tí	to mention
50.	拋棄	pāoqì	to abandon, to 'dump' someone
51.	有作爲	yǒu zuòwéi	be promising (to be successful)
52.	其實	qíshí	but actually
53.	默默地	mòmò de	secretly
54.	平常	píngcháng	be ordinary
55.	分配	fēnpèi	be assigned to, to assign
56.	出差	chūchāi	to go on a business trip
57.	價值	jiàzhí	value, worth
58.	遛彎兒	liù wān'r	to take a walk, to stroll
59.	表情	biǎoqíng	one's facial expressions
60.	熱乎	rèhu	be friendly & intimate
61.	語文	yǔwén	Chinese language (as a subject in schools)
62.	卷子	juànzi	exam paper, answer sheet
63.	發	fā	to pass out, to hand out
64.	待會兒	dāi huìr	in a little while, later
65.	勾引	gōuyǐn	to seduce
66.	腥	xīng	fishy (flavor or smell)
67.	退還	tuìhuán	to return (to owner)
68.	保存	bǎocún	to keep, to preserve
69.	看不慣	kàn bu guàn	to despise
70.	要求	yāoqiú	to request
71.	調動	diàodòng	to transfer, to relocate
72.	流言	liúyán	gossips
73.	推薦	tuījiàn	to recommend
74.	充分	chōngfèn	sufficiently

75.	发挥	fāhuī	to develop, to utilise
76.	才能	cáinéng	abilities
77.	混	hùn	be mixed up, confused
78.	免	miǎn	shall not, need not
79.	闲	xián	unauthorised (personnel)
80.	细心	xìxīn	be attentive to details
81.	散布	sànbù	be dispersed
82.	水珠儿	shuǐzhūr	water droplets
83.	有害	yǒu hài	be harmful
84.	晶亮	jīngliàng	be dazzling, glittering
85.	透明	tòumíng	transparent, translucent
86.	是非	shìfēi	rights and wrongs
87.	辨	biàn	to distinguish, to tell apart
89.	明明	míngmíng	to seem obvious, clearly known
90.	背后	bèihòu	behind one's back, secretly
91.	制造	zhìzaò	to manufacture, to fabricate
92.	蜚语	fēiyǔ	petty remarks
93.	提干	tí gàn	to promote someone to a key position
94.	提拔	tíbá	to promote
95.	党委会	dǎngwěi huì	committee of party members
96.	争	zhěng	to argue for, to stick one's neck out for..
97.	专门	zhuānmén	specifically
98.	糊弄	hùnong	to tease, to kid around
99.	厂里	chǎngli	in the factory
100.	形影不离	xíng yǐng bù lí	to spend much time together; (inseparable like object & shadow)

75.	發揮	fāhuī	to develop, to utilise
76.	才能	cáinéng	abilities
77.	混	hùn	be mixed up, confused
78.	免	miǎn	shall not, need not
79.	閑	xián	unauthorised (personnel)
80.	細心	xìxīn	be attentive to details
81.	散布	sànbù	be dispersed
82.	水珠兒	shuǐzhúr	water droplets
83.	有害	yǒu hài	be harmful
84.	晶亮	jīngliàng	be dazzling, glittering
85.	透明	tòumíng	transparent, translucent
86.	是非	shìfēi	rights and wrongs
87.	辨	biàn	to distinguish, to tell apart
89.	明明	míngmíng	to seem obvious, clearly known
90.	背后	bèihòu	behind one's back, secretly
91.	制造	zhìzào	to manufacture, to fabricate
92.	蜚語	fēiyǔ	petty remarks
93.	提幹	tí gàn	to promote someone to a key position
94.	提拔	tíbá	to promote
95.	黨委會	dǎngwěi huì	committee of party members
96.	爭	zhēng	to argue for, to stick one's neck out for..
97.	專門	zhuānmén	specifically
98.	糊弄	hùnong	to tease, to kid around
99.	廠里	chǎngli	in the factory
100.	形影不離	xíng yǐng bù lí	to spend much time together; (inseparable like object & shadow)

1. 其实 (qishi, the actual fact is)

　　其实 is an adverb which presents a situation contrary to an assumption. ("其实" 是副词, 表示所说的是真实的, 而上文所叙述的情况可能是不真实的, 或不完全是真实的.)

a. 这个人看起来很老实, 其实非常滑头.

　　He looks honest, but is actually very cunning.

b. 你说得好象很有道理, 其实不然.

　　What you said may seem to make sense, but it's not actually so.

c. 他其实只有十八岁. (意思是: 虽然他看起来很年轻或办事很老练.)

　　Actually, he is only 18. (Though he may look older)

d. 其实汉语不难学. (意思是: 一般人认为汉语难学.)

　　Actually, Chinese is not that hard to learn.

f. 人们都以为西德是天堂, 其实在西德生活并不容易.

　　People all assume that West Germany is a paradise, but actually life is not that easy there.

2. 明明 (mingming, I am quite sure that, it's obvious to me that)

　　This adverb presents the speaker's assertion or belief against others', which may precede or follow an utterance containing it, often presented with 可是. ("明明" 表示 "显然是这样", 前面或后面的句子意思往往相反).

1. 其實 (qishi, the actual fact is)

其實 is an adverb which presents a situation contrary to an assumption. ("其實" 是副詞, 表示所説的是真實的, 而上文所叙述的情況可能是不真實的, 或不完全是真實的.)

a. 這個人看起來很老實, 其實非常滑頭.

He looks honest, but is actually very cunning.

b. 你説得好象很有道理, 其實不然.

What you said may seem to make sense, but it's not actually so.

c. 他其實只有十八歲. (意思是: 雖然他看起來很年輕或辦事很老練.)

Actually, he is only 18. (Though he may look older)

d. 其實漢語不難學. (意思是: 一般人認爲漢語難學.)

Actually, Chinese is not that hard to learn.

f. 人們都以爲西德是天堂, 其實在西德生活並不容易.

People all assume that West Germany is a paradise, but actually life is not that easy there.

2. 明明 (mingming, I am quite sure that, it's obvious to me that)

This adverb presents the speaker's assertion or belief against others', which may precede or follow an utterance containing it, often presented with 可是. ("明明" 表示 "顯然是這樣", 前面或后面的句子意思往往相反).

a. 我刚才明明看见他来了，怎么这么一会儿就不见了？

   I am sure I saw him. Where has he disappeared to?

b. 你明明说了这句话，为什么说没说呢？

   I am sure you said it. Why are you claiming otherwise?

c. 刚才那个人哪儿是中国人哪，明明是美国人嘛。

   How can that person be Chinese? Clearly he is American.

d. 今天下午明明有人要来，他还要出去，这不是有意冷淡客人吗？

   He KNEW that someone was coming to see him this afternoon
   and he still intends to go out. Does he want to offend
   his guest?

3. 不但....，还.... (budan...hai...; not only, but also)

With this pattern, the speaker puts forth additional quantity
or scope. ('不但...，还 ...' 表示进一层说明，表示项目，数目，
增加，范围扩大.)

(1) 他不但学过中文，还学过日文。

    He has studied not only Chinese but Japanese as well.

(2) 在中国我们不但去了北京、西安，还去了昆明、桂林。

    In China, we visited not only Beijing and Xian but also
    Kunming and Guilin.

(3) 你学汉语，不但要认识汉字，还要会写汉字。

    When studying, not only should you learn to recognise
    characters, you should know how to write them as well.

(4) 我离开家以后，我朋友不但不帮助我，还常常给我找麻烦。

a. 我剛才明明看見他來了，怎麼這麼一會兒就不見了？

   I am sure I saw him. Where has he disappeared to?

b. 你明明說了這句話，爲什麼說沒說呢？

   I am sure you said it. Why are you claiming otherwise?

c. 剛才那個人哪兒是中國人哪，明明是美國人嘛.

   How can that person be Chinese? Clearly he is American.

d. 今天下午明明有人要來，他還要出去，這不是有意冷淡客人嗎？

   He KNEW that someone was coming to see him this afternoon
   and he still intends to go out. Does he want to offend
   his guest?

3. 不但...., 還.... (budan...hai...; not only, but also)

With this pattern, the speaker puts forth additional quantity
or scope. ('不但..., 還 ...' 表示進一層說明，表示項目，數目，
增加，範圍擴大.)

(1) 他不但學過中文， 還學過日文。

   He has studied not only Chinese but Japanese as well.

(2) 在中國我們不但去了北京、西安， 還去了昆明、桂林。

   In China, we visited not only Beijing and Xian but also
   Kunming and Guilin.

(3) 你學漢語，不但要認識漢字，還要會寫漢字。

   When studying, not only should you learn to recognise
   characters, you should know how to write them as well.

(4) 我離開家以后， 我朋友不但不幫助我，還常常給我找麻煩。

After I left home, not only did my friend not help me, he gave me a lot of trouble as well.

4. 正 (zheng; by happy coincidence)

As an adverb, 正 refers to a happy matching of two events by pure coincidence. ("正" 是副词，表示恰好，恰巧，巧合的意思.)

(1) 我正想去找你，你就来了。

I was just going to see you, and here you are.

(2) 甲：咱们明天去纽约好吗？

Shall we go to New York tomorrow?

乙：好啊，我正想去找一个朋友。

It suits me wonderfully; I was just thinking about visiting a friend there.

(3) 我到李老师的办公室的时候，他正要拿自行车去修。

When I went to Teacher Li's office, he was just leaving to take his bike to be fixed.

(4) 你来的不巧，正赶上我开会，明天你再来吧。

You came at the wrong time. I am just in the middle of a meeting. Could you come again tomorrow?

(5) 这双鞋不大也不小，正好。

These shoes are just right, neither too large nor too small.

5. "起作用" (qi zuoyong; to play a role of, to have the effect of)

This phrase indicates the effect caused by something. Often,

After I left home, not only did my friend not help me, he gave me a lot of trouble as well.

4. 正 (zheng; by happy coincidence)

As an adverb, 正 refers to a happy matching of two events by pure coincidence. ("正" 是副詞, 表示恰好, 恰巧, 巧合的意思.)

(1) 我正想去找你, 你就來了。

I was just going to see you, and here you are.

(2) 甲：咱們明天去紐約好嗎？

Shall we go to New York tomorrow?

乙：好啊, 我正想去找一個朋友。

It suits me wonderfully; I was just thinking about visiting a friend there.

(3) 我到李老師的辦公室的時候, 他正要拿自行車去修。

When I went to Teacher Li's office, he was just leaving to take his bike to be fixed.

(4) 你來的不巧, 正趕上我開會, 明天你再來吧。

You came at the wrong time. I am just in the middle of a meeting. Could you come again tomorrow?

(5) 這雙鞋不大也不小, 正好。

These shoes are just right, neither too large nor too small.

5. "起作用" (qi zuoyong; to play a role of, to have the effect of)

This phrase indicates the effect caused by something. Often, words or phrases can be inserted between 起 and 作用。("起" 是 "发生" 的意思，"起作用" 表示 "发生影响"，"起" 与"作用"中间可以插入形容词或其他定语)

(1) 这次演出成功，导演起了关键性的作用。

The director played a critical role in the success of this performance.

(2) 他这个人很主观，别人的话很难对他起什么作用。

He is obstinate; other people's views rarely have any effect on him.

(3) 你不要找那个人来帮忙，他不会起好作用，只会起破坏作用。

Don't ask that guy for help. He will have nothing good to contribute. He'll just ruin everything.

(4) 在决定给不给奖学金方面他很起作用。

He plays an important role in awarding scholarships.

(5) 吃了安眠药以后半小时，药起作用了，他睡着了。

Half an hour after he took some sleeping pills, they took effect and he fell asleep.

6. "谈不上" (tanbushang; cannot be said as, does not amount to)

This phrase refers to the fact that a situation falls short of the expected level, whether desirable or not.
("谈不上"就是"不能称做"，"不能算作"，"不能说是"的意思.)

(1) 甲：谢谢你来帮我们的忙。

　　　Thank you for all your help.

words or phrases can be inserted between 起 and 作用。("起" 是 "發生" 的意思，"起作用" 表示 "發生影響"，"起" 與"作用"中間可以 插入形容詞或其他定語)

(1) 這次演出成功，導演起了關鍵性的作用。

The director played a critical role in the success of this performance.

(2) 他這個人很主觀，別人的話很難對他起什麼作用。

He is obstinate; other people's views rarely have any effect on him.

(3) 你不要找那個人來幫忙，他不會起好作用，只會起破壞作用。

Don't ask that guy for help. He will have nothing good to contribute. He'll just ruin everything.

(4) 在決定給不給獎學金方面他很起作用。

He plays an important role in awarding scholarships.

(5) 吃了安眠藥以后半小時，藥起作用了，他睡着了。

Half an hour after he took some sleeping pills, they took effect and he fell asleep.

6. "談不上" (tanbushang; cannot be said as, does not amount to)

This phrase refers to the fact that a situation falls short of the expected level, whether desirable or not.

("談不上" 就是 "不能稱做"，"不能算作"，"不能説是" 的意思.)

(1) 甲：謝謝你來幫我們的忙。

Thank you for all your help.

乙：那里，这是我应该做的，谈不上帮忙。

No, no, it was nothing; I was happy to do it.

(2) 甲：咱们怎么解决这个问题？

How shall we solve this problem?

乙：首先要找出问题在哪里，现在还谈不上怎么解决问题。

First, we must find out where the problem is. For now,
we can't talk about 'solving' yet.

(3) 他这件事虽然做得不太好，但还谈不上是什么错误。

He didn't do it very well, but it is not really a mistake.

(4) 甲：他跟小李什么时候结婚？

When is he getting married to Xiao Li?

乙：结婚？现在还谈不上。说不定要吹呢。

I don't think they can quite talk about 'marrying' yet;
they might even break up.

7. "对...有看法" (dui...you kanfa; have reservations about)

看法 in this usage refers to opinion, almost always negative
in meaning. （"看法"的意思是"见解"、"意见"，"对...有看法"意
思是对什么人或什么事有自己的见解、意见，一般是否定的、不好的看法.）

(1) 工厂里都对小李有看法。

Everyone in the factory has something to say about Xiao Li.

(2) 主席，我对这个决定有看法，我认为这个决定是错误的。

Chairperson! I have some reservations about this decision.
I think it's a mistake.

(3) 老师，我对这次考试有看法，题目太偏了。

乙：那里，這是我應該做的， 談不上幫忙。

       No, no, it was nothing; I was happy to do it.

(2) 甲：咱們怎麼解決這個問題？

       How shall we solve this problem?

乙：首先要找出問題在哪里， 現在還談不上怎麼解決問題。

       First, we must find out where the problem is. For now,

       we can't talk about 'solving' yet.

(3) 他這件事雖然做得不太好，但還談不上是什麼錯誤。

He didn't do it very well, but it is not really a mistake.

(4) 甲：他跟小李什麼時候結婚？

       When is he getting married to Xiao Li?

乙：結婚？現在還談不上。說不定要吹呢。

       I don't think they can quite talk about 'marrying' yet;

       they might even break up.

7. "對...有看法" (dui...you kanfa; have reservations about)

看法 in this usage refers to opinion, almost always negative in meaning. ("看法"的意思是"見解"、"意見"，"對...有看法"意思是對什麼人或什麼事有自己的見解、意見，一般是否定的、不好的看法.)

(1) 工廠里都對小李有看法。

Everyone in the factory has something to say about Xiao Li.

(2) 主席，我對這個決定有看法，我認為這個決定是錯誤的。

Chairperson! I have some reservations about this decision.

I think it's a mistake.

(3) 老師，我對這次考試有看法，題目太偏了。

Teacher! I have something to say about the exam. I think the
questions are rather obscure.

8. 否则 (fouze; otherwise)

This is a conjunction, specifying the consequence of the first
clause.("否则"是连词,意思是"如果不是这样",用在后边一个
分句的开头.)

(1) 学一门外语必须经常用, 否则就会忘。

One must practice often when learning a foreign language;
otherwise one forgets.

(2) 你八点钟必须赶到机场, 否则就来不及办手续了。

You must arrive at the airport before 8; otherwise you
wouldn't have time for all the red-tape there.

(3) 你最好去看看,他一定有要紧事,否则不会一连打了三个电话来.

You'd better go over and take a look. He may have some thing
quite urgent. Otherwise, he wouldn't have called 3 times.

(4) 这个决定是全体委员作出的,你一个人不能改,否则我将退出这个
委员会。

The decision was made by the whole committee. You can't
change it all by yourself; otherwise, I would resign from
the committee.

9. "叫/教" (jiao; to cause, to make)

This causative verb usually occurs with adjectives, often

Teacher! I have something to say about the exam. I think the questions are rather obscure.

8. 否則 (fouze; otherwise)

This is a conjunction, specifying the consequence of the first clause.("否則"是連詞，意思是"如果不是這樣"，用在后邊一個分句的開頭.)

(1) 學一門外語必須經常用，否則就會忘。
   One must practice often when learning a foreign language; otherwise one forgets.

(2) 你八點鐘必須趕到機場，否則就來不及辦手續了。
   You must arrive at the airport before 8; otherwise you wouldn't have time for all the red-tape there.

(3) 你最好去看看，他一定有要緊事，否則不會一連打了三個電話來.
   You'd better go over and take a look. He may have some thing quite urgent. Otherwise, he wouldn't have called 3 times.

(4) 這個決定是全體委員作出的，你一個人不能改，否則我將退出這個委員會。
   The decision was made by the whole committee. You can't change it all by yourself; otherwise, I would resign from the committee.

9. "叫/教" (jiao; to cause, to make)

This causative verb usually occurs with adjectives, often

interchangeable with 让 or 使. ("叫/教" 可以用在兼语句里，表示 "致使" 的意思，有时也可以换成 "使" 或 "让"。)

(1) 都夜里一点了，小丽还没回来，真叫妈妈着急。

It's already 1 a.m. and Xiao Li is not back yet, which makes her mother rather worried.

(2) 这里只有一张票，你们两个人都要去，叫我很为难。

I have only one ticket, and you both want it, which puts me in a very awkward position.

(3) 大家都不同意他的意见，很叫他生气。

Nobody agreed with his ideas, which made him angry.

10. "Verb+全" (verb+quan)

全 is a verb-complement in this usage with the meaning of 'complete' or 'whole'. ("全" 的意思是 "齐全"、"不缺少"、"不漏掉")

(1) 我们班同学的名字我记不全。

I can't remember all the names of my classmates.

(2) 这个字笔划太多，我写不全。

This character has too many strokes for me to remember how to write them all.

(3) 这套书有一百多本，很难买全。

There are more than 100 volumes to this set of books, which makes it difficult to purchase them all.

interchangeable with 讓 or 使. ("叫/教"可以用在兼語句里，表示"致使"的意思，有時也可以換成"使"或"讓"。)

(1) 都夜里一點了，小麗還没回來，真叫媽媽着急。

It's already 1 a.m. and Xiao Li is not back yet, which makes her mother rather worried.

(2) 這里只有一張票，你們兩個人都要去，叫我很爲難。

I have only one ticket, and you both want it, which puts me in a very awkward position.

(3) 大家都不同意他的意見，很叫他生氣。

Nobody agreed with his ideas, which made him angry.

10. "Verb+全" (verb+quan)

全 is a verb-complement in this usage with the meaning of 'complete' or 'whole'. ("全"的意思是"齊全"、"不缺少"、"不漏掉")

(1) 我們班同學的名字我記不全。

I can't remember all the names of my classmates.

(2) 這個字筆劃太多，我寫不全。

This character has too many strokes for me to remember how to write them all.

(3) 這套書有一百多本，很難買全。

There are more than 100 volumes to this set of books, which makes it difficult to purchase them all.

1. 余厂长作家务吗？你是怎么知道的？

2. 女工对小谢有什么议论？小谢为什么会遭到这些议论？

3. 小谢为什么有几天没上班？你想真正的原因可能是什么？

4. 小谢为工厂作过什么好事？那个外文资料是小谢一个人翻译的吗？

5. 请你讲一讲 "耳环" 的故事.

6. 那只耳环是谁送给小谢的？什么时候送的？

7. 小谢的第一个未婚夫现在在那儿？他们俩谁抛弃了谁？

8. 小谢为什么把耳环扔了？

9. 小谢的第二个未婚夫在学校时学习怎么样？

10. 小谢的第二个未婚夫是一个什么样的人？他跟小谢是什么时候认识的？他什么时候爱上了小谢？那时候小谢知道他爱自己吗？小谢为什么会爱上他？

11. 小谢是一个轻浮的女人吗？工厂里对她的议论公平吗？

聽力理解練習　Questions and Answers

1. 余廠長作家務嗎？你是怎麼知道的？

2. 女工對小謝有什麼議論？小謝爲什麼會遭到這些議論？

3. 小謝爲什麼有幾天沒上班？你想真正的原因可能是什麼？

4. 小謝爲工廠作過什麼好事？那個外文資料是小謝一個人翻譯的嗎？

5. 請你講一講 "耳環" 的故事．

6. 那只耳環是誰送給小謝的？什麼時候送的？

7. 小謝的第一個未婚夫現在在那兒？他們倆誰拋棄了誰？

8. 小謝爲什麼把耳環扔了？

9. 小謝的第二個未婚夫在學校時學習怎麼樣？

10. 小謝的第二個未婚夫是一個什麼樣的人？他跟小謝是什麼時候認識的？他什麼時候愛上了小謝？那時候小謝知道他愛自己嗎？小謝爲什麼會愛上他？

11. 小謝是一個輕浮的女人嗎？工廠里對她的議論公平嗎？

12．小谢找余厂长到底要谈什么事？为什么她要调动工作？

13．余厂长要找小谢谈什么事？小谢想到了吗？

14．小谢能调到可以充分发挥自己才能的位置上吗？能提干吗？

15．余厂长的爱人相信别人对余厂长和小谢的议论吗？

16．余厂长是怎样对待人才的？

17．这个电视剧的题目为什么叫 <雾与露>？

18．小谢认为什么是真金？她为什么爱上了第二个未婚夫？

12．小謝找余廠長到底要談什麼事？爲什麼她要調動工作？

13．余廠長要找小謝談什麼事？小謝想到了嗎？

14．小謝能調到可以充分發揮自己才能的位置上嗎？能提幹嗎？

15．余廠長的愛人相信別人對余廠長和小謝的議論嗎？

16．余廠長是怎樣對待人才的？

17．這個電視劇的題目爲什麼叫 〈霧與露〉？

18．小謝認爲什麼是真金？她爲什麼愛上了第二個未婚夫？

There is an old saying in China, 'The gun shoots a bird whose head sticks out', which refers to a person who stands out and becomes the target of criticism and petty talk. This applies especially harshly to women who are talented or have good looks. Quite often personal assaults would come from jealous women. These are difficult to pin-point and clarify. They interfere with the victim's work and personal life and may lead to sad endings.

People in China today are still quite conservative, and a personal relationship is hard to terminate once it has people's attention. A new relationship is looked at with suspicion and draws assaults. It may take years for a victim to recover, if he/she ever does.

　中国有一句俗语是 <枪打出头鸟>，意思是谁比周围的人高明，有成绩，谁就可能成为众人攻击的目标，遭到人们的议论，诽谤．特别是一个女人，如果她长得漂亮或能力超群，往往会受到一些人，特别是女人的嫉妒．这些人最喜欢挑的 "毛病"是生活作风有问题．比如说，她们制造流言蜚语，说她跟哪个男人关系不正常了，他又在勾引哪个男人了，等等．如果一个女人被人这样议论，她往往很难说清楚，或根本无法说清楚，因为人们不直接跟她说．有些领导也慑于舆论的压力，对这样的人不敢重用．一个才能出众的女人如果遇到这种情况，觉得可气，可恨，又无可奈何．

　在中国，受传统观念的影响，两个人如果确定了是男朋友和女朋友的关系，

There is an old saying in China, 'The gun shoots a bird whose head sticks out', which refers to a person who stands out and becomes the target of criticism and petty talk. This applies especially harshly to women who are talented or have good looks. Quite often personal assaults would come from jealous women. These are difficult to pin-point and clarify. They interfere with the victim's work and personal life and may lead to sad endings.

People in China today are still quite conservative, and a personal relationship is hard to terminate once it has people's attention. A new relationship is looked at with suspicion and draws assaults. It may take years for a victim to recover, if he/she ever does.

中國有一句俗語是 <槍打出頭鳥>, 意思是誰比周圍的人高明, 有成績, 誰就可能成爲衆人攻擊的目標, 遭到人們的議論, 誹謗. 特別是一個女人, 如果她長得漂亮或能力超群, 往往會受到一些人, 特別是女人的嫉妒. 這些人最喜歡挑的 "毛病"是生活作風有問題. 比如説, 她們制造流言蜚語, 説她跟哪個男人關系不正常了, 他又在勾引哪個男人了, 等等. 如果一個女人被人這樣議論, 她往往很難説清楚, 或根本無法説清楚, 因爲人們不直接跟她説. 有些領導也懾于輿論的壓力, 對這樣的人不敢重用. 一個才能出衆的女人如果遇到這種情況, 覺得可氣, 可恨, 又無可奈何.

在中國, 受傳統觀念的影響, 兩個人如果確定了是男朋友和女朋友的關系,一般很难终止这种关系．如果一个人有了一个男朋友或女朋友，不久又换了一个男朋友或女朋友，就会引起别人的议论．认为他或她对婚姻问题不严肃，甚至会说他（或她）生活作风有问题．这种情况在工厂更严重些．而生活作风有问题的人会长时间抬不起头来．

中国目前很多人不经过订婚阶段，确定朋友关系以后，经过或长或短的一段时间就结婚了．

表演建议： Role Play

Form groups of two, preferably of different sexes, and compose at least 30 lines of dialogue between 小谢 and her new boy-friend, reflecting on what people at the factory are saying about their friendship, what her boss at the factory told her, and what she is planning to do about the criticism and about her own work. Have the dialogue corrected and act it out in front of the class.

一般很難終止這種關系．如果一個人有了一個男朋友或女朋友，不久又換了一個男朋友或女朋友，就會引起別人的議論．認爲他或她對婚姻問題不嚴肅，甚至會説他（或她）生活作風有問題．這種情況在工廠更嚴重些．而生活作風有問題的人會長時間抬不起頭來．

中國目前很多人不經過訂婚階段，確定朋友關系以后，經過或長或短的一段時間就結婚了．

表演建議： Role Play

Form groups of two, preferably of different sexes, and compose at least 30 lines of dialogue between 小謝 and her new boy-friend, reflecting on what people at the factory are saying about their friendship, what her boss at the factory told her, and what she is planning to do about the criticism and about her own work. Have the dialogue corrected and act it out in front of the class.

十. 汪老师的婚事

The Marriage of Teacher Wang

剧 本 Script

(旁白)： 这些年，我们这儿越来越热闹了。弄堂虽然还保持着老样子，可往日的冷清正悄悄儿退去，开始透着沸沸扬扬的了.

小弟： 一,二，三！走嘞，慢点！慢点！

女青年： 小心点儿！

男青年： 注意，注意啊！

男青年： 轻点儿！轻点儿. 哎，注意注意呀！

男青年： 等会儿，等会儿啊，走！哎！

小弟： 别着急呀！大家慢点放，慢点儿放，别像放纸箱子似的，好随便扔的. 慢点放，慢点儿。好嘞！抽支烟吧。累坏了。

齐丽丽： 大家先喝点儿水吧，先休息一下. 小弟，你也来.

汪百翎： 小弟，这是谁买的琴？

小弟： 还有谁呀？齐姐要举行家庭音乐会了.

齐丽丽： 已经买了好长时间了. 一直放在别人家里.

汪百翎： 啊. 好，我也来帮把手.

二弟： 行了，大哥. 这儿用不上你. 我们家已经有了两个壮劳力了. 你先回去吧！

汪百翎： 好，我走了.

小弟： 来来来，一鼓作气啦！咱们今天晚上举行音乐会了。一，二，三...，走！

十． 汪 老 師 的 婚 事

The Marriage of Teacher Wang

劇 本 Script

(旁白)： 這些年，我們這兒越來越熱鬧了。弄堂雖然還保持着老樣子，
可往日的冷清正悄悄兒退去，開始透着沸沸揚揚的了．

小弟： 一,二, 三! 走嘞, 慢點! 慢點!

女青年： 小心點兒!

男青年： 注意, 注意啊!

男青年： 輕點兒! 輕點兒. 哎，注意注意呀!

男青年： 等會兒, 等會兒啊 , 走! 哎!

小弟： 別着急呀！ 大家慢點放, 慢點兒放, 別像放紙箱子似的, 好隨便
扔的. 慢點放, 慢點兒。好嘞！ 抽支烟吧。累壞了。

齊麗麗： 大家先喝點兒水吧, 先休息一下. 小弟, 你也來.

汪百翎： 小弟, 這是誰買的琴?

小弟： 還有誰呀? 齊姐要舉行家庭音樂會了.

齊麗麗： 已經買了好長時間了. 一直放在別人家里.

汪百翎： 啊. 好, 我也來幫把手.

二弟： 行了, 大哥. 這兒用不上你. 我們家已經有了兩個壯勞力了.
你先回去吧!

汪百翎： 好, 我走了.

小弟： 來來來, 一鼓作氣啦! 咱們今天晚上舉行音樂會了。一, 二,
三..., 走!

邻居：   汪老师！

汪百翎： 你好．

邻居：   百翎，下班了？

汪百翎： 下班了．

小毛妈： 小毛，回来！小毛，回来！小毛 ....

汪百翎： 怎么回事啊，小毛？

小毛：   汪老师．

汪百翎： 功课作完了吗？

小毛妈： 小毛！这孩子真不象话！啊，汪老师．

汪百翎： 噢，你好．小毛，我想你自己应该知道怎么做，对吗？

小毛：   嗯．

小毛妈： 汪老师，又麻烦你了．

汪百翎： 没关系．

小毛妈： 谢谢．

汪百翎： 啊，再见．嗯．

(旁白)： 不用介绍，您猜对了．这位是小学教师，叫汪百翎．
          巷子里的中青年和孩子们，受过他们父子两代的教诲．
          天地君亲师，这是中国人的传统概念．我们的故事就
          从他的婚事说起．

小芬：   妈，您看这被面儿，我们厂出的．颜色和床罩正好配上．哎？
          妈，您看这东西做件旗袍也满漂亮的啊？等我瘦下来，一定做一件，
          保证帅！

汪母：   哈哈哈．蛮好蛮好．哎？房子啥时候收拾好啊？妈去看看．

小芬：   正贴墙壁纸呢．等把吊灯装上就差不多了。

鄰居： 汪老師！

汪百翎： 你好．

鄰居： 百翎，下班了？

汪百翎： 下班了．

小毛媽： 小毛，回來！小毛，回來！小毛 ....

汪百翎： 怎麼回事啊，小毛？

小毛： 汪老師．

汪百翎： 功課作完了嗎？

小毛媽： 小毛！這孩子真不像話！啊，汪老師．

汪百翎： 噢，你好．小毛，我想你自己應該知道怎麼做，對嗎？

小毛： 嗯．

小毛媽： 汪老師，又麻煩你了．

汪百翎： 没關係．

小毛媽： 謝謝．

汪百翎： 啊，再見．嗯．

(旁白)：不用介紹，您猜對了．這位是小學教師，叫汪百翎．
巷子里的中青年和孩子們，受過他們父子兩代的教誨．
天地君親師，這是中國人的傳統概念．我們的故事就
從他的婚事説起．

小芬： 媽，您看這被面兒，我們廠出的．顏色和床罩正好配上．哎？
媽，您看這東西做件旗袍也滿漂亮的啊？等我瘦下來，一定做一件，
保證帥！

汪母： 哈哈哈．蠻好蠻好．哎？房子啥時候收拾好啊？媽去看看．

小芬： 正貼牆壁紙呢．等把吊燈裝上就差不多了．

汪母：　　啊，这春暖花开的时候不错．

小芬：　　嗯．

汪母：　　你们抓紧吧，啊？

小芬：　　哎．

汪母：　　哟，燕子又飞回来筑窝了．百翎回来了？

汪百翎：　妈！小芬来了？

小芬：　　大哥下班了？

汪百翎：　嗬，这么漂亮！什么时候办哪？

小芬：　　还没定呢．

汪母：　　先问问你自己吧．哎呀，这都三十多岁的人了．也不为自己着个急．
　　　　　这家里也不是前两年了．你大弟也快办了．

汪百翎：　妈！这又不是着急的事儿，您说是不是？

汪母：　　换了小弟我也不着急了，他身边姑娘一大堆．可你呢，就一堆狐仙！

汪百翎：　妈，《《聊斋》》可是文学名著，您说话注意点儿．

汪母：　　哈哈，那总不能等着姑娘自己从书里跳出来呀！小芬，叫他们吃饭！

小芬：　　哎，来啦！

小弟：　　哎，试试看看．哎，同志，你买什么呀？

女青年：　这件衣服多好看！

男顾客：　多少钱？

小弟：　　啊，一百五十块．哎，您看这边儿．哎，多好这衣服，真漂亮，
　　　　　你穿穿．

男顾客：　能不能便宜点儿？

小弟：　　哎呀，便宜没好货，这是进口的．你看你穿上多合适呀！

男顾客：　那我买了．

小弟：　　哎，你给他包上．哎，好好好．

顾客：　　走，走，走．

汪母：　　啊，這春暖花開的時候不錯.

小芬：　　嗯.

汪母：　　你們抓緊吧，啊?

小芬：　　哎.

汪母：　　喲，燕子又飛回來築窩了. 百翎回來了?

汪百翎：媽！小芬來了?

小芬：　　大哥下班了?

汪百翎：嗬，這麼漂亮！什麼時候辦哪?

小芬：　　還沒定呢.

汪母：　　先問問你自己吧. 哎呀，這都三十多歲的人了. 也不爲自己着個急.
　　　　　這家里也不是前兩年了. 你大弟也快辦了.

汪百翎：媽！這又不是着急的事兒，您說是不是?

汪母：　　換了小弟我也不着急了，他身邊姑娘一大堆. 可你呢，就一堆狐仙！

汪百翎：媽，《《聊齋》》可是文學名著，您說話注意點兒.

汪母：　　哈哈，那總不能等着姑娘自己從書里跳出來呀！小芬，叫他們吃飯！

小芬：　　哎，來啦！

小弟：　　哎，試試看看。哎，同志，你買什麼呀?

女青年：這件衣服多好看！

男顧客：多少錢?

小弟：　　啊，一百五十塊. 哎，您看這邊兒. 哎，多好這衣服，真漂亮，
　　　　　你穿穿.

男顧客：能不能便宜點兒?

小弟：　　哎呀，便宜沒好貨，這是進口的. 你看你穿上多合適呀！

男顧客：那我買了.

小弟：　　哎，你給他包上. 哎，好好好.

顧客：　　走，走，走.

小弟：　来，欢迎欢迎．来来来，里边请，这衣服不错的，都是新款式，进口的。

顾客：　那件拿我看看，那件，那件．哎．

小弟：　哎，把钱收好啊！穿好衣服！哎呀，这衣服多好啊！你穿着多合适！

顾客：　哎．

小弟：　下次有什么好东西，我一定给你留着．啊？欢迎你再来啊．

顾客：　谢谢你．

小弟：　再见，甭客气，好好好！欢迎你再来啊．哎哟，张妈，您来了？

干妈：　小弟呀，怎么样啊？

小弟：　干妈，您也来看新时装来了？来，到我这儿来看看这新时装，啊？干妈，您要穿我这衣服呀，我保证您年轻二十岁！

干妈：　小瘪三，拿我寻开心，当心吃板子．

小弟：　不敢，请请请．哎．干妈，怎么，今天您要请客呀？哎，谢谢您的盛情，我一定来，啊？

干妈：　小瘪三，给我挑一件上衣．

小弟：　哎．

干妈：　上班穿的．

小弟：　哎．那还叫您自己跑一趟啊？早说一声我给您送去不就完了吗？咳，哎，干妈，您看，怎么样？新款式，日本货．

女售货员：这个，您买两件回去．这是新到的，日本货！挺便宜的．啊，买两件吧．

干妈：　小弟，做生意，要那么多姑娘干嘛？交女朋友只要一个就够了．

小弟：　哎呀，干妈，您过来，您这是哪儿的话呀？我是叫她们帮忙的．再说了，我也看不上她们呀．

干妈：　看不上？看不上就让给你大哥一个．你可不要没有良心呀．你大哥把你从小养这么大，没有他哪有你今天呀？你可不要忘恩负义呀！

小弟：　哎哟，乾妈，您不是不知道，我大哥他不愿提这事儿呀。哎，干妈，

—182—

小弟： 　來，歡迎歡迎．來來來，里邊請，這衣服不錯的，都是新款式，
　　　　　進口的。

顧客： 　那件拿我看看，那件，那件．哎．

小弟： 　哎，把錢收好啊！　穿好衣服！　哎呀，這衣服多好啊！你穿着多合適！

顧客： 　哎．

小弟： 　下次有什麼好東西，我一定給你留着．啊？　歡迎你再來啊．

顧客： 　謝謝你．

小弟： 　再見，甭客氣，好好好！歡迎你再來啊．哎喲，張媽，您來了？

干媽： 　小弟呀，怎麼樣啊？

小弟： 　乾媽，您也來看新時裝來了？來，到我這兒來看看這新時裝，啊？
　　　　　乾媽，您要穿我這衣服呀，我保證您年輕二十歲！

干媽： 　小癟三，　拿我尋開心，當心吃板子．

小弟： 　不敢，請請請．　哎．乾媽，怎麼，今天您要請客呀？　哎，謝謝您的
　　　　　盛情，我一定來，啊？

干媽： 　小癟三，給我挑一件上衣．

小弟： 　哎．

干媽： 　上班穿的．

小弟： 　哎．那還叫您自己跑一趟啊？　早說一聲我給您送去不就完了嗎？
　　　　　咳，哎，乾媽，您看，怎麼樣？新款式，日本貨．

女售貨員：這個，您買兩件回去．這是新到的，日本貨！挺便宜的。啊，
　　　　　買兩件吧．

干媽： 　小弟，做生意，要那麼多姑娘幹嘛？交女朋友只要一個就够了．

小弟： 　哎呀，乾媽，您過來，您這是哪兒的話呀？我是叫她們幫忙的．
　　　　　再說了，我也看不上她們呀．

干媽： 　看不上？看不上就讓給你大哥一個．你可不要沒有良心呀．你大哥把
　　　　　你從小養這麼大，沒有他哪有你今天呀？你可不要忘恩負義呀！

小弟： 　哎喲，乾媽，您不是不知道，我大哥他不願提這事兒呀。哎，乾媽，

您不给他们买衣服？今晚我给送您屋里去。我包您满意，啊？

干妈：　　啊．明天上班要穿，别忘记呀．

小弟：　　哎，好好好．

干妈：　　哎，小弟呀，

小弟：　　啊？

干妈：　　价钱要便宜点儿啊．

小弟：　　哎，好好，我白送！

干妈：　　哎．

男工甲：　怎么．等小芬啊？

二弟：　　噢．

男工乙：　不怕晒呀？什么时候办事啊？

二弟：　　噢，快了，快了．

男工甲：　有事说一声啊．

二弟：　　哎，到时候来喝喜酒啊！

男工乙：　好嘞，没问题．

小张：　　嗬，这么早就来了，真够模范的啊？

小芬：　　早来了？小张，到我们家吃饭去吧？

小张：　　请我吃什么？

二弟：　　小芬做菜，做得好着哪．

小张：　　嗯．行了，下回吧．

二弟：　　那好，再见，再见．

小芬：　　别客气啊．

小张：　　再见．

二弟：　　你怎么搞的嘛？我等你等得我头上直流油．

小芬：　　你恼什么？知道运动员是怎么减轻体重的吗？夏天就要到了，今年
　　　　　又盛行短裙．你看我这腿！

　　　　　　您不給他們買衣服？今晚我給送您屋里去。我包您滿意，啊？

干媽：　　啊．明天上班要穿，別忘記呀．

小弟：　　哎，好好好．

干媽：　　哎，小弟呀，

小弟：　　啊？

干媽：　　價錢要便宜點兒啊．

小弟：　　哎，好好，我白送！

干媽：　　哎．

男工甲：　怎麼．等小芬啊？

二弟：　　噢．

男工乙：　不怕曬呀？什麼時候辦事啊？

二弟：　　噢，快了，快了．

男工甲：　有事說一聲啊．

二弟：　　哎，到時候來喝喜酒啊！

男工乙：　好嘞，沒問題．

小張：　　嗬，這麼早就來了，真够模範的啊？

小芬：　　早來了？小張，到我們家吃飯去吧？

小張：　　請我吃什麼？

二弟：　　小芬做菜，做得好着哪．

小張：　　嗯．行了，下回吧．

二弟：　　那好，再見，再見．

小芬：　　別客氣啊．

小張：　　再見．

二弟：　　你怎麼搞的嘛？我等你等得我頭上直流油．

小芬：　　你惱什麼？知道運動員是怎麼減輕體重的嗎？夏天就要到了，今年
　　　　　又盛行短裙．你看我這腿！

二弟： 你的腿？ 你的腿不是挺漂亮的吗？

小芬： 嗨，你 ......

二弟： 哎哟，哎哟！

小芬： 不是你，猴急猴急的．再说，大哥什么时候才能找上对象呀？你大哥
有文化，长得又挺精神，是不是太挑剔了？

二弟： 我大哥哪方面都比我强，干嘛要凑合呀！

小芬： 嗨，你是凑合的？我是贱骨头？告诉你，趁现在还没摆喜酒，赶快
离婚，来得及！

二弟： 哎，小芬，你别当真哪！

学生甲：哎，你这把这......换了，长点儿吧？

学生乙：好，好的，换这个行吗？

学生甲：行．

汪百翎：小同学！

学生甲：汪老师！

汪百翎：你们是哪个班的？

学生乙：我们是六年级三班的．

汪百翎：噢，六三班的？ 你们的板报画得蛮不错的嘛！不过，那个"的"
"地" "得" 的用法，你们看看，对不对呀？

学生乙：嗯，这个错了．

汪百翎：对．

学生甲：不是这个．

汪百翎：应该是什么呢？ 想一想．

学生乙：应该是 "白" "勺" "的"．

汪百翎：对对对．再看看，还有哪些地方不对，还有呢？

学生乙：还有...，还有...，还有这个！

汪百翎：对！

二弟：　　你的腿？　你的腿不是挺漂亮的嗎？

小芬：　　嗨，你 ……

二弟：　　哎喲，哎喲！

小芬：　　不是你，猴急猴急的．再説，大哥什麼時候才能找上對象呀？你大哥有文化，長得又挺精神，是不是太挑剔了？

二弟：　　我大哥哪方面都比我強，幹嘛要湊合呀！

小芬：　　嗨，你是湊合的？我是賤骨頭？告訴你，趁現在還沒擺喜酒，趕快離婚，來得及！

二弟：　　哎，小芬，你別當真哪！

學生甲：哎，你這把這……換了，長點兒吧？

學生乙：好，好的，換這個行嗎？

學生甲：行．

汪百翎：小同學！

學生甲：汪老師！

汪百翎：你們是哪個班的？

學生乙：我們是六年級三班的．

汪百翎：噢，六三班的？　你們的板報畫得蠻不錯的嘛！不過，那個"的""地""得"的用法，你們看看，對不對呀？

學生乙：嗯，這個錯了．

汪百翎：對．

學生甲：不是這個．

汪百翎：應該是什麼呢？　想一想．

學生乙：應該是 "白" "勺" "的"．

汪百翎：對對對．再看看，還有哪些地方不對，還有呢？

學生乙：還有…，還有…，還有這個！

汪百翎：對！

学生甲：对，就是这个．

女老师：汪老师！

汪百翎：啊？

女老师：怎么还没回家？

汪百翔：马上走！ 哎，这就对了．你们看看还有什么问题没有呀？

小同学：嗯……

汪百翎：对喽！

二弟：　小弟，这是给你的！

小弟：　哎．嗬！我这个体户呀，也享受全民福利待遇啊？哈哈哈．

二弟：　妈，这是给您的．

小芬：　妈！

汪母：　哎．

二弟：　这是我这个季度的奖金．

汪母：　哎呀，你们辛苦，自己留着吃吧．

小弟：　哎，妈，您就留着吃吧，您看他们俩这样儿，还能吃这个吗？

小芬：　妈！妈！

二弟：　哥，哥！

汪百翎：哎．

二弟：　过来，试件衣服．

汪百翎：好嘞．

小弟：　哥，什么呀？我看看．

二弟：　这件衣服是我们厂发的，大小就这一个号．我穿着嫌瘦．你准看不上．

小弟：　这个，白给不要．

二弟：　哥，来，试试这件衣服．

汪百翎：哟，西服啊？ 这……，这个…… 我穿不太合适吧？

二弟：　有什么不合适？ 这是我们厂发的，你穿穿试试．来！

學生甲： 對，就是這個．

女老師： 汪老師！

汪百翎： 啊？

女老師： 怎麼還没回家？

汪百翔： 馬上走！ 哎，這就對了．你們看看還有什麼問題没有呀？

小同學： 嗯......

汪百翎： 對嘍！

二弟： 小弟，這是給你的！

小弟： 哎．嚯！我這個體户呀，也享受全民福利待遇啊？哈哈哈．

二弟： 媽，這是給您的．

小芬： 媽！

汪母： 哎．

二弟： 這是我這個季度的獎金．

汪母： 哎呀，你們辛苦，自己留着吃吧．

小弟： 哎，媽，您就留着吃吧，您看他們倆這樣兒，還能吃這個嗎？

小芬： 媽！媽！

二弟： 哥，哥！

汪百翎： 哎．

二弟： 過來，試件衣服．

汪百翎： 好嘞．

小弟： 哥，什麼呀？我看看．

二弟： 這件衣服是我們廠發的，大小就這一個號．我穿着嫌瘦．你准看不上．

小弟： 這個，白給不要．

二弟： 哥，來，試試這件衣服．

汪百翎： 喲，西服啊？ 這......，這個...... 我穿不太合適吧？

二弟： 有什麼不合適？ 這是我們廠發的，你穿穿試試．來！

小弟：　　　哥，现在穿西服不是什么新鲜时髦，遍街都是了．我看，人家对你穿这身黑卡几倒好奇了．咱不为了美化环境，但是咱也不能影响市容，对不对呀？

汪百翎：　我倒不是怕穿西服，我觉着我穿这西服不那么随便，啊？

小弟：　　哎，这有什么呀？这是化纤的，随便穿穿嘛．

二弟：　　来，试试！穿穿！

小芬：　　试试！

二弟：　　来，好！

小弟：　　哎，我来看看．

小芬：　　我看看．

二弟：　　哎，正合适！

小芬：　　哎，挺合适的！大哥有文化，穿上就是比你神气．

二弟：　　那是，那是．

小弟：　　不错，正合大哥的身份．

汪百翎：　是吗？

小弟：　　你要穿我这身啊，就显得野了点儿了．容易引起家长的不信任．
　　　　　哎，哥，等我有了嫂子，我一定送你一件最好的的进口西装．

二弟：　　对．

汪百翎：　是吗？

小芬：　　小弟说话呀，就是底气粗．

二弟：　　那可不是．

小弟：　　那当然，当年大哥为我花一块钱，抵得上现在我为大哥花一千块钱．

汪百翎：　好嘞，就冲小弟这句话，我换件衬衣，你们瞧瞧！

二弟：　　好，好，去吧，去吧！

汪母：　　好，我给你们弄点点心去，啊！

小弟：　　妈，您可慢点儿啊．

汪母：　　哎．

小弟：　　哥，現在穿西服不是什麼新鮮時髦，遍街都是了．我看，人家對你穿這身黑卡幾倒好奇了．咱不爲了美化環境，但是咱也不能影響市容，對不對呀？

汪百翎：　我倒不是怕穿西服，我覺着我穿這西服不那麼隨便，啊？

小弟：　　哎，這有什麼呀？這是化纖的，隨便穿穿嘛．

二弟：　　來，試試！穿穿！

小芬：　　試試！

二弟：　　來，好！

小弟：　　哎，我來看看．

小芬：　　我看看．

二弟：　　哎，正合適！

小芬：　　哎，挺合適的！大哥有文化，穿上就是比你神氣．

二弟：　　那是，那是．

小弟：　　不錯，正合大哥的身份．

汪百翎：　是嗎？

小弟：　　你要穿我這身啊，就顯得野了點兒了．容易引起家長的不信任．哎，哥，等我有了嫂子，我一定送你一件最好的的進口西裝．

二弟：　　對．

汪百翎：　是嗎？

小芬：　　小弟說話呀，就是底氣粗．

二弟：　　那可不是．

小弟：　　那當然，當年大哥爲我花一塊錢，抵得上現在我爲大哥花一千塊錢．

汪百翎：　好嘞，就衝小弟這句話，我換件襯衣，你們瞧瞧！

二弟：　　好，好，去吧，去吧！

汪母：　　好，我給你們弄點點心去，啊！

小弟：　　媽，您可慢點兒啊．

汪母：　　哎．

二弟：　　小芬……

小弟：　　你们听，齐丽丽弹什么，乱七八糟的.

二弟：　　那是齐丽丽在调音呢.

小弟：　　哦。

二弟：　　哎？　哥，怎么回事？

大哥：　　没什么，我把水壶给碰翻了.

邻居：　　汪老师。

齐丽丽：　百翎，上班去呀？

汪百翎：　啊.

齐丽丽：　噢，百翎，前些时候我写了一篇关于中小学美育的文章,想请你提提
　　　　　意见.

汪百翎：　好好好.

齐丽丽：　你比我有研究，还有实践经验.

汪百翎：　对对对对，啊，不不不.

齐丽丽：　你穿这件衣服挺好的.

汪百翎：　嗯？

汪百翎：　好，请同学们把书翻到五十八页．好，下边请同学们跟我朗读课文：
　　　　　《赤壁之战》：东汉末年，曹操率领大军南下，想夺取江苏东吴的
　　　　　地方．东吴的周瑜调兵遣将，驻在赤壁，同曹操的兵隔江相对．
　　　　　曹操的兵在北岸，周瑜的兵在南岸．曹操的兵士都是北方人……

　　（旁白：儿子们都有了出息．汪老太太不必再为了几斤米眼巴巴地站
　　　　　　在门口等大儿子回来了．　可为汪百翎的婚事，老太太可是连
　　　　　　一天都不愿意等了.）

二弟：　　小芬……

小弟：　　你們聽，齊麗麗彈什麼，亂七八糟的．

二弟：　　那是齊麗麗在調音呢．

小弟：　　哦。

二弟：　　哎？　哥，怎麼回事？

大哥：　　沒什麼，我把水壺給碰翻了．

鄰居：　　汪老師。

齊麗麗：百翎，上班去呀？

汪百翎：啊．

齊麗麗：噢，百翎，前些時候我寫了一篇關于中小學美育的文章,想請你提提
　　　　意見．

汪百翎：好好好．

齊麗麗：你比我有研究，還有實踐經驗．

汪百翎：對對對對，啊，不不不．

齊麗麗：你穿這件衣服挺好的．

汪百翎：嗯？

汪百翎：好，請同學們把書翻到五十八頁．好，下邊請同學們跟我朗讀課文：
　　　　《赤壁之戰》：東漢末年，曹操率領大軍南下，想奪取江蘇東吳的
　　　　地方．東吳的周瑜調兵遣將，駐在赤壁，同曹操的兵隔江相對．
　　　　曹操的兵在北岸，周瑜的兵在南岸．曹操的兵士都是北方人....

(旁白：兒子們都有了出息．汪老太太不必再爲了幾斤米眼巴巴地站
　　　　在門口等大兒子回來了．　可爲汪百翎的婚事，老太太可是連
　　　　一天都不願意等了.)

汪母：　这世道怎么了？啊？当个小学教员又怎么了？当初啊，我嫁给老汪的时候，巷子里的姑娘哪一个不眼热呀？都说我嫁了个知书达礼的先生.

邻居：　啊。

汪母：　一过了门，人家就叫我汪师母.从来也没有人叫我什么嫂子啊，什么屋里的.

邻居：　噢，哎？现在不是有婚姻介绍所吗？让百翎啊，上那儿试试去.

小芬：　婚姻介绍所？婚姻介绍所快关门了.我的成功率呀比婚姻介绍所高五十倍.妈，你放心，大哥的事儿，我包了.

汪母：　嗯.

小芬：　你让大哥稳着点儿，广泛结交，重点培养，择优录取.

汪母：　嗯，行.

（旁白：别看汪百翎现在这么消闲，让他紧张，激动而又惶惶然的日子，就要开始了.）

小芬：　我大哥叫汪百翎，他事业心挺强的.人品也不错.这次是第一次谈恋爱.你们接触接触看，啊？

顾美荣：　哎.

小芬：　哎，大哥，来，来！我给你们介绍一下.这是我们配水车间优秀女工顾美荣.这是大哥汪百翎.

汪百翎：　你好！

顾美荣：　你好！我常听小芬说起你，能认识你很高兴.

小芬：　大哥，真抱谦，我又来晚了.电影票上午就卖完了.我没想到这个电影这么招人看哪.

汪百翎：　噢，没关系，我去等退票，马上就来.你们等会儿啊.

小芬：　嗯.哎，我大哥怎么样？

汪母： 這世道怎麼了？啊？當個小學教員又怎麼了？當初啊，我嫁給老汪的時候，巷子裡的姑娘哪一個不眼熱呀？ 都說我嫁了個知書達禮的先生．

鄰居： 啊。

汪母： 一過了門，人家就叫我汪師母．從來也沒有人叫我什麼嫂子啊，什麼屋裡的．

鄰居： 噢，哎？ 現在不是有婚姻介紹所嗎？ 讓百翎啊，上那兒試試去．

小芬： 婚姻介紹所？婚姻介紹所快關門了．我的成功率呀比婚姻介紹所高五十倍．媽，你放心，大哥的事兒，我包了．

汪母： 嗯．

小芬： 你讓大哥穩着點兒，廣泛結交，重點培養，擇優錄取．

汪母： 嗯，行．

(旁白：別看汪百翎現在這麼消閑，讓他緊張，激動而
　　　　又惶惶然的日子，就要開始了．)

小芬： 我大哥叫汪百翎，他事業心挺強的．人品也不錯．這次是第一次談戀愛．你們接觸接觸看，啊？

顧美榮： 哎．

小芬： 哎，大哥，來，來！我給你們介紹一下．這是我們配水車間優秀女工顧美榮．這是大哥汪百翎．

汪百翎： 你好！

顧美榮： 你好！我常聽小芬說起你，能認識你很高興．

小芬： 大哥，真抱歉，我又來晚了．電影票上午就賣完了．我沒想到這個電影這麼招人看哪．

汪百翎： 噢，沒關係，我去等退票，馬上就來．你們等會兒啊．

小芬： 嗯．哎，我大哥怎麼樣？

顾美荣：　挺好的．

小芬：　　是吗？

汪百翎：　同志，有退票吗？同志，你们有没有退票？哎，同志，同志，

　　　　　你们有退票吗？同志，同志！同志！你有退票吗？

观众：　　有．

汪百翎：　啊，有，好极了．

青年：　　哎 ......，来来来，我的钱正好啊．

汪百翎：　哎，同志，你！

小芬：　　哎呀，大哥哪儿去了？

顾美荣：　好象在那边吧．

汪百翎：　同志，你有退票吗？

青年：　　你有退票吗？

汪百翎：　哎呀，咳．

观众：　　同志，同志！

观众：　　我先来的．

观众：　　啊，开演了，开演了。走吧，走吧。

小芬：　　大哥，来！大哥，我们等到两张．

汪百翎：　噢．

顾美荣：　小芬，要不 ......

小芬：　　你们进去看吧，我先回去了，啊？

汪百翎：　小芬，这......

顾美荣：　小芬姐，那我就不客气了，谢谢你。那咱们走吧．

汪百翎：　好，我们进去吧．

小芬：　　妈！妈！妈！

汪母：　　小芬啊？你怎么那么快就回来了？

顧美榮：　挺好的．

小芬：　　是嗎？

汪百翎：　同志，有退票嗎？同志，你們有沒有退票？哎，同志，同志，
　　　　　你們有退票嗎？同志，同志！同志！你有退票嗎？

觀眾：　　有．

汪百翎：　啊，有，好極了．

青年：　　哎……，來來來，我的錢正好啊．

汪百翎：　哎，同志，你！

小芬：　　哎呀，大哥哪兒去了？

顧美榮：　好像在那邊吧．

汪百翎：　同志，你有退票嗎？

青年：　　你有退票嗎？

汪百翎：　哎呀，咳．

觀眾：　　同志，同志！

觀眾：　　我先來的．

觀眾：　　啊，開演了，開演了。走吧，走吧。

小芬：　　大哥，來！大哥，我們等到兩張．

汪百翎：　噢．

顧美榮：　小芬，要不……

小芬：　　你們進去看吧，我先回去了，啊？

汪百翎：　小芬，這……

顧美榮：　小芬姐，那我就不客氣了，謝謝你。那咱們走吧．

汪百翎：　好，我們進去吧．

小芬：　　媽！媽！媽！

汪母：　　小芬啊？你怎麼那麼快就回來了？

小芬：　　妈，我看哪，小顾对大哥有点儿意思．

汪母：　　真的？

小芬：　　啊。她主动拉着大哥去看电影，把我都甩下了．

　　　　　妈，你别看大哥平时不说不笑的，到关键时刻还真行．

汪母：　　是吗？

家长：　　坐好，坐好了，啊？儿子！听话啊！

家长：　　别淘气！

家长：　　哟，汪老师！你好！

汪百翎：你好，星期天干嘛去？

家长：　　带孩子去奶奶家．

家长：　　跟汪老师再见！

学生：　　汪老师再见．

汪百翎：再见．

家长：　　再见．

齐丽丽：百翎，出去啊？

汪百翎：啊．

服务员：请进！

汪百翎：好！

女青年：这个衣服样子挺漂亮的．

顾美荣：哎，汪老师！我来介绍一下．这是汪老师，这是我厂里的几个
　　　　　好朋友。小张。

汪百翎：你好！

小张：　　你好！

顾美荣：小王，

汪百翎：你好！

小芬： 媽，我看哪，小顧對大哥有點兒意思.

汪母： 真的?

小芬： 啊。她主動拉着大哥去看電影，把我都甩下了.

媽，你別看大哥平時不説不笑的，到關鍵時刻還真行.

汪母： 是嗎?

家長： 坐好，坐好了，啊? 兒子! 聽話啊!

家長： 別淘氣!

家長： 哟，汪老師! 你好!

汪百翎： 你好，星期天幹嘛去?

家長： 帶孩子去奶奶家.

家長： 跟汪老師再見!

學生： 汪老師再見.

汪百翎： 再見.

家長： 再見.

齊麗麗： 百翎，出去啊?

汪百翎： 啊.

服務員： 請進!

汪百翎： 好!

女青年： 這個衣服樣子挺漂亮的.

顧美榮： 哎，汪老師! 我來介紹一下. 這是汪老師，這是我廠里的幾個
好朋友。小張。

汪百翎： 你好!

小張： 你好!

顧美榮： 小王，

汪百翎： 你好!

小王：　　　你好！

顾美荣：　　小宋，

汪百翎：　　你好！

小宋：　　　我们已经听说你了，见到你很高兴．坐吧。

汪百翎：　　行．

顾美荣：　　坐吧．

服务员：　　哎，你们要点儿什么？

汪百翎：　　随便吧．我来我来．

服务员：　　噢，我们这里是后付钱．您要点什么？

顾美荣：　　噢，每人来一杯咖啡，一瓶可乐．还有几份小点心，还有冰激凌．

服务员：　　还要点儿什么？

顾美荣：　　还要什么？　你呢？

小宋：　　　(摇头)嗯嗯．

顾美荣：　　不要了，谢谢！怎么样？这地方不错吧？服务员态度好，花钱买个
　　　　　　不受气呀．

汪百翎：　　就是就是，这里环境好，气氛也好啊！

顾美荣：　　你平时不常到这儿来吧？

汪百翎：　　嗯，怎么说呢？　和认识你一样，都是第一次．

小王：　　　汪老师说话好风趣呀．

小宋：　　　哎，汪老师？

汪老师：　　嗯？

小张：　　　做老师很辛苦吧？

顾美荣：　　那当然了．咱们夜校的刘老师，不就是因为学校太辛苦了，
　　　　　　才调到咱们厂里来的吗？

小宋：　　　我们刘老师他是江北人，那天讲课呀，他这样说：语言是人类交流
　　　　　　的工具．

顾美荣：　　别笑人家了，当老师也挺不容易的，对不对？

小王： 你好！

顧美榮： 小宋，

汪百翎： 你好！

小宋： 我們已經聽説你了，見到你很高興．坐吧。

汪百翎： 行．

顧美榮： 坐吧．

服務員： 哎，你們要點兒什麽？

汪百翎： 隨便吧．我來我來．

服務員： 噢，我們這里是后付錢．您要點什麽？

顧美榮： 噢，每人來一杯咖啡，一瓶可樂．還有幾份小點心，還有冰激凌．

服務員： 還要點兒什麽？

顧美榮： 還要什麽？ 你呢？

小宋： (搖頭)嗯嗯．

顧美榮： 不要了，謝謝！怎麽樣？這地方不錯吧？服務員態度好，花錢買個
不受氣呀．

汪百翎： 就是就是，這里環境好，氣氛也好啊！

顧美榮： 你平時不常到這兒來吧？

汪百翎： 嗯，怎麽説呢？ 和認識你一樣，都是第一次．

小王： 汪老師説話好風趣呀．

小宋： 哎，汪老師？

汪老師： 嗯？

小張： 做老師很辛苦吧？

顧美榮： 那當然了．咱們夜校的劉老師，不就是因爲學校太辛苦了，
才調到咱們廠里來的嗎？

小宋： 我們劉老師他是江北人，那天講課呀，他這樣説：語言是人類交流
的工具．

顧美榮： 別笑人家了，當老師也挺不容易的，對不對？

汪百翎： 嗯，确实是的．现在当老师和以前不一样．嗯，因为以前的学生家庭子女多．现在呢，现在都是独生子女，在家里都娇惯，娇惯得很哪！真不好管哪．你们没当过老师，可能没有这个体会呀．比方说，我班有个学生，真是挺聪明，可是 ......

(旁白： 说到教育问题，这一下可对上榫头了．汪百翎，人虽然老实，讲课却是生动活泼，随手拈来许多教育孩子的生动事儿，讲得几个姑娘象课堂上的小学生．)

汪百翎： 旅游的确是件好事情，它能够增进友谊，淘冶情操．
小王： 对．
汪百翎： 而且呢，也能够锻炼身体，现在国外已经把它当一种非常时髦的运动了．当然了，目前我们的国家还不行，不过，我相信随着生活水平的提高，也会慢慢进入我们的生活的。
顾美荣： 哎，你们还吃点什么？
小宋： 我们吃得太饱了．
小王： 我也吃好了．
小张： 我不吃了．
汪百翎： 好，我去付款．
顾美荣： 我已经付过了．
汪百翎： 这钱应该我来付．
顾美荣； 下次你付吧．

(旁白：姑娘的热情大方和美貌，给汪百翎留下了品呷不尽的甜味．可是一顿咖啡就是七，八十快，如再逛逛黄山，西湖，... 咳，这姑娘好是好，可汪百翎陪她不起呀，好在小芬绝不是吹牛，这一次，是个艺术型的．)

汪百翎：　嗯，確實是的．現在當老師和以前不一樣．嗯，因爲以前的學生家庭子女多．現在呢，現在都是獨生子女，在家里都嬌慣，嬌慣得很哪！真不好管哪．你們没當過老師，可能没有這個體會呀．比方説，我班有個學生，真是挺聰明，可是 ......

(旁白：　説到教育問題，這一下可對上榫頭了．汪百翎，人雖然老實，講課却是生動活潑，隨手拈來許多教育孩子的生動事兒，講得幾個姑娘象課堂上的小學生．)

汪百翎：　旅遊的確是件好事情，它能够增進友誼，淘冶情操．
小王：　對．
汪百翎：　而且呢，也能够鍛鍊身體，現在國外已經把它當一種非常時髦的運動了．當然了，目前我們的國家還不行，不過，我相信隨着生活水平的提高，也會慢慢進入我們的生活的。
顧美榮：　哎，你們還吃點什麼?
小宋：　我們吃得太飽了．
小王：　我也吃好了．
小張：　我不吃了．
汪百翎：　好，我去付款．
顧美榮：　我已經付過了．
汪百翎：　這錢應該我來付．
顧美榮；　下次你付吧．

(旁白：姑娘的熱情大方和美貌，給汪百翎留下了品咂不盡的甜味．可是一頓咖啡就是七，八十快，如再逛逛黄山，西湖，... 咳，這姑娘好是好，可汪百翎陪她不起呀，好在小芬絶不是吹牛，這一次，是個藝術型的．)

某女青年：这幅画可真俗气，大红大绿的，怎么搞的？哎，你看过毕加索
　　　　　的画吗？现在的画家都缺乏想象力，墨守成规．要是你看过毕加索
　　　　　的画儿，那才叫艺术呢！不过我对画儿也不太懂，看看玩儿，让
　　　　　眼睛休息休息．我最喜欢的是音乐．有人说我清高，清高就清高呗．
　　　　　只要自我欣赏，管别人怎么说呢？你说是吧？
汪百翎：　是是是．
某女青年：咱们到外边走走吧．
汪百翎：　好好好．
某女青年：说真的，我只希望有一个自己的小天地．下班以后，关起门来听听
　　　　　音乐，象贝多芬，莫扎特之类的，当然音响设备要好，最好听进口
　　　　　的带子．那真是一种享受．我这个人对穿无所谓．我觉得不能够把
　　　　　钱花在吃穿上，我宁可房间里没有任何家具，不过一定要有一架三
　　　　　角钢琴，晚上我情愿睡在钢琴上．我去买份报纸，你在这儿等我．

二弟：　　小芬，看看，怎么样？
小芬：　　行，挺好的！
二弟：　　就是它了．
小芬：　　嗯．

　　　　　(敲门声)

小芬：　　请进！
汪百翎：　哟，装灯呢？
小芬：　　大哥！
二弟：　　大哥来了？
小芬：　　快下来吧．大哥，你坐！

某女青年：這幅畫可真俗氣，大紅大綠的，怎麼搞的？哎，你看過畢加索
的畫嗎？現在的畫家都缺乏想像力，墨守成規．要是你看過畢加索
的畫兒，那才叫藝術呢！不過我對畫兒也不太懂，看看玩兒，讓
眼睛休息休息．我最喜歡的是音樂．有人說我清高，清高就清高唄．
只要自我欣賞，管別人怎麼説呢？你説是吧？

汪百翎：　是是是．

某女青年：咱們到外邊走走吧．

汪百翎：　好好好．

某女青年：説真的，我只希望有一個自己的小天地．下班以后，關起門來聽聽
音樂，像貝多芬，莫札特之類的，當然音響設備要好，最好聽進口
的帶子．那真是一種享受．我這個人對穿無所謂．我覺得不能够把
錢花在吃穿上，我寧可房間里沒有任何家具，不過一定要有一架三
角鋼琴，晚上我情願睡在鋼琴上．我去買份報紙，你在這兒等我．

二弟：　　小芬，看看，怎麼樣？

小芬：　　行，挺好的！

二弟：　　就是它了．

小芬：　　嗯．

(敲門聲)

小芬：　　請進！

汪百翎：喲，裝燈呢？

小芬：　　大哥！

二弟：　　大哥來了？

小芬：　　快下來吧．大哥，你坐！

汪百翎：　哎．小心点儿呀．

二弟：　　大哥，快坐．

小芬：　　大哥，怎么样？　这个行吗？

汪百翎：　我看够呛．

二弟：　　哎哟，大哥，这又怎么了？

汪百翎：　嗯，怎么说呢？　这个人我觉得太清高？　也不是，反正她说了一
　　　　　大堆话，好象是从月球上下来的．

小芬：　　刚开始嘛，慢慢适应了就好了．

二弟：　　对了．大哥，我觉得就两次见面，你结论下得太早，你干嘛不多
　　　　　处两天哪？

汪百翎：　嗯，一路上，我也想过了，要是有可能的话，我，我倒是想和第一
　　　　　个姑娘再接触接触．

小芬：　　小顾？

汪百翎：　对，顾美荣．

二弟：　　对，早就该怎么痛快了．

小芬：　　的确，小顾这个人不错，头一天我就说了，你们俩很班配．
　　　　　哎，你干嘛？

二弟：　　我把照片挂上．哥，你坐着，啊？

汪百翎：　哎．

小芬：　　虽然，现在花钱手大一点儿，等结婚有了孩子，什么都会变好的。

汪百翎：　对，我就是这个意思。

小芬：　　好吧，我去找她好好谈谈，这一两天你等我电话吧。

二弟：　　小芬。

小芬：　　啊？歪了。哎，往那边一点儿。好，好，行了。

传电话人：汪老师，汪百翎！

汪百翎： 哎．小心點兒呀．

二弟： 大哥，快坐．

小芬： 大哥，怎麼樣？ 這個行嗎？

汪百翎： 我看够嗆．

二弟： 哎喲，大哥，這又怎麼了？

汪百翎： 嗯，怎麼說呢？ 這個人我覺得太清高？ 也不是，反正她說了一大堆話，好象是從月球上下來的．

小芬： 剛開始嘛，慢慢適應了就好了．

二弟： 對了．大哥，我覺得就兩次見面，你結論下得太早，你干嘛不多處兩天哪？

汪百翎： 嗯，一路上，我也想過了，要是有可能的話，我，我倒是想和第一個姑娘再接觸接觸．

小芬： 小顧？

汪百翎： 對，顧美榮．

二弟： 對，早就該怎麼痛快了。

小芬： 的確，小顧這個人不錯，頭一天我就說了，你們倆很班配．
哎，你干嘛？

二弟： 我把照片掛上．哥，你坐着，啊？

汪百翎： 哎。

小芬： 雖然，現在花錢手大一點兒，等結婚有了孩子，什麼都會變好的。

汪百翎： 對，我就是這個意思。

小芬： 好吧，我去找她好好談談，這一兩天你等我電話吧。

二弟： 小芬。

小芬： 啊？ 歪了。哎，往那邊一點兒。好，好，行了。

傳電話人:汪老師，汪百翎！

汪百翎：　哎！

传电话人：电话！

汪百翎：　来了。谢谢大妈啊。喂，小芬吗？嗯，是我。她怎么说？ 嗯，
　　　　　嗯，嗯。哎，这都是客套话。她到底什么意思嘛？ 啊？啊？
　　　　　什么？我清高？

传电话人：汪老师！

汪百翎：　噢，对不起，大妈。谢谢大妈。

传电话人：好，好，好。

二弟：　　大哥，依我看，这事不成主要是你的后方空虚，实力显示得不够.
　　　　　比方说，你工资不高，又没有房子。就算你们单位有房子，轮到你
　　　　　还不知道要等到猴年马月。依我看，我们还是把房子翻修一下，
　　　　　这样不仅可以显示大哥的实力， 而且可以让妈适意适意。

小弟：　　对，二哥 。修房子事儿归你，花费算在我身上。屋内设备呢，
　　　　　我来买。

二弟：　　没问题。装修房子包在我身上。管工、钳工、电工、木工都是我的
　　　　　小哥儿们，你看怎么样？

小芬：　　我看行。

汪母：　　小芬哪，你也动动脑筋哪。最好找一个家庭不那么富裕的。
　　　　　人家家里要是什么都有了，到了咱们这儿那当然就不满意了。

汪百翎：　妈，瞧您越说越走题了。这叫什么谈恋爱？ 这不成了物质引诱了吗？

小弟：　　大哥，这不关你事儿呀。我们是为妈修房子买东西呀。因为你和妈住
　　　　　一起，就算沾光吧。

汪母：　　是啊，妈也要享几天福了。

小弟：　　哎，对。

　　　（众声：注意呀，小心点儿！闪开点儿！骑自行车的靠边点儿，

汪百翎：　哎！

傳電話人：電話！

汪百翎：　來了。謝謝大媽啊。喂，小芬嗎？嗯，是我。她怎麼說？ 嗯，

　　　　　嗯，嗯。哎，這都是客套話。她到底什麼意思嘛？ 啊？啊？

　　　　　什麼？我清高？

傳電話人：汪老師！

汪百翎：　噢，對不起，大媽。謝謝大媽。

傳電話人：好，好，好。

二弟：　　大哥，依我看，這事不成主要是你的后方空虛，實力顯示得不够.

　　　　　比方說，你工資不高，又沒有房子。就算你們單位有房子，輪到你

　　　　　還不知道要等到猴年馬月。依我看，我們還是把房子翻修一下，

　　　　　這樣不僅可以顯示大哥的實力， 而且可以讓媽適意適意。

小弟：　　對，二哥 。修房子事兒歸你，花費算在我身上。屋內設備呢，

　　　　　我來買。

二弟：　　沒問題。裝修房子包在我身上。管工、鉗工、電工、木工都是我的

　　　　　小哥兒們，你看怎麼樣？

小芬：　　我看行。

汪母：　　小芬哪，你也動動腦筋哪。最好找一個家庭不那麼富裕的。

　　　　　人家家里要是什麼都有了，到了咱們這兒那當然就不滿意了。

汪百翎：　媽，瞧您越說越走題了。這叫什麼談戀愛？ 這不成了物質引誘了嗎？

小弟：　　大哥，這不關你事兒呀。我們是爲媽修房子買東西呀。因爲你和媽住

　　　　　一起，就算沾光吧。

汪母：　　是啊，媽也要享幾天福了。

小弟：　　哎， 對。

(衆聲：注意呀，小心點兒！閃開點兒！騎自行車的靠邊點兒，

别碰着。慢点儿，小心点儿！着什么急呀？)

(旁白：汪百翎是无法干预了。黑乎乎的房梁椽子不见了。

　　　　等到工程结束，东西置齐，啊，真是满堂生辉！)

　　　　装修竣工了，人也给找来了。

小弟：　哎，先摆这儿好了，弄好一点儿。

小芬：　小弟，小弟。

小弟：　哎，小芬，有事吗？

小芬：　我又给大哥约了一位。一会儿在这儿等他。说好了到咱们家去呢。

小弟：　这回形象怎么样？

小芬：　来了你就看见了。高高的个儿，披肩发。来了往这儿一站，
　　　　不用介绍，保证你满意。

小弟：　哟，你还真行啊。

小芬：　哎，你给我盯着点儿啊。我回家跟妈说一声，马上就回来。

小弟：　好，好。

小芬：　哎，你可别忘了她那样儿啊。

小弟：　哎呀，你放心吧。我的眼力错不了。

女青年：哎，你大哥到底谈了多少了，怎么一个也没看上？

女青年：就是！

女青年：是不是条件太高了？

小弟：　那也看不上你们这样的呀。

女青年：哟！

小弟：　缺少文化。

女青年：嗯，你呀，别象你大哥那样，挑花眼了。

女青年：就是。

小弟：　我？我跟你们讲，我将来的老婆是既能当经理太太，又能当小瘪三

別碰着。慢點兒，小心點兒！着什麼急呀？）

（旁白：汪百翎是無法干預了。黑乎乎的房梁椽子不見了。

　　　　等到工程結束，東西置齊，啊，真是滿堂生輝！）

　　　　裝修竣工了，人也給找來了。

小弟：　哎，先擺這兒好了，弄好一點兒。

小芬：　小弟，小弟。

小弟：　哎，小芬，有事嗎？

小芬：　我又給大哥約了一位。一會兒在這兒等他。説好了到咱們家去呢。

小弟：　這回形象怎麼樣？

小芬：　來了你就看見了。高高的個兒，披肩髮。來了往這兒一站，

　　　　不用介紹，保證你滿意。

小弟：　喲，你還真行啊。

小芬：　哎，你給我盯着點兒啊。我回家跟媽説一聲，馬上就回來。

小弟：　好，好。

小芬：　哎，你可別忘了她那樣兒啊。

小弟：　哎呀，你放心吧。我的眼力錯不了。

女青年：哎，你大哥到底談了多少了，怎麼一個也沒看上？

女青年：就是！

女青年：是不是條件太高了？

小弟：　那也看不上你們這樣的呀。

女青年：喲！

小弟：　缺少文化。

女青年：嗯，你呀，別像你大哥那樣，挑花眼了。

女青年：就是。

小弟：　我？我跟你們講，我將來的老婆是既能當經理太太，又能當小癘三

的人。嗨，发了财呢，能参加个签字仪式，摔个香槟酒瓶什么的；垮了台呢，又能当临时工，捡垃圾。

沈美凤：同志！

沈美凤：请拿那件衣服我看看。

小弟：　啊，这个呀？好，拿一件。

女青年：我来。

小弟：　好。要说你是真有眼力呀。这种样子买的真快。没几件了，挑吧。

沈美凤：噢，好的。哎，怎么样？好看吗？

女青年：挺好看的。

沈美凤：你说！

女青年：好看，买了吧。

小弟：　嘿，效果不错！这件衣服适合个儿高，皮肤白的人穿。嘿，怎么样？要吧？

女青年：你买了吧，你穿着一定好看。

小弟：　我便宜点儿。图个痛快。

沈美凤：多少钱？

小弟：　跟你讲老实话，我进价五十八，卖给你六十。其实我一点儿没赚。

沈美凤：就这样吧，六十块钱。你点好。

小弟：　哎，好，收起来。这才是会花钱的人。买的满意，卖的高兴．欢迎你再来！

沈美凤：谢谢！

小芬：　哟，你怎么自己来了？

沈美凤：哎，小芬，是你呀？

小芬：　我们正要去接你呢。

沈美凤：是吗？

小芬：　这衣服可真漂亮啊！

沈美凤：真的？

的人。嗨，發了財呢，能參加個簽字儀式，摔個香檳酒瓶什麼的；垮了台呢，又能當臨時工，撿垃圾。

沈美鳳：同志！

沈美鳳：請拿那件衣服我看看。

小弟：　啊，這個呀？好，拿一件。

女青年：我來。

小弟：　好。要説你是真有眼力呀。這種樣子買的真快。没幾件了，挑吧。

沈美鳳：噢，好的。哎，怎麼樣？好看嗎？

女青年：挺好看的。

沈美鳳：你説！

女青年：好看，買了吧。

小弟：　嘿，效果不錯！這件衣服適合個兒高，皮膚白的人穿。嘿，怎麼樣？要吧？

女青年：你買了吧，你穿着一定好看。

小弟：　我便宜點兒。圖個痛快。

沈美鳳：多少錢？

小弟：　跟你講老實話，我進價五十八，賣給你六十。其實我一點兒没賺。

沈美鳳：就這樣吧，六十塊錢。你點好。

小弟：　哎，好，收起來。這才是會花錢的人。買的滿意，賣的高興. 歡迎你再來！

沈美鳳：謝謝！

小芬：　喲，你怎麼自己來了？

沈美鳳：哎，小芬，是你呀？

小芬：　我們正要去接你呢。

沈美鳳：是嗎？

小芬：　這衣服可真漂亮啊！

沈美鳳：真的？

小芬：　　走吧。

沈美凤：走。

汪母：　　嗯，好，是个标致的姑娘。

沈美凤：伯母，您好福气呀。孩子都大了，您也不用再操心了。

汪母：　　哎，操不完的心。

沈美凤：啊，也是。这些年您也真不容易。这么一大家子，全靠您一个人
　　　　　忙里忙外的。又要买菜，又要做饭，还要您操持家务，也真够您
　　　　　辛苦的了。

汪母：　　咳，这有什么办法呢？他们都得上班，也帮不了我什么忙。
　　　　　再说，这几年我也习惯了。

沈美凤：其实象买菜，让他们谁下班帮您带回来该多好。象我们家，就是我
　　　　　买回来的，这样也免得您跑里跑外的了。

小芬：　　妈，她做菜做得可好吃了。家里家外都是一把手。在我们厂是顶顶
　　　　　有名的。

沈美凤：看你说的，都是自家人吃吃。来客人可不行了。

汪母：　　看得出，看得出，是个能干的姑娘。

二弟：　　来来来，吃点水果。小芬照顾一下啊。妈，给！

沈美凤：这些家长里短的事情，你们男同志是不大过问的吧？

汪百翎：也不能一概而论. 我觉得在家务上，有些男同志什么都能干，有些
　　　　　男同志是什么都不能干。我基本上属于后一种。是不，妈？

汪母：　　好了，好了，小芬哪，你领着姑娘到那屋坐坐。一会儿咱们就吃饭，
　　　　　啊？

小芬：　　好。

沈美凤：伯母，我们去了。哟，这屋子好漂亮呀！

小芬：　　咳，凑合吧。

沈美凤：我也很喜欢这种色调。看起来，挺舒服的。

汪百翎：这都是我两个弟弟干的。一个抓施工，一个做经济后盾。来，请坐，

小芬：　　走吧。

沈美鳳：走。

汪母：　　嗯，好，是個標緻的姑娘。

沈美鳳：伯母，您好福氣呀。孩子都大了，您也不用再操心了。

汪母：　　哎，操不完的心。

沈美鳳：啊，也是。這些年您也真不容易。這麼一大家子，全靠您一個人
　　　　　忙裡忙外的。　又要買菜，又要做飯，還要您操持家務，也真够您
　　　　　辛苦的了。

汪母：　　咳，這有什麼辦法呢？　他們都得上班，也幫不了我什麼忙。
　　　　　再說，這幾年我也習慣了。

沈美鳳：其實象買菜，讓他們誰下班幫您帶回來該多好。像我們家，就是我
　　　　　買回來的，這樣也免得您跑里跑外的了。

小芬：　　媽，她做菜做得可好吃了。家里家外都是一把手。在我們廠是頂頂
　　　　　有名的。

沈美鳳：看你説的，都是自家人吃吃。　來客人可不行了。

汪母：　　看得出，看得出，是個能幹的姑娘。

二弟：　　來來來，吃點水果。小芬照顧一下啊。媽，給！

沈美鳳：這些家長里短的事情，　你們男同志是不大過問的吧？

汪百翎：也不能一概而論．我覺得在家務上，有些男同志什麼都能干，有些
　　　　　男同志是什麼都不能干。我基本上屬于后一種。是不，媽？

汪母：　　好了，好了，小芬哪，你領着姑娘到那屋坐坐。一會兒咱們就吃飯，
　　　　　啊？

小芬：　　好。

沈美風：伯母，我們去了。喲，這屋子好漂亮呀！

小芬：　　咳，湊合吧。

沈美風：我也很喜歡這種色調。看起來，　挺舒服的。

汪百翎：這都是我兩個弟弟干的。一個抓施工，一個做經濟后盾。來，請坐，

请坐，坐。

二弟： 我不过是出点儿劳动力。我大哥是总设计师。你看这窗帘、壁纸，颜色怎么样？ 还有这房间的布置？

沈美凤： 一看，就知道是有文化的人搞的，一点儿都不俗气。

小芬： 论他们兄弟三个， 还是大哥最有度数。

小弟： 小芬！

小芬： 嗯？

小弟： 小芬，小芬，人来了没有？ 哎，小芬？

小芬： 来，我给你们介绍一下。 这是小弟， 这是沈美凤。

沈美凤： 我们刚才见过面的。这件衣服你不是说很好看吗？就在他店里买的。哎，挺合适，买的满意，卖的高兴嘛。

小芬： 是，不错，是不错，小弟，别傻站着，走，帮我干点儿事去。

小弟： 哎，哎，好。

汪百翎： 噢，请坐，请坐。

小芬： 哎，过来！哎，我不是嘱咐你了吗？ 怎么回事啊？

小弟： 我也不知道怎么回事呀？

汪母： 怎么了？

小芬： 妈， 您看小弟，就刚才，他卖衣服卖到人家头上去了。

汪母： 哎，哎哟，你，你怎么六亲不认哪？

小弟： 我怎么知道呢？来来往往那么多人， 我也不能乱认哪？

小芬： 我不是交代你了吗？

小弟： 再说了， 做买卖哪有不赚钱的？

沈美凤： 就说前几年吧，我也想摆个摊头，可家里人反对，怕我担风险。做工当然太平了，铁饭碗砸不碎，可赚不了几个钱啊.

汪百翎： 就是。 我们现在还不是一样？ 就靠那几个工资过日子。现在小学生都比我们手头大.

二弟： （咳嗽）。

請坐，坐。

二弟：　　我不過是出點兒勞動力。我大哥是總設計師。你看這窗帘、壁紙，顏色怎麼樣？還有這房間的布置？

沈美鳳：　一看，就知道是有文化的人搞的，一點兒都不俗氣。

小芬：　　論他們兄弟三個，還是大哥最有度數。

小弟：　　小芬！

小芬：　　嗯？

小弟：　　小芬，小芬，人來了沒有？哎，小芬？

小芬：　　來，我給你們介紹一下。這是小弟，這是沈美鳳。

沈美鳳：　我們剛才見過面的。這件衣服你不是說很好看嗎？就在他店裏買的。哎，挺合適，買的滿意，賣的高興嘛。

小芬：　　是，不錯，是不錯，小弟，別傻站着，走，幫我干點兒事去。

小弟：　　哎，哎，好。

汪百翎：　噢，請坐，請坐。

小芬：　　哎，過來！哎，我不是囑咐你了嗎？怎麼回事啊？

小弟：　　我也不知道怎麼回事呀？

汪母：　　怎麼了？

小芬：　　媽，您看小弟，就剛才，他賣衣服賣到人家頭上去了。

汪母：　　哎，哎喲，你，你怎麼六親不認哪？

小弟：　　我怎麼知道呢？來來往往那麼多人，我也不能亂認哪？

小芬：　　我不是交代你了嗎？

小弟：　　再說了，做買賣哪有不賺錢的？

沈美鳳：　就說前幾年吧，我也想擺個攤頭，可家裏人反對，怕我擔風險。做工當然太平了，鐵飯碗砸不碎，可賺不了幾個錢啊．

汪百翎：　就是。我們現在還不是一樣？就靠那幾個工資過日子。現在小學生都比我們手頭大．

二弟：　　（咳嗽）。

沈美凤：是啊，现在的独生子女都成小皇帝了。听说现在又是一个生育高峰，你看吧， 以后孩子入学可真要成问题了。

汪百翎：嗯。

沈美凤：要想上重点， 比现在还要难。

汪百翎：嗯， 嗯。

小弟：　　真不好意思呀！刚才，咳，这叫什么事呀？ 请你一定把钱拿回去，本经理谢罪了。

沈美凤：这不成，这不成。这怎么行呢？ 我肯出钱是因为我中意。 这件衣服我很喜欢的。再说，我也跑了好几家服装店了，都比你要价高。

汪百翎：你还是把钱收下吧。要不然我们大家面子都下不来。

小弟：　　就是呀。

沈美凤：我不能收你这钱，我真不能收这钱。小芬！

小芬：　　你就收下吧。你就别客气了。

沈美凤：我看大家都别争了，都是自家人。做生意嘛，是要讨价还价的。再说，这钱我都付出去了，再让我拿回来，我也丢面子呀.

小弟：　　那好吧，既然你不肯把钱拿回去，那就这样吧。但是，无论如何你得给我个台阶下，再到我店里挑一件，怎么样？

沈美凤：嗯……

汪百翎：你还是挑一件吧。

小芬：　　去吧。

沈美凤：好吧，我去看看。

小弟：　　好，请！

小芬：　　嗨，早点儿回来！ 等你们吃饭！

小 弟：哎，你觉得怎么样？ 我大哥人不错吧？

沈美凤：你大哥 一看就是个好人。

小弟：　　啊。

沈美凤：有文化，风度也不错。

沈美鳳： 是啊，現在的獨生子女都成小皇帝了。聽說現在又是一個生育高峰，你看吧，以后孩子入學可真要成問題了。

汪百翎： 嗯。

沈美鳳： 要想上重點，比現在還要難。

汪百翎： 嗯，嗯。

小弟： 真不好意思呀！剛才，咳，這叫什麼事呀？請你一定把錢拿回去，本經理謝罪了。

沈美鳳： 這不成，這不成。這怎麼行呢？我肯出錢是因爲我中意。這件衣服我很喜歡的。再說，我也跑了好幾家服裝店了，都比你要價高。

汪百翎： 你還是把錢收下吧。要不然我們大家面子都下不來。

小弟： 就是呀。

沈美鳳： 我不能收你這錢，我真不能收這錢。小芬！

小芬： 你就收下吧。你就別客氣了。

沈美鳳： 我看大家都別爭了，都是自家人。做生意嘛，是要討價還價的。再說，這錢我都付出去了，再讓我拿回來，我也丟面子呀．

小弟： 那好吧，既然你不肯把錢拿回去，那就這樣吧。但是，無論如何你得給我個台階下，再到我店里挑一件，怎麼樣？

沈美鳳： 嗯……

汪百翎： 你還是挑一件吧。

小芬： 去吧。

沈美鳳： 好吧，我去看看。

小弟： 好，請！

小芬： 嗨，早點兒回來！等你們吃飯！

小 弟： 哎，你覺得怎麼樣？我大哥人不錯吧？

沈美鳳： 你大哥 一看就是個好人。

小弟： 啊。

沈美鳳： 有文化，風度也不錯。

小弟： 啊。

沈美凤： 可我总觉得他有点儿清高。

小弟： 什么？

沈美凤： 清高！我觉着还是我们俩更合适，有共同语言。

小弟： 哎哟！

沈美凤： 哎——

（孩子声： 别抢，给我！ 汪老师踢过来！ 汪老师， 踢球！）

众声： 来来来，慢着！

小弟： 放一下， 放一下！好嘞！轻点儿！

汪百翎： 这又是谁买的钢琴呢？

小弟： 那还有谁呢？齐丽丽要搬家了。

齐丽丽： 百翎！

汪百翎： 嗯。

齐丽丽： 我爸爸单位分房子了。

汪百翎： 噢，好。我来帮忙。

二弟： 大哥，这儿用不上你，我们家已经有两个壮劳力了。

小弟： 来，来，一，二，三！

（众 声： 好！坚持住啊！别擦地啊！）

（旁 白： 好多事就是这么阴错阳差地过去了．在这挤挤巴巴
的世界里事情的变化常常让你摸不着头脑。还是那
句话：变不变由你，可又不由你不变。你说呢？）

（剧 终）

小弟：　　啊。

沈美鳳：可我總覺得他有點兒清高。

小弟：　　什麼？

沈美鳳：清高！我覺着還是我們倆更合適，有共同語言。

小弟：　　哎喲！

沈美鳳：哎——

（孩子聲：　別搶，給我！　汪老師踢過來！　汪老師，　踢球！）

衆聲：　　來來來，慢着！

小弟：　　放一下，　放一下！好嘞！輕點兒！

汪百翎：這又是誰買的鋼琴呢？

小弟：　　那還有誰呢？齊麗麗要搬家了。

齊麗麗：百翎！

汪百翎：嗯。

齊麗麗：我爸爸單位分房子了。

汪百翎：噢，好。我來幫忙。

二弟：　　大哥，這兒用不上你，我們家已經有兩個壯勞力了。

小弟：　　來，來，一，二，三！

（衆聲：好！堅持住啊！別擦地啊！）

（旁白：好多事就是這麼陰錯陽差地過去了．在這擠擠巴巴
　　　　的世界里事情的變化常常讓你摸不着頭腦。還是那
　　　　句話：變不變由你，可又不由你不變。你説呢？）

（劇　終）

生词　　Vocabulary

1. 婚事　　hūn shì　　marriage
2. 弄堂　　lòngtáng　　small lanes, alleys
3. 保持　　bǎochí　　to maintain
4. 往日　　wǎngrì　　of former days
5. 冷清　　lěngqing　　desolate, (opp. bustling)
6. 透着　　tòu zhe　　to show, to appear to be
7. 沸沸扬扬　　fèifèiyángyáng　　bustling
8. 举行　　jǔxíng　　to hold (an event)
9. 帮把手　　bāng bǎ shǒu　　to lend a helping hand
10. 壮　　zhuàng　　be strong
11. 劳力　　láolì　　manual laborers
12. 一鼓作气　　yì gǔ zuò qì　　to get something done in one go
15. 巷子　　xiàngzi　　lanes, alleys
16. 教诲　　jiàohuì　　to educate, education
17. 天地君亲师　　tiān dì jūn qīn shī　　5 categories of superior beings (heaven, earth, emperor, parents, teacher)
18. 传统　　chuántǒng　　be traditonal, tradition
19. 概念　　gàinian　　concepts
20. 被面儿　　bèimiànr　　quilt-cover
21. 床罩　　chuángzhào　　bed-spread
22. 配上　　pèi shang　　to match
23. 旗袍　　qipáo　　Manchurian (tight) dress
24. 帅　　shuài　　be handsome

生詞　　Vocabulary

1. 婚事　　　　hūn shì　　　　marriage
2. 弄堂　　　　lòngtáng　　　　small lanes, alleys
3. 保持　　　　bǎochí　　　　to maintain
4. 往日　　　　wǎngrì　　　　of former days
5. 冷清　　　　lěngqing　　　　desolate, (opp. bustling)
6. 透着　　　　tòu zhe　　　　to show, to appear to be
7. 沸沸揚揚　　fèifèiyángyáng　　bustling
8. 舉行　　　　jǔxíng　　　　to hold (an event)
9. 幫把手　　　bāng bǎ shǒu　　to lend a helping hand
10. 壯　　　　　zhuàng　　　　be strong
11. 勞力　　　　láolì　　　　manual laborers
12. 一鼓作氣　　yì gǔ zuò qì　　to get something done in one go
15. 巷子　　　　xiàngzi　　　　lanes, alleys
16. 教誨　　　　jiàohuì　　　　to educate, education
17. 天地君親師　tiān dì jūn qīn shī　5 categories of superior beings (heaven, earth, emperor, parents, teacher)
18. 傳統　　　　chuántǒng　　　be traditonal, tradition
19. 概念　　　　gàiniàn　　　　concepts
20. 被面兒　　　bèimiànr　　　quilt-cover
21. 床罩　　　　chuángzhào　　bed-spread
22. 配上　　　　pèi shang　　　to match
23. 旗袍　　　　qípáo　　　　Manchurian (tight) dress
24. 帥　　　　　shuài　　　　be handsome

25. 蛮	mán	fairly
26. 吊灯	diào dēng	ceiling lamps
27. 抓紧	zhuā jǐn	to hold tight
28. 筑	zhù	to build
29. 窝	wō	nests
30. 狐仙	húxiān	fox-spirits
31. 聊斋	liáozhāi	Tales from a Strange Studio
32. 名著	míngzhù	classic, 'great book'
33. 款式	kuǎnshì	style (of dresses)
34. 时装	shízhuāng	new fashions
35. 寻开心	xún kāixīn	to make fun of
36. 盛情	shèngqíng	hospitality
37. 忘恩负义	wàng ēn fù yì	be ungrateful
38. 模范	mófàn	model, exemplary
39. 减轻	jiǎnqīng	to reduce
40. 体重	tǐzhòng	body weight
41. 猴	hóu	monkey
42. 精神	jīngshén (or jìngsheng)	high-spirited
43. 挑剔	tiāotì	to find fault, be picky
44. 凑合	còuhe	to compromise oneself
45. 贱骨头	jiàn gútou	cheap (women)
46. 当真	dàngzhēn	to take it seriously
47. 个体户	gètǐhù	private business-person
48. 享受	xiǎngshòu	to enjoy
49. 全民	quánmín	nation-wide
50. 福利	fúlì	welfare
51. 待遇	dàiyù	treatment

25.蠻	mán	fairly
26.吊燈	diào dēng	ceiling lamps
27.抓緊	zhuā jǐn	to hold tight
28.築	zhù	to build
29.窩	wō	nests
30.狐仙	húxiān	fox-spirits
31.聊齋	liáozhāi	Tales from a Strange Studio
32.名著	míngzhù	classic, 'great book'
33.款式	kuǎnshì	style (of dresses)
34.時裝	shízhuāng	new fashions
35.尋開心	xún kāixīn	to make fun of
36.盛情	shèngqíng	hospitality
37.忘恩負義	wàng ēn fù yì	be ungrateful
38.模範	mófàn	model, exemplary
39.減輕	jiǎnqīng	to reduce
40.體重	tǐzhòng	body weight
41.猴	hóu	monkey
42.精神	jīngshén (or jìngsheng)	high-spirited
43.挑剔	tiāotì	to find fault, be picky
44.湊合	còuhe	to compromise oneself
45.賤骨頭	jiàn gútou	cheap (women)
46.當真	dàngzhēn	to take it seriously
47.個體戶	gètǐhù	private business-person
48.享受	xiǎngshòu	to enjoy
49.全民	quánmín	nation-wide
50.福利	fúlì	welfare
51.待遇	dàiyù	treatment

52. 季度	jìdù	quarterly
53. 嫌	xián	to despise, regard as inadequate
54. 发	fā	to hand out, to pass out
55. 新鲜	xīnxiān	fresh, strange, extraordinary
56. 时髦	shímáo	fad, vogue
57. 咔叽	kǎjī	khaki
58. 好奇	hàoqí	curious
59. 美化	měihuà	to beautify
60. 市容	shìróng	the looks of the city
61. 化纤	huàxiān	synthetic fiber
62. 有文化	yǒu wénhuà	be educated
63. 神气	shénqì	awesome, smart
64. 合...身份	hé...shēnfèn	befitting one's social status
65. 显得	xiǎnde	to appear to be
66. 野	yě	be wild
67. 害得	hài de	to cause the ill effect of
68. 引起	yǐnqǐ	to arouse, to cause
69. 信任	xìnrèn	to trust
70. 嫂子	sǎozi	wife of elder brother
71. 底气粗	dǐqì cū	to speak with slight exaggeration
72. 抵得上	dǐ de shàng	be equal (& a bit superior) to
73. 弹（琴）	tán(qín)	to play (the piano etc)
74. 调音	tiáo yīn	to tune (a musical instrument)
75. 美育	měiyù	moral education
76. 文章	wénzhāng	articles, papers
77. 提意见	tí yìjiàn	to make suggestions
78. 实践	shíjiàn	be practical

52.季度	jìdù	quarterly
53.嫌	xián	to despise, regard as inadequate
54.發	fā	to hand out, to pass out
55.新鮮	xīnxiān	fresh, strange, extraordinary
56.時髦	shímáo	fad, vogue
57.咔嘰	kǎjī	khaki
58.好奇	hàoqí	curious
59.美化	měihuà	to beautify
60.市容	shìróng	the looks of the city
61.化纖	huàxiān	synthetic fiber
62.有文化	yǒu wénhuà	be educated
63.神氣	shénqì	awesome, smart
64.合...身份	hé...shēnfèn	befitting one's social status
65.顯得	xiǎnde	to appear to be
66.野	yě	be wild
67.害得	hài de	to cause the ill effect of
68.引起	yǐnqǐ	to arouse, to cause
69.信任	xìnrèn	to trust
70.嫂子	sǎozi	wife of elder brother
71.底氣粗	dǐqì cū	to speak with slight exaggeration
72.抵得上	dǐ de shàng	be equal (& a bit superior) to
73.彈 (琴)	tán(qín)	to play (the piano etc)
74.調音	tiáo yīn	to tune (a musical instrument)
75.美育	měiyù	moral education
76.文章	wénzhāng	articles, papers
77.提意見	tí yìjiàn	to make suggestions
78.實踐	shíjiàn	be practical

79.朗读	lǎngdú	to read aloud
80.赤壁之战	chìbì zhī zhàn	the Battle of the Red Cliff (208AD)
81.末年	mònián	the final years of
82.曹操	Cáo Cāo	a general in Han
83.率领	shuàilǐng	for a gereral to lead (the army)
84.夺取	duóqǔ	to seize, to occupy by force
85.周瑜	Zhōu Yú	a general in Wu
86.调兵遣将	tiào bīng qiǎn jiàng	to maneuver troops
87.隔江	gé jiāng	be separated by a river
88.相对	xiāng duì	to confront, face off
89.有出息	yǒu chūxi	to be successful in life
90.眼巴巴	yǎn babā	anxiously
91.世道	shìdào	moral (values) of the time
92.眼热	yǎnrè	be envious
93.知书达礼	zhī shū dá lǐ	be well-educated, cultured
94.成功率	chénggōng lù	rate of success
95.稳(着点儿)	wěn(zhe diǎnr)	to make no hasty decisions
96.广泛结交	guǎngfàn jiéjiāo	to expand personal connections
97.重点	zhòngdiǎn	focal point, to center on
98.培养	péiyǎng	to cultivate
99.择优	zé yōu	to select quality
100.录取	lùqǔ	to accept, to take in, to admit
101.消闲	xiāoxián	be leisurely, without worries
102.激动	jīdòng	be excited, aroused, agitated
103.惶惶然	huánghuángrán	in a state of anxiety
104.事业心	shìyè xīn	professional ambition
105.人品	rénpǐn	personal quality, looks

79. 朗讀	lǎngdú	to read aloud
80. 赤壁之戰	chìbì zhī zhàn	the Battle of the Red Cliff (208AD)
81. 末年	mònián	the final years of
82. 曹操	Cáo Cāo	a general in Han
83. 率領	shuàilǐng	for a gereral to lead (the army)
84. 奪取	duóqǔ	to seize, to occupy by force
85. 周瑜	Zhōu Yú	a general in Wu
86. 調兵譴將	tiào bīng qiǎn jiàng	to maneuver troops
87. 隔江	gé jiāng	be separated by a river
88. 相對	xiāng duì	to confront, face off
89. 有出息	yǒu chūxi	to be successful in life
90. 眼巴巴	yǎn bābā	anxiously
91. 世道	shìdào	moral (values) of the time
92. 眼熱	yǎnrè	be envious
93. 知書達禮	zhī shū dá lǐ	be well-educated, cultured
94. 成功率	chénggōng lù	rate of success
95. 穩(着點兒)	wěn(zhe diǎnr)	to make no hasty decisions
96. 廣泛結交	guǎngfàn jiéjiāo	to expand personal connections
97. 重點	zhòngdiǎn	focal point, to center on
98. 培養	péiyǎng	to cultivate
99. 擇優	zé yōu	to select quality
100. 錄取	lùqǔ	to accept, to take in, to admit
101. 消閑	xiāoxián	be leisurely, without worries
102. 激動	jīdòng	be excited, aroused, agitated
103. 惶惶然	huánghuángrán	in a state of anxiety
104. 事業心	shìyè xīn	professional ambition
105. 人品	rénpǐn	personal quality, looks

106. 接触	jiēchù	to get to know each other, contact
107. 车间	chējiān	workshop , machine shop
108. 优秀	yōuxiù	be distinguished
109. 抱歉	bàoqiàn	to apologise, be apologetic
110. 招人看	zhāo rén kàn	to attract attention, be appealing
111. 主动	zhǔdòng	to take the initiative
112. 甩下	shuǎi xià	to ignore, to cast off
113. 关键	guānjiàn	be critical
114. 时刻	shíkè	moment, time of
115. 淘气	táoqì	be naughty, mischievous
116. 态度	tàidu	manners, attitude
117. 受气	shòu qì	be annoyed
118. 环境	huánjìng	surroundings , environment
119. 气氛	qìfēn	atmosphere
120. 风趣	fēngqù	be witty
121. 人类	rénlèi	mankind
122. 交流	jiāoliú	communication
123. 工具	gōngjù	tools, instrument
124. 确实	quèshí	definitely
125. 娇惯	jiāoguàn	be spoilt
126. 体会	tǐhuì	knowledge from personal experience
127. 榫头	sǔntou	tenon, (对上榫头, a perfect fit)
128. 生动	shēngdòng	be vivid, lively
129. 活泼	huópo	be vivacious
130. 随(信)手	suí(xìn)shǒu	effortlessly
131. 拈	niān	to pick
132. 旅游	lǚyóu	to travel

106.接觸	jiēchù	to get to know each other, contact
107.車間	chējiān	workshop , machine shop
108.優秀	yōuxiù	be distinguished
109.抱歉	bàoqiàn	to apologise, be apologetic
110.招人看	zhāo rén kàn	to attract attention, be appealing
111.主動	zhǔdòng	to take the initiative
112.甩下	shuǎi xia	to ignore, to cast off
113.關鍵	guānjiàn	be critical
114.時刻	shíkè	moment, time of
115.淘氣	táoqì	be naughty, mischievous
116.態度	tàidu	manners, attitude
117.受氣	shòu qì	be annoyed
118.環境	huánjìng	surroundings, environment
119.氣氛	qìfēn	atmosphere
120.風趣	fēngqù	be witty
121.人類	rénlèi	mankind
122.交流	jiāoliú	communication
123.工具	gōngjù	tools, instrument
124.確實	quèshí	definitely
125.嬌慣	jiāoguàn	be spoilt
126.體會	tǐhuì	knowledge from personal experience
127.榫頭	sǔntou	tenon, (對上榫頭, a perfect fit)
128.生動	shēngdòng	be vivid, lively
129.活潑	huópo	be vivacious
130.隨(信)手	suí(xìn)shǒu	effortlessly
131.拈	niān	to pick
132.旅遊	lǚyóu	to travel

133.	增进	zēngjìn	to promote, to strengthen
134.	陶冶	táoyě	to cultivate, to mould
135.	情操	qíngcāo	values, personality, integrity
136.	热情	rèqíng	(personal) warmth
137.	大方	dàfang	easy-mannered, open-minded
138.	美貌	měimào	good looks
139.	不尽	bú jìn	inexhaustible
140.	艺术	yìshù	be artistic, art
141.	型	xíng	type
142.	俗气	súqì	earthly, vulgar
143.	毕加索	Bìjiāsuǒ	Piccaso
144.	缺乏	quēfá	to lack
145.	想像力	xiǎngxiàng lì	imagination
146.	墨守陈(成)规	mò shǒu chén(chéng) guī	be bound by conventions
147.	清高	qīnggāo	be free from earthly concerns, haughty (if said negatively)
148.	欣赏	xīnshǎng	to appreciate
149.	贝多芬	Bèiduōfēn	Beethoven
150.	莫札特	Mòzhātè	Mozart
151.	音响设备	yīnxiǎng shèbèi	hi-fi equipment
152.	带子	dàizi	tapes (=磁带)
153.	无所谓	wúsuǒwèi	do not mind,
154.	宁可	nìngkě	would not mind
155.	三角钢琴	sānjiǎo gāngqín	grand piano
156.	情愿	qíngyuàn	would rather
157.	够呛	gòuqiàng	be unbearable, frightful
158.	适应	shìyìng	to adjust to, to get used to

133. 增進	zēngjìn	to promote, to strengthen
134. 陶冶	táoyě	to cultivate, to mould
135. 情操	qíngcāo	values, personality, integrity
136. 熱情	rèqíng	(personal) warmth
137. 大方	dàfang	easy-mannered, open-minded
138. 美貌	měimào	good looks
139. 不盡	bù jìn	inexhaustible
140. 藝術	yìshù	be artistic, art
141. 型	xíng	type
142. 俗氣	súqì	earthly, vulgar
143. 畢加索	Bìjiāsuǒ	Piccaso
144. 缺乏	quēfá	to lack
145. 想像力	xiǎngxiàng lì	imagination
146. 墨守陳(成)規	mò shǒu chén(chéng) guī	be bound by conventions
147. 清高	qīnggāo	be free from earthly concerns, haughty (if said negatively)
148. 欣賞	xīnshǎng	to appreciate
149. 貝多芬	Bèiduōfēn	Beethoven
150. 莫札特	Mòzhātè	Mozart
151. 音響設備	yīnxiǎng shèbèi	hi-fi equipment
152. 帶子	dàizi	tapes (=磁帶)
153. 無所謂	wúsuǒwèi	do not mind,
154. 寧可	nìngkě	would not mind
155. 三角鋼琴	sānjiǎo gāngqín	grand piano
156. 情願	qíngyuàn	would rather
157. 够嗆	gòuqiàng	be unbearable, frightful
158. 適應	shìyìng	to adjust to, to get used to

159.下结论	xià jiélùn	to draw a conclusion
160.处	chǔ	to get along, (here:) go out with
161.痛快	tòngkuai	be straightforward
162.班配	bānpèi	be matching
163.歪	wāi	be crooked
164.客套	kètào	polite (talk)
165.空虚	kōngxū	be insubstantial
166.实力	shílì	real strength
167.显示	xiǎnshì	to show, to reveal
168.单位	dānwèi	'work unit', one's employer
169.轮到	lún dào	to get to one's turn
170.猴年马月	hóu nián mǎ yuè	'till goodness knows when'
171.翻修	fānxiū	to renovate
172.不仅	bùjǐn	not only
173.适意	shìyì	to enjoy, be comfortably situated
174.归	guī	to be someone's responsibility to
175.花费	huāfèi	expenses, expenditures
176.装修	zhuāngxiū	repair and installation
177.管工	guǎngōng	plumbers
178.钳工	qiángōng	mechanics, appliance fixers
179.电工	diàngōng	electricians
180.木工	mùgōng	carpenters
181.哥儿们	gērmen	buddies
182.动脑筋	dòng nǎojīn	to think of something
183.富裕	fùyù	well-to-do, prosperous
184.走题	zǒu tí	to digress, to miss the point
185.物质	wùzhì	material

159.	下結論	xià jiélùn	to draw a conclusion
160.	處	chù	to get along, (here:) go out with
161.	痛快	tòngkuai	be straightforward
162.	班配	bānpèi	be matching
163.	歪	wāi	be crooked
164.	客套	kètào	polite (talk)
165.	空虛	kōngxū	be insubstantial
166.	實力	shílì	real strength
167.	顯示	xiǎnshì	to show, to reveal
168.	單位	dānwèi	'work unit', one's employer
169.	輪到	lún dào	to get to one's turn
170.	猴年馬月	hóu nián mǎ yuè	'till goodness knows when'
171.	翻修	fānxiū	to renovate
172.	不僅	bùjǐn	not only
173.	適意	shìyì	to enjoy, be comfortably situated
174.	歸	guī	to be someone's responsibility to
175.	花費	huāfèi	expenses, expenditures
176.	裝修	zhuāngxiū	repair and installation
177.	管工	guǎngōng	plumbers
178.	鉗工	qiángōng	mechanics, appliance fixers
179.	電工	diàngōng	electricians
180.	木工	mùgōng	carpenters
181.	哥兒們	gērmen	buddies
182.	動腦筋	dòng nǎojīn	to think of something
183.	富裕	fùyù	well-to-do, prosperous
184.	走題	zǒu tí	to digress, to miss the point
185.	物質	wùzhì	material

186.	引诱	yǐnyòu	to entice, enticement
187.	沾光	zhān guāng	to receive rub-off benefit
188.	享福	xiǎng fú	to enjoy a comfortable life
189.	干预	gānyù	to intervene
190.	房梁	fángliáng	beam of a house
191.	椽子	chuánzi	rafter
192.	置	zhì	to place something, to purchase
193.	满堂生辉	mǎn táng shēng huī	for a room to be dazzling
194.	竣工	jùngōng	for work to be completed
195.	形象	xíngxiàng	image, appearance
196.	披	pī	to drape over the shoulders
197.	盯	dīng	to watch out for
198.	眼力	yǎnlì	eye-sight, judgment
199.	挑花眼	tiāo huā yǎn	be confused over too many choices
200.	小瘪三	xiǎo biēsān	a good-for-nothing
201.	签字	qiān zì	to sign (some document)
202.	仪式	yíshì	a ceremon
203.	垮台	kuǎtai	to crumble, to fall from power
204.	临时工	línshí gōng	a temporary hired-hand
205.	标致	biāozhì	pretty
206.	福气	fúqì	good fortune
207.	操心	cāoxīn	to worry about, to bother with
208.	操持	cāochi	to take charge of, to manage
209.	家长里短	jiā cháng lǐ duǎn	household trivialities
210.	一概而论	yígài ér lùn	to generalise
211.	基本上	jīběn shàng	on the whole
212.	色调	sèdiào	tone of color

186. 引誘	yǐnyòu	to entice, enticement
187. 沾光	zhān guāng	to receive rub-off benefit
188. 享福	xiǎng fú	to enjoy a comfortable life
189. 干預	gānyù	to intervene
190. 房梁	fángliáng	beam of a house
191. 椽子	chuánzi	rafter
192. 置	zhì	to place something, to purchase
193. 滿堂生輝	mǎn táng shēng huī	for a room to be dazzling
194. 竣工	jùngōng	for work to be completed
195. 形象	xíngxiàng	image, appearance
196. 披	pī	to drape over the shoulders
197. 盯	dīng	to watch out for
198. 眼力	yǎnlì	eye-sight, judgment
199. 挑花眼	tiāo huā yǎn	be confused over too many choices
200. 小鱉三	xiǎo biēsān	a good-for-nothing
201. 簽字	qiān zì	to sign (some document)
202. 儀式	yíshì	a ceremon
203. 垮台	kuǎtái	to crumble, to fall from power
204. 臨時工	línshí gōng	a temporary hired-hand
205. 標緻	biāozhì	pretty
206. 福氣	fúqì	good fortune
207. 操心	cāoxīn	to worry about, to bother with
208. 操持	cāochi	to take charge of, to manage
209. 家長里短	jiā cháng lǐ duǎn	household trivialities
210. 一概而論	yígài ér lùn	to generalise
211. 基本上	jīběn shàng	on the whole
212. 色調	sèdiào	tone of color

213.后盾	hòudùn	back-up force
214.设计	shèjì	to design, a design
215.窗帘儿	chuānglíanr	curtains
216.壁纸	bìzhǐ	wall-paper
217.布置	bùzhì	arrangement (of furniture), decor
218.度数	dùshu	depth, culture
219.嘱咐	zhǔfu	to urge, advise
220.六亲不认	liù qīn bú rèn	not acknowledge acquaintance
221.交代	jiāodài	to hand over responsibility after making an issue clear to someone
222.摆摊儿	bǎi tānr	to set up road-side vendor stand
223.担风险	dān fēngxiǎn	to run into risks
224.太平	tàipíng	be trouble-free
225.砸	zá	to smash
226.生育	shēngyù	childbirth
227.高峰	gāofēng	peak
228.入学	rù xué	to enter/enroll in schools
229.重点	zhòngdiǎn	'key' prestigious schools
230.谢罪	xiè zuì	to beg for pardon
231.中意	zhòng yì	to find desirable
232.丢面子	diū miànzi	to lose face
233.无论如何	wúlùn rúhé	in any event
234.下台阶	xià táijiē	to enable someone to get out of an embarrassing situation without losing (too much) face/grace
235.风度	fēngdù	poise, outward manner
236.阴错阳差	yīn cuò yáng chà	unexpected mix-up of circumstances

213. 后盾	hòudùn	back-up force
214. 設計	shèjì	to design, a design
215. 窗帘兒	chuāngliánr	curtains
216. 壁紙	bìzhǐ	wall-paper
217. 布置	bùzhì	arrangement (of furniture), decor
218. 度數	dùshu	depth, culture
219. 囑咐	zhǔfu	to urge, advise
220. 六親不認	liù qīn bú rèn	not acknowledge acquaintance
221. 交代	jiāodài	to hand over responsibility after making an issue clear to someone
222. 擺攤兒	bǎi tānr	to set up road-side vendor stand
223. 擔風險	dān fēngxiǎn	to run into risks
224. 太平	tàipíng	be trouble-free
225. 砸	zá	to smash
226. 生育	shēngyù	childbirth
227. 高峰	gāofēng	peak
228. 入學	rù xué	to enter/enroll in schools
229. 重點	zhòngdiǎn	'key' prestigious schools
230. 謝罪	xiè zuì	to beg for pardon
231. 中意	zhòng yì	to find desirable
232. 丟面子	diū miànzi	to lose face
233. 無論如何	wúlùn rúhé	in any event
234. 下台階	xià táijiē	to enable someone to get out of an embarrassing situation without losing (too much) face/grace
235. 風度	fēngdù	poise, outward manner
236. 陰錯陽差	yīn cuò yáng chà	unexpected mix-up of circumstances

237. 挤挤巴巴　　jǐjǐbābā　　　　be crowded
238. 摸不着头脑　mō bu zháo tóunǎo　be confused, perplexed
239. 不由　　　　bù yóu　　　　　not up to someone to have control
　　　　　　　　　　　　　　　　　over

237. 擠擠巴巴　　jǐjǐbābā　　　　　　be crowded

238. 摸不着頭腦 mō bù zháo tóunǎo　be confused, perplexed

239. 不由　　　bù yóu　　　　　　not up to someone to have control

over

词语和句型练习　Usages and Patterns

1。有什么+ Adj +（的）(you sheme...de; what's so Adj about...)

With this pattern, the speaker mildly refutes someone else's statement. （"有+什么+形容词（+的）" 表示一个否定的意思。说话人这样说时， 表示对对方（或其他人）所说的或所做的不以为然,即认为不好或不对.)

(1)　甲：我不好意思去借他的词典。

　　　I am too embarrassed to borrow his dictionary.

　　乙：借词典有什么不好意思的？ 又不是借钱。

　　　What's so embarrassing about borrowing a dictionary?
　　　You're not going to borrow his money.

(2)　甲：我喜欢睡水床，舒服。

　　　I like sleeping on water-beds. So comfortable!

　　乙：睡水床有什么舒服？ 我就不喜欢。

　　　What's so comfortable about water-beds. I don't like them.

(3)　（甲在准备汽车驾照笔试，怕通不过，很紧张。）

　　　A is nervous about taking a test for a learner's permit,
　　　worried that he might not pass it.

　　乙：考笔试有什么难的？ 别紧张。

　　　What's so difficult about getting a learner's permit?
　　　Don't worry!

2。冲 (chong; towards; because of)

－ 212 －

詞語和句型練習　Usages and Patterns

1。有什麼+ Adj +（的）(you sheme...de; what's so Adj about...)

　　With this pattern, the speaker mildly refutes someone else's statement.（"有+什麼+形容詞（+的）" 表示一個否定的意思。説話人這樣説時， 表示對對方（或其他人）所説的或所做的不以爲然,即認爲不好或不對.)

(1)　甲：我不好意思去借他的詞典。

　　　　I am too embarrassed to borrow his dictionary.

　　乙：借詞典有什麼不好意思的？ 又不是借錢。

　　　　What's so embarrassing about borrowing a dictionary? You're not going to borrow his money.

(2)　甲：我喜歡睡水床，舒服。

　　　　I like sleeping on water-beds. So comfortable!

　　乙：睡水床有什麼舒服？ 我就不喜歡。

　　　　What's so comfortable about water-beds. I don't like them.

(3)　（甲在準備汽車駕照筆試，怕通不過，很緊張。）

　　　　A is nervous about taking a test for a learner's permit,

　　　　worried that he might not pass it.

　　乙：考筆試有什麼難的？ 別緊張。

　　　　What's so difficult about getting a learner's permit?

　　　　Don't worry!

2。衝 (chong; towards; because of)

This is a preposition, rather colloquial, meaning 'towards, facing' or 'just because of'. ("冲"是介词，是口语，它的一个意思是"朝，向"或"凭"。)

(1) 他冲我点点头，没说话。

He nodded his head at me, without saying anything.

(2) 你们有意见冲我提，别跟她过不去。

Raise your objections with me. Don't bother her!

(3) 甲：小高说他这次考试不用准备也能得一百分.

Xiao Gao said he could get 100

for the exam today.

乙：就冲他这个态度，他也得不了一百分。

With this kind of attitude, how can he ever get 100？

(4) 我来帮你，是冲你爸爸的面子；要不然，我才不来呢.

I came to help you because of your father. Who would

have bothered otherwise?

3。却 (que; unexpectedly)

This is an adverb, referring to a fact contrary to a situation or to one's expectation. ("却"是副词，表示转折，比"倒"语气要轻.)

(1) 小丽没考上大学，她爸爸妈妈很着急，她却满不在乎。

Xiao Li didn't get into a college, and her parents were

very worried, but it didn't seem to bother her.

This is a preposition, rather colloquial, meaning 'towards, facing' or 'just because of'. ("衝" 是介詞，是口語，它的一個意思是 "朝，向" 或 "憑"。)

(1) 他衝我點點頭，沒説話。

He nodded his head at me, without saying anything.

(2) 你們有意見衝我提，別跟她過不去。

Raise your objections with me. Don't bother her!

(3) 甲：小高説他這次考試不用準備也能得一百分．

Xiao Gao said he could get 100

for the exam today.

乙：就衝他這個態度，他也得不了一百分。

With this kind of attitude, how can he ever get 100?

(4) 我來幫你，是衝你爸爸的面子；要不然，我才不來呢．

I came to help you because of your father. Who would

have bothered otherwise?

3。 却 (que; unexpectedly)

This is an adverb, referring to a fact contrary to a situation or to one's expectation. ("却" 是副詞，表示轉折，比 "倒" 語氣要輕.)

(1) 小麗没考上大學， 她爸爸媽媽很着急， 她却滿不在乎。

Xiao Li didn't get into a college, and her parents were

very worried, but it didn't seem to bother her.

(2) 他和久别的妻子重逢，有很多话要说，却不知说什么好。

He had much to say when he was reunited with his long-separated wife, but didn't know where to begin.

(3) 请的客人当中应该来的没来，不希望来的却来了。他心里很不愉快。

Of the guests he had invited, those who should come did not show up and those who he had hoped would not come showed up. He was rather displeased.

4。"随着..." (suizhe; following, together with, due to)

This phrase specifies a condition as a natural consequence of some other thing. ("随着"后边一般是一个以动词为中心语的偏正结构)

(1) 随着国民经济的发展，人民的生活水平也逐渐提高了。

Due to the improvement of the gross national product, the standard of living of the ordinary people is being raised gradually.

(2) 随着人民物质生活水平的提高，对文化生活的要求也越来越高。

Following the material improvement, expectations in cultural life are on the rise as well.

(3) 随着国际紧张局势的缓和，各国间的友好交往频繁起来.

Following the relaxation of international tension, friendly communications are becoming frequent.

(4) 随着旅游事业的发展，各种服务设施也多了起来。

Due to the development of tourism, the variety of services available is also increasing.

(2) 他和久別的妻子重逢，有很多話要說，却不知說什麼好。

He had much to say when he was reunited with his long-separated wife, but didn't know where to begin.

(3) 請的客人當中應該來的没來，不希望來的却來了。他心里很不愉快。

Of the guests he had invited, those who should come did not show up and those who he had hoped would not come showed up. He was rather displeased.

4。"隨着..." (suizhe; following, together with, due to)

This phrase specifies a condition as a natural consequence of some other thing. ("隨着"后邊一般是一個以動詞爲中心語的偏正結構)

(1) 隨着國民經濟的發展，人民的生活水平也逐漸提高了。

Due to the improvement of the gross national product, the standard of living of the ordinary people is being raised gradually.

(2) 隨着人民物質生活水平的提高，對文化生活的要求也越來越高。

Following the material improvement, expectations in cultural life are on the rise as well.

(3) 隨着國際緊張局勢的緩和，各國間的友好交往頻繁起來.

Following the relaxation of international tension, friendly communications are becoming frequent.

(4) 隨着旅遊事業的發展，各種服務設施也多了起來。

Due to the development of tourism, the variety of services available is also increasing.

available is also increasing.

5。宁可 (ningke; would rather)

It is an adverb, referring to the option one takes out of possible alternatives. ("宁可"是副词。 表示在比较利害得失之后, 选取的一种做法.)

(1) 他不喜欢父母给他找的女孩, 他说宁可独身也不跟他结婚。

He doesn't like the girl his parents found for him. He said he would rather stay single.

(2) 今天晚上我宁可不睡觉也要把报告写好.

I would rather stay up all night than not finish the paper.

(3) 何导演宁可不拍这部电影也不同意改剧本。

Ms. Ho, the director, would rather give up the movie than alter the script.

6。免得 (miande; so as not to)

This is a conjunction, preempting what might otherwise happen. It must not be preceded by a subject. ("免得"是连词, 不但表示避免发生某种不希望发生的情况。 一般用于后一个分句。 "免得" 前不能出现主语.)

(1) 你快回家吧, 免得你妈妈惦记你。

You'd better go home quickly, so as not to worry your mother.

(2) 今天晚上早点儿睡吧, 免得明天早上赶不上飞机.

You'd better go to bed early tonight, so that you don't

available is also increasing.

5。寧可 (ningke; would rather)

It is an adverb, referring to the option one takes out of possible alternatives. ("寧可"是副詞。 表示在比較利害得失之后，選取的一種做法.)

(1) 他不喜歡父母給他找的女孩， 他説寧可獨身也不跟他結婚。

He doesn't like the girl his parents found for him. He said he would rather stay single.

(2) 今天晚上我寧可不睡覺也要把報告寫好.

I would rather stay up all night than not finish the paper.

(3) 何導演寧可不拍這部電影也不同意改劇本。

Ms. Ho, the director, would rather give up the movie than alter the script.

6。免得 (miande; so as not to)

This is a conjunction, preempting what might otherwise happen. It must not be preceded by a subject. ("免得"是連詞，不但表示避免發生某種不希望發生的情況。一般用于后一個分句。"免得"前不能出現主語.)

(1) 你快回家吧， 免得你媽媽惦記你。

You'd better go home quickly, so as not to worry your mother.

(2) 今天晚上早點兒睡吧， 免得明天早上趕不上飛機.

You'd better go to bed early tonight, so that you don't

miss the flight in the morning.

(3) 说话声音小一点儿，免得打扰别人。

Keep your voice down, so as not to disturb others.

(4) 还是自己学会开车好，免得老求别人。

It'd be better if you learned to drive yourself, so that
you won't have to ask favors of others all the time.

7。无论如何 (wulun ruhe; no matter what, at all cost)

This phrase refers to the occurrence of something under any
circumstances. （"无论如何" 的意思是 "无论怎么样"，"无论在
任何条件下"）

(1) 这件事很重要，无论如何你要帮忙。

This is terribly important. You must help me under any
circumstances.

(2) 我给他钱，他无论如何不收。

I gave him some money, but he would not take it no
matter what.

(3) 你有了消息以后，无论如何打个电话告诉我。

If you hear anything, you must telephone me.

(4) 我请了他三次，他无论如何不肯来。

I invited him 3 times, but he just would not come at all.

miss the flight in the morning.

(3) 說話聲音小一點兒，免得打擾別人。

Keep your voice down, so as not to disturb others.

(4) 還是自己學會開車好，免得老求別人。

It'd be better if you learned to drive yourself, so that you won't have to ask favors of others all the time.

7。無論如何 (wulun ruhe; no matter what, at all cost)

This phrase refers to the occurrence of something under any circumstances. ("無論如何" 的意思是"無論怎麼樣"，"無論在任何條件下")

(1) 這件事很重要，無論如何你要幫忙。

This is terribly important. You must help me under any circumstances.

(2) 我給他錢，他無論如何不收。

I gave him some money, but he would not take it no matter what.

(3) 你有了消息以后，無論如何打個電話告訴我。

If you hear anything, you must telephone me.

(4) 我請了他三次，他無論如何不肯來。

I invited him 3 times, but he just would not come at all.

听力和会话练习　Questions and Answers

1。电视剧 一开始，人们在搬什么？给谁搬？

2．汪百翎是做什么工作的？ 他的学生听他的话吗？

3。小芬是汪百翎二弟的未婚妻，他的二弟正在忙什么？ 为什么？

4。汪百翎结婚了吗？ 他多大了？ 他母亲为他的事着急吗？ 他自己着急吗？
为什么？

5。汪百翎的小弟弟找对象难吗？

6。汪百翎的母亲为什么说他身边就一堆狐仙？ 狐仙和婚事有什么关系吗？

7。汪百翎的小弟是做什么工作的？ 他生意做得怎么样？

8。张妈要买一件什么样的衣服？ 她跟小弟认识吗？

9。张妈为什么对小弟说 "你可不要没有良心呀"？ 她说这句话的目的
是什么？

10。汪百翎为什么不愿意提他的婚事？

11。二弟为什么等了小芬很长时间？ 小芬为什么要减肥？

12。汪百翎对学生关心吗？ 你是怎么知道的？

聽力和會話練習　Questions and Answers

1。電視劇 一開始，人們在搬什麼？給誰搬？

2．汪百翎是做什麼工作的？ 他的學生聽他的話嗎？

3。小芬是汪百翎二弟的未婚妻，他的二弟正在忙什麼？ 爲什麼？

4。汪百翎結婚了嗎？ 他多大了？ 他母親爲他的事着急嗎？ 他自己着急嗎？
   爲什麼？

5。汪百翎的小弟弟找對象難嗎？

6。汪百翎的母親爲什麼説他身邊就一堆狐仙？ 狐仙和婚事有什麼關係嗎？

7。汪百翎的小弟是做什麼工作的？ 他生意做得怎麼樣？

8。張媽要買一件什麼樣的衣服？ 她跟小弟認識嗎？

9。張媽爲什麼對小弟説 "你可不要沒有良心呀"？ 她説這句話的目的
   是什麼？

10。汪百翎爲什麼不願意提他的婚事？

11。二弟爲什麼等了小芬很長時間？ 小芬爲什麼要減肥？

12。汪百翎對學生關心嗎？ 你是怎麼知道的？

13。汪百翎的二弟在工厂工作，他享受的待遇和个体户一样吗？

14。汪百翎的二弟都从工厂领来一些什么东西？

15。汪百翎为什么觉得他穿西服不太合适？小弟为什么不喜欢穿西服？

16。为什么小弟说话底气粗？ 他对他大哥怎么样？

17。齐丽丽对汪百翎的印象怎么样？ 你是怎么知道的？

18。汪百翎上课认真吗？ 你认为汪百翎是一个什么样的老师？

19。汪百翎的父亲是做什么工作的？ 他的婚事难解决吗？

20。小芬认为汪百翎应该怎样解决他的婚事？

21。汪百翎以前谈过恋爱吗？ 小芬给他介绍的第一个女朋友是谁？她
对汪百翎的印象怎么样？ 你认为她怎么样？

22。汪百翎和顾美荣的第一次约会是做什么？ 从汪百翎等退票的情况看，
他是一个什么样的人？

23。汪百翎和顾美荣的第二次约会是做什么？ 从第二次约会中他得出什么
结论？

24。小芬给汪百翎介绍的第二个女朋友是一个什么样的人？ 汪百翎为什么

13。汪百翎的二弟在工廠工作，他享受的待遇和個體户一樣嗎？

14。汪百翎的二弟都從工廠領來一些什麼東西？

15。汪百翎爲什麼覺得他穿西服不太合適？小弟爲什麼不喜歡穿西服？

16。爲什麼小弟説話底氣粗？ 他對他大哥怎麼樣？

17。齊麗麗對汪百翎的印象怎麼樣？ 你是怎麼知道的？

18。汪百翎上課認真嗎？ 你認爲汪百翎是一個什麼樣的老師？

19。汪百翎的父親是做什麼工作的？ 他的婚事難解決嗎？

20。小芬認爲汪百翎應該怎樣解決他的婚事？

21。汪百翎以前談過戀愛嗎？ 小芬給他介紹的第一個女朋友是誰？她
　　對汪百翎的印象怎麼樣？ 你認爲她怎麼樣？

22。汪百翎和顧美榮的第一次約會是做什麼？ 從汪百翎等退票的情況看，
　　他是一個什麼樣的人？

23。汪百翎和顧美榮的第二次約會是做什麼？ 從第二次約會中他得出什麼
　　結論？

24。小芬給汪百翎介紹的第二個女朋友是一個什麼樣的人？ 汪百翎爲什麼

不喜欢她？ 她会喜欢汪百翎吗？

25。顾美荣为什么不同意跟汪百翎继续接触了？

26。汪百翎的二弟认为汪百翎的婚事难解决的原因是什么？ 他提出什么建议？

27。小弟同意他二哥的建议吗？ 他负责什么？ 他二哥负责什么？

28。你认为汪百翎清高不清高？ 为什么？

29。小芬给汪百翎介绍的第三个女朋友长得什么样？

30。小弟找对象的标准是什么？ 他清高不清高？

31。沈美凤在小弟的摊子上买了一件什么衣服？ 他们俩对这次" 买"和
　　"卖 " 满意吗？

32。沈美凤讨人喜欢吗？ 为什么？

33。汪百翎是个老实人吗？ 他二弟为什么说他是总设计师？

34。沈美凤喜欢"铁饭碗"吗？ 为什么？ 你想她会看上汪百翎吗？ 为什么？

35。小弟为什么让沈美凤再挑一件衣服？

36。沈美凤看上了谁？ 他们会结婚吗？

不喜歡她？ 她會喜歡汪百翎嗎？

25。顧美榮爲什麼不同意跟汪百翎繼續接觸了？

26。汪百翎的二弟認爲汪百翎的婚事難解決的原因是什麼？ 他提出什麼建議？

27。小弟同意他二哥的建議嗎？ 他負責什麼？ 他二哥負責什麼？

28。你認爲汪百翎清高不清高？ 爲什麼？

29。小芬給汪百翎介紹的第三個女朋友長得什麼樣？

30。小弟找對象的標準是什麼？ 他清高不清高？

31。沈美鳳在小弟的攤子上買了一件什麼衣服？ 他們倆對這次" 買"和
" 賣 "滿意嗎？

32。沈美鳳討人喜歡嗎？ 爲什麼？

33。汪百翎是個老實人嗎？ 他二弟爲什麼說他是總設計師？

34。沈美鳳喜歡"鐵飯碗"嗎？ 爲什麼？ 你想她會看上汪百翎嗎? 爲什麼？

35。小弟爲什麼讓沈美鳳再挑一件衣服？

36。沈美鳳看上了誰？ 他們會結婚嗎？

37。齐丽丽为什么搬家了？ 汪百翎会想起她吗？

38。汪百翎的观念会变吗？ 他的婚事困难有什么样的结局？

37。齊麗麗爲什麼搬家了？ 汪百翎會想起她嗎？

38。汪百翎的觀念會變嗎？ 他的婚事困難有什麼樣的結局？

背景知识介绍 Background Notes

There is an old proverb in China, 'As long as one is not starving, he should not seek employment as the 'king of children', which ridicules the miserable hand-to-mouth life of teachers. The condition stayed the same even after 1949. Men would rather be industrial workers, and thus the number of male teachers in schools has been very small.

With the economic reforms in the 80's, the quality of teachers' lives actually got worse, as the 'responsibility system' afforded factory workers and others various bonuses, which further widened the gap.

Low wages and scarce housing for teachers scare off prospective inquirers, even though education has always been valued in China. Even their female colleagues stoop to the better conditions factory workers and private enterpreneurs can offer.

It's a tough life for Teacher Wang!

中国自古就有"家有二斗粮，不当孩子王"的说法，因为中国的教师，特别的小学教师待遇一直很低。解放后，小学教师仍然不是一个令人向往的职业。很多男青年宁肯当工人，也不愿意当小学教师。所以小学里男教师很少。有的学校，几十个女教师，只有一个体育老师是男的。

八十年代改革开放以来，工人奖金多了，售货员、服务员的奖金也多了，新出现的个体户赚钱更容易，有的一个月的收入是小学老师的几倍、甚至十几倍，几十倍。这些年小学教师的工资虽然有所增加，但远远比不上

There is an old proverb in China, 'As long as one is not starving, he should not seek employment as the 'king of children', which ridicules the miserable hand-to-mouth life of teachers. The condition stayed the same even after 1949. Men would rather be industrial workers, and thus the number of male teachers in schools has been very small.

With the economic reforms in the 80's, the quality of teachers' lives actually got worse, as the 'responsibility system' afforded factory workers and others various bonuses, which further widened the gap.

Low wages and scarce housing for teachers scare off prospective inquirers, even though education has always been valued in China. Even their female colleagues stoop to the better conditions factory workers and private enterpreneurs can offer.

It's a tough life for Teacher Wang!

中國自古就有"家有二鬥糧，不當孩子王"的說法，因爲中國的教師，特別的小學教師待遇一直很低。解放后，小學教師仍然不是一個令人向往的職業。很多男青年寧肯當工人，也不願意當小學教師。所以小學里男教師很少。有的學校，幾十個女教師，只有一個體育老師是男的。

八十年代改革開放以來，工人獎金多了，售貨員、服務員的獎金也多了，新出現的個體户賺錢更容易，有的一個月的收入是小學老師的幾倍、甚至十幾倍，幾十倍。這些年小學教師的工資雖然有所增加，但遠遠比不上

其他行业 。小学老师工作很辛苦，下班以后还要批改作业、备课，甚至对孩子进行个别教育。繁重辛苦的工作与菲薄的待遇，使人更加不愿意当小学教师。

小学的男老师找对象为什么难呢？

本来，在中国是大令女青年找文化程度比较高的男青年比较难。男青年的婚姻一般不难解决。小学老师一般是高中毕业。还有，小学有那么多女老师，为什么不找男同行呢？主要原因仍然是上面的两个原因：一是工资低， 二．是工作忙，不能帮助做家务事。此外，还有小学教师的房子问题特别难解决，所以虽然工人、服务员、售货员只有初中文化程度，小学女老师也会同意。女工人，女售货员等当然也不愿意嫁给小学老师。这样一来，小学男老师找对象难的问题就突出了。

这是十分不合理的， 但又是一时难以解决的。

其他行業 。小學老師工作很辛苦，下班以后還要批改作業、備課，甚至對孩子進行個別教育。繁重辛苦的工作與菲薄的待遇，使人更加不願意當小學教師。

小學的男老師找對象爲什麽難呢？

本來，在中國是大令女青年找文化程度比較高的男青年比較難。男青年的婚姻一般不難解決。小學老師一般是高中畢業。還有，小學有那麽多女老師，爲什麽不找男同行呢？主要原因仍然是上面的兩個原因：一是工資低， 二．是工作忙，不能幫助做家務事。此外，還有小學教師的房子問題特別難解決，所以雖然工人、服務員、售貨員只有初中文化程度，小學女老師也會同意。女工人，女售貨員等當然也不願意嫁給小學老師。這樣一來，小學男老師找對象難的問題就突出了。

這是十分不合理的， 但又是一時難以解決的。

INDEX TO VOCABULARY

INDEX TO VOCABULARY

INDEX TO VOCABULARY

bù yóu	不由	10
bùjǐn	不仅	10
bùmiǎn	不免	5
bùzhǎng	部长	7
bùzhì	布置	10

C

cā	擦	4,5
cáifù	财富	9
cáizhèng	财政	7
cáinéng	才能	5,9,7
cǎidiàn	彩电	5
cānjiā	参加	9
cánfèi	残废	7
cāochi	操持	10
cāoxīn	操心	10
Cáo Cāo	曹操	10
cèi	瓶	3
chācuò	差错	1
cháduì	查对	1
chán	馋	3,5
chǎnpǐn	产品	2
Chánggēng	长庚	2
chǎng li	厂里	9
chàng gāodiào	唱高调	5
cháoliú	潮流	2
chējì	车技	7
chējiān	车间	9,10
chèn rè dǎ tiě	趁热打铁	4

chēng	称	8
chéngbāo	承包	7
chéngrèn	承认	9
chēng de shàng	称得上	2
chénggōng lù	成功率	10
chéngjī cè	成绩册	3
chéngshí	诚实	2
chī bǎo chēng de	吃饱撑的	8
chídào	迟到	3
chídùn	迟钝	8
chízǎo	迟早	5
chǐ gōu	齿沟	2
Chìbì zhī zhàn	赤壁之战	10
chōng	冲	7
chōngfèn	充分	9
chóng	虫	3
chóng	重	3
chōuti	抽屉	7
chū rénmìng	出人命	7
chū cuò	出错	3
chūchāi	出差	6,9
chūjià	出嫁	2
chúchòujì	除臭剂	3
chǔlǐ	处理	7,9
chù	处	10
chùfàn	触犯	4
chuán	传	8
chuántǒng	传统	10
chuánzi	橼子	10

bù yóu	不由	10	chēng	稱	8
bùjǐn	不僅	10	chéngbāo	承包	7
bùmiǎn	不免	5	chéngrèn	承認	9
bùzhǎng	部長	7	chēng de shàng	稱得上	2
bùzhì	布置	10	chénggōng lù	成功率	10
			chéngjī cè	成績冊	3
C			chéngshí	誠實	2
			chī bǎo chēng de	吃飽撐的	8
cā	擦	4,5	chídào	遲到	3
cáifù	財富	9	chídùn	遲鈍	8
cáizhèng	財政	7	chízǎo	遲早	5
cáinéng	才能	5,9,7	chǐ gōu	齒溝	2
cǎidiàn	彩電	5	Chìbì zhī zhàn	赤壁之戰	10
cānjiā	參加	9	chōng	沖	7
cánfèi	殘廢	7	chōngfèn	充分	9
cāochi	操持	10	chóng	蟲	3
cāoxīn	操心	10	chóng	重	3
Cáo Cāo	曹操	10	chōuti	抽屜	7
cèi	瓶	3	chū rénmìng	出人命	7
chācuò	差錯	1	chū cuò	出錯	3
cháduì	查對	1	chūchāi	出差	6,9
chán	饞	3,5	chūjià	出嫁	2
chǎnpǐn	產品	2	chúchòujì	除臭劑	3
Chánggēng	長庚	2	chǔlǐ	處理	7,9
chǎng li	廠里	9	chù	處	10
chàng gāodiào	唱高調	5	chùfàn	觸犯	4
cháoliú	潮流	2	chuán	傳	8
chējì	車技	7	chuántǒng	傳統	10
chējiān	車間	9,10	chuánzi	椽子	10
chèn rè dǎ tiě	趁熱打鐵	4			

chuàn	串	5
chuāngliánr	窗帘兒	10
chuángzhào	床單	10
chuō pò	戳破	2
cǐ	此	4
cìhou	伺候	7
cóng hé shuō qǐ	從何説起	4
cónglái	從來	3,5
còu	湊	7
còu qí	湊齊	2
còuhe	湊合	10
cuì	脆	2
cuò guài	錯怪	8
cuòwù	錯誤	1

D

dá	達	4
dǎ	打	1,8
dà gōng gàochéng	大功告成	4
dàfang	大方	2,10
Dàshilàn(Dàzhàlán)	大柵欄	6
dāi	呆	8
dāi huìr	待會兒	9
dài	戴	9
dàibiǎo	代表	4
dàiyù	待遇	10
dáizi	帶子	10
dān fēngxiǎn	擔風險	10
dānwèi	單位	10

dānxīn	擔心	8
dānwu	耽誤	3
dàn	蛋	2
dāng(zhe)...miàn	當(著)...面	6
dāngchū	當初	4
dāngmiàn	當面	1
dāngnián	當年	6
dǎngwěi huì	黨委會	9
dàngyuè	當月	1
dàng chéng	當成	6
dàngzhēn	當真	10
dàngzi shì	擋子事	8
dǎo luàn	搗亂	3
dào	倒	8
dàodǐ	到底	5,9
dàoshì	倒是	6
dé le	得了	7,9
déshù	得數	3
déxing	德行	9
dēngdēng		2
dǐ de shàng	抵得上	10
dǐqì cū	底氣粗	10
diǎn qīng	點清	1
diàn	墊	5
diànbīngxiāng	電冰箱	5
diàngōng	電工	10
diànqì	電器	5
diànjì	惦記	8
diào	掉	5,9

diào jiàr	掉价儿	4	fā huà	发话	5
diàodēng	吊灯	10	fā shì	发誓	6,8
diào bīng qiān jiàng	调兵遣将	10	fāhuī	发挥	9
			fāxiàn	发现	1
diàodòng	调动	4,9	fǎlù	法律	4
dīng	盯	10	fānxiū	翻修	10
diū miànzi	丢面子	10	fānyì	翻译	9
dòng nǎojīn	动脑筋	10	fán	烦	7
dòu	逗	3	fǎn	反	3
dòufu	豆腐	2	fáng huá	防滑	2
duān	端	5,8	fángliáng	房梁	10
duānzhuāng	端装	5	fàng	放	2
duìxiàng	对象	8	fēi...bùkě	非...不可	6
duìzhǎng	队长	2	fēiyǔ	斐语	9
dùn(shí)	顿(时)	5	fèi	费	7
duō cǐ yì jǔ	多此一举	7	fèixīn	费心	8
duǒ	剁	7	fèifèiyángyáng	沸沸扬扬	10
duóqǔ	夺取	10	fēn jū	分居	4
duōyú	多馀	8	fēn bu kā shēn	分不开身	8
dùshu	度数	10	fēnpèi	分配	9
			fēngdù	风度	10
E			fēngqù	风趣	10
			fēngshèng	丰盛	5
é	讹	7	fúlì	福利	10
ěrhuán	耳环	9	fúqì	福气	8,10
			fù	富	2
F			fùyù	富裕	10
			fù zérèn	负责任	1
fā	发	9,10	fù	副	2
fā chén	发沉	2			

diào jiàr	掉價兒	4
diàodēng	吊燈	10
diào bīng qǐan jiàng	調兵遣將	10
diàodòng	調動	4,9
dīng	盯	10
diū miànzi	丟面子	10
dòng nǎojīn	動腦筋	10
dòu	逗	3
dòufu	豆腐	2
duān	端	5,8
duānzhuāng	端裝	5
duìxiàng	對象	8
duìzhǎng	隊長	2
dùn(shí)	頓(時)	5
duō cǐ yì jǔ	多此一舉	7
duǒ	剁	7
duóqǔ	奪取	10
duōyú	多餘	8
dùshu	度數	10

E

| é | 訛 | 7 |
| ěrhuán | 耳環 | 9 |

F

fā	發	9,10
fā chén	發沉	2
fā huà	發話	5
fā shì	發誓	6,8
fāhuī	發揮	9
fāxiàn	發現	1
fǎlù	法律	4
fānxiū	翻修	10
fānyì	翻譯	9
fán	煩	7
fǎn	反	3
fáng huá	防滑	2
fángliáng	房梁	10
fàng	放	2
fēi...bùkě	非...不可	6
fēiyǔ	斐語	9
fèi	費	7
fèixīn	費心	8
fèifèiyángyáng	沸沸揚揚	10
fēn jū	分居	4
fēn bu kā shēn	分不開身	8
fēnpèi	分配	9
fēngdù	風度	10
fēngqù	風趣	10
fēngshèng	豐盛	5
fúlì	福利	10
fúqì	福氣	8,10
fù	富	2
fùyù	富裕	10
fù zérèn	負責任	1
fù	副	2

fùhé	符合	4

G

gāi	该	2
gǎigé	改革	9
gǎijìn	改进	2
gài zhāng	盖章	4
gài bù fùzé	概不负责	1
gàiniàn	概念	10
gānyù	干预	10
gǎnjǐn	赶紧	6
gǎnqíng	感情	4
gàn huó	干活	3
gàn chu ge yàngr lai	干出个样儿来	8
gànmá	干嘛	8
gāocáishēng	高才生	9
gāoféng	高峰	10
gǎo	搞	2,4
gērmen	哥儿们	10
gēda	疙瘩	8
gé jiāng	隔江	10
gébì	隔壁	2
gètǐhù	个体户	10
géi jià	给假	8
gōngjù	工具	10
gōngláo	功劳	9
gōngjǐzhì	供给制	5
gōngxiāo kē	供销科	9

gōngyǒu	工友	7
gōngzī	工资	7
gōuyǐn	勾引	9
gòu yìsi	够意思	7
gòuqiàng	够呛	10
guā	瓜	2
guà bu zhù	挂不住	8
guāi	乖	3
guài	怪	6,8
guānchá	观察	7
guānjiàn	关键	9,10
guǎn	管	9
guǎngōng	管工	10
guāngmíng	光明	4
guǎngfàn jiéjiāo	广泛结交	10
guī	归	10
guīlebāozuī	归了包堆	7
guīdìng	规定	5
guīju	规矩	8
guīnu	闺女	2,8
guǐ	鬼	2
guǐmēnguān	鬼门关	4
guìtái	柜台	1
guóqìng jié	国庆节	6
guǒ	裹	2
guò	过	4
guòfèn	过分	7
gǔzi	谷子	2
gǔzhí	固执	6

fùhé	符合	4	gōngyǒu	工友	7

			gōngzī	工資	7
G			gōuyǐn	勾引	9
			gòu yìsi	够意思	7
gāi	該	2	gòuqiàng	够嗆	10
gǎigé	改革	9	guā	瓜	2
gǎijìn	改進	2	guà bu zhù	掛不住	8
gài zhāng	蓋章	4	guāi	乖	3
gài bù fùzé	概不負責	1	guài	怪	6,8
gàiniàn	概念	10	guānchá	觀察	7
gānyù	干預	10	guānjiàn	關鍵	9,10
gǎnjǐn	趕緊	6	guǎn	管	9
gǎnqíng	感情	4	guǎngōng	管工	10
gàn huó	干活	3	guāngmíng	光明	4
gàn chu ge	干出個樣兒來	8	guǎngfàn jiéjiāo	廣泛結交	10
yàngr lai			guī	歸	10
gànmá	干嘛	8	guīlebāozuī	歸了包堆	7
gāocáishēng	高才生	9	guīdìng	規定	5
gāoféng	高峰	10	guīju	規矩	8
gǎo	搞	2,4	guīnu	閨女	2,8
gērmen	哥兒們	10	guǐ	鬼	2
gēda	疙瘩	8	guǐménguān	鬼門關	4
gé jiāng	隔江	10	guìtái	櫃臺	1
gébì	隔壁	2	guóqìng jié	國慶節	6
gètǐhù	個體戶	10	guǒ	裹	2
géi jià	給假	8	guò	過	4
gōngjù	工具	10	guòfèn	過分	7
gōngláo	功勞	9	gǔzi	谷子	2
gōngjǐzhì	供給制	5	gǔzhí	固執	6
gōngxiāo kē	供銷科	9			

H

hài de	害得	10
hàn	汗	4
hángshi	行市	2
hǎoxiàng	好象	6
hǎoxiào	好笑	6
hàoqí	好奇	10
hào	耗	8
hé...shēnfèn	合...身份	10
héji	合计	8
héshì	合适	6
hé...shìde	和...似的	4
hébì	何必	7,8
hēng	哼	7
hóngniáng	红娘	8
hóngshāo	红烧	5
hóu	猴	10
hóu nián mǎ yuè	猴年马月	10
hòu lǎobànr	後老伴儿	8
hòudùn	後盾	10
hú yán luàn yǔ	胡言乱语	4
húshuō	胡说	3
hútòng	胡同	8
hútu	糊涂	8
húli jīng	狐狸精	9
húxiān	狐仙	10
hǔ qì shēngshēng	虎气生生	5
hùnong	糊弄	9

huāfèi	花费	10
huàféi	化肥	2
huàxiān	化纤	10
huài le	坏了	4
huānyú	欢娱	5
huánjìng	环境	10
huàn	换	2
huánghuángrān	惶惶然	10
huīfù	恢复	3
hūn shì	婚事	5,10
hún rén	浑人	7
hùn	混	9
huō chuqu	豁出去	4
huógāi	活该	5
huópo	活泼	10
huǒ shāo huǒ liǎo de	火烧火燎地	6
huò	货	6

J

jīběn shang	基本上	10
jīdòng	激动	10
jīxù	积蓄	5
jījīzhāzhā	叽叽喳喳	3
jímáng	急忙	1
jíxiáng	吉祥	8
jíshǐ	即使	8
jǐjǐbābā	挤挤巴巴	10
jìshù	技术	2

jìniànpǐn	纪念品	5	jīn	斤	1,2
jìdù	季度	10	jīnliǎng	斤两	2
jiā cháng lǐ duǎn	家长里短	10	jǐnzhāng	紧张	4,5
jiāhuo	家伙	8	jǐnbābā	紧巴巴	4
jiǎ mó jiǎ shì	假模假势	7	jìnbù	进步	3
jiān	兼	7	jìnkǒu	进口	9
jiānchí	坚持	5	jīngjiǔ nàiyòng	经久耐用	7
jiǎnqīng	减轻	10	jīngjì	经济	2
jiàn gútou	贱骨头	10	jīnglǐ	经理	2
jiànjiànr	贱贱儿	2	jīng tāo hài làng	惊涛骇浪	4
jiǎngjīn	奖金	1,6	jīnglì	精力	5
jiàngyóu	酱油	1	jīngshén	精神	10
jiāodài	交代	10	jīngliàng	晶亮	9
jiāoliú	交流	10	jìn	净	3
jiāo'ào	骄傲	5	jiū	揪	3
jiāoguàn	骄惯	10	jiǔzhōng	酒盅	5
jiāo	浇	2	jū gōng	鞠躬	4
jiǎo	角	3	jūwěihuì	居委会	8
jiǎohuo	搅和	7	júzhǎng	局长	4
jiàohuì	教诲	10	júzi zhī	桔子汁	3
jiàoyuán	教员	4	jǔxíng	举行	10
jiàzhí	价值	9	juànzi	卷子	9
jiēchù	接触	10	jué	决	6
jiētóu xiàng wěi	街头巷尾	7	juéduì	绝对	1,5
jiēfang	街坊	8	jùngōng	竣工	10
jiě bu kāi	解不开	8			
jiē guo	接过	1	K		
jiěkě	解渴	2			
jiè	戒	7	kǎji	咔叽	10
			kāi fàn	开饭	5

jìniànpǐn	紀念品	5		jīn	斤	1,2
jìdù	季度	10		jīnliǎng	斤兩	2
jiā cháng lǐ duǎn	家長里短	10		jǐnzhāng	緊張	4,5
jiāhuo	家伙	8		jǐnbābā	緊巴巴	4
jiǎ mó jiǎ shì	假模假勢	7		jìnbù	進步	3
jiān	兼	7		jìnkǒu	進口	9
jiānchí	堅持	5		jīngjiǔ nàiyòng	經久耐用	7
jiǎnqīng	減輕	10		jīngjì	經濟	2
jiàn gútou	賤骨頭	10		jīnglǐ	經理	2
jiànjiànr	賤賤兒	2		jīng tāo hài làng	驚濤駭浪	4
jiǎngjīn	獎金	1,6		jīnglì	精力	5
jiàngyóu	醬油	1		jīngshén	精神	10
jiāodài	交代	10		jīngliàng	晶亮	9
jiāoliú	交流	10		jìn	净	3
jiāo'ào	驕傲	5		jiū	揪	3
jiāoguàn	驕慣	10		jiǔzhōng	酒盅	5
jiāo	澆	2		jū gōng	鞠躬	4
jiǎo	角	3		jūwěihuì	居委會	8
jiǎohuo	攪和	7		júzhǎng	局長	4
jiàohuì	教誨	10		júzi zhī	桔子汁	3
jiàoyuán	教員	4		jǔxíng	舉行	10
jiàzhí	價值	9		juànzi	卷子	9
jiēchù	接觸	10		jué	決	6
jiētóu xiàng wěi	街頭巷尾	7		juéduì	絕對	1,5
jiēfang	街坊	8		jùngōng	峻工	10
jiě bu kāi	解不開	8				
jiē guo	接過	1				
jiěkě	解渴	2		**K**		
jiè	戒	7				
				kǎji	咔嘰	10
				kāi fàn	開飯	5

kàn	看	8		lǎo yéye	老爷爷	1
kàn biǎn	看扁	7		lǎotàipó	老太婆	4
kàn bu guàn	看不惯	9		lǎotiān	老天	6
kànfǎ	看法	9		lǎoshi	老实	7
kào	靠	8		lèqù	乐趣	5
kàolao	犒劳	5		lěngqing	冷清	10
kēyánsuǒ	科研所	8		líhūn	离婚	4
kēzhǎng	科长	2		líxiū	离休	5
kěxīn	可心	6		lǐyóu	理由	9
kè	刻	2		lǐjiě	理解	4,6
kètào	客套	10		lìshēng	立升	5
kōngxū	空虚	10		lìhai	厉害	7
Kóngfūzǐ	孔夫子	5		lián...dài...	连...带...	7
kuǎtái	垮台	10		liánxù	连续	4
kuài	快	6		liányīqún	连衣裙	1
kuǎnshì	款式	10		liánghǎo	良好	4
kuāng	筐	2		liángshuǎng	凉爽	6
kuī	亏	6		liǎng	两	2
kuī le	亏了	8		liǎng mǎ shì	两码事	4
kuīdài	亏待	5		Liáozhāi	聊斋	10
Kūnmíng	昆明	8		liǎobuqǐ	了不起	9
kòu	扣	1		línshí gōng	临时工	10
				lǐngdǎo	领导	2
L				liū	溜	7
				liúxíng	流行	6
lài zhàng	赖帐	7		liúyán	流言	9
lǎn	懒	3		liùqīn bú rèn	六亲不认	10
lǎngdú	朗读	10		liù wān'r	遛湾儿	9
láodǒng	劳动	2		lòngtáng	弄堂	10
láolì	劳力	10				

kàn	看	8		lǎo yéye	老爺爺	1
kàn biǎn	看扁	7		lǎotàipó	老太婆	4
kàn bu guàn	看不慣	9		lǎotiān	老天	6
kànfǎ	看法	9		lǎoshi	老實	7
kào	靠	8		lèqù	樂趣	5
kàolao	犒勞	5		lěngqing	冷清	10
kēyánsuǒ	科研所	8		líhūn	離婚	4
kēzhǎng	科長	2		líxiū	離休	5
kěxīn	可心	6		lǐyóu	理由	9
kè	刻	2		lǐjiě	理解	4,6
kètào	客套	10		lìshēng	立升	5
kōngxū	空虛	10		lìhai	厲害	7
Kóngfūzǐ	孔夫子	5		lián...dài...	連...帶...	7
kuǎtái	垮臺	10		liánxù	連續	4
kuài	快	6		liányīqún	連衣裙	1
kuǎnshì	款式	10		liánghǎo	良好	4
kuāng	筐	2		liángshuǎng	涼爽	6
kuī	虧	6		liǎng	兩	2
kuī le	虧了	8		liǎng mǎ shì	兩碼事	4
kuīdài	虧待	5		Liáozhāi	聊齋	10
Kūnmíng	昆明	8		liǎobuqǐ	了不起	9
kòu	扣	1		línshí gōng	臨時工	10
				lǐngdǎo	領導	2
L				liū	溜	7
				liúxíng	流行	6
lài zhàng	賴帳	7		liúyán	流言	9
lǎn	懶	3		liùqīn bú rèn	六親不認	10
lǎngdú	朗讀	10		liù wān'r	遛灣兒	9
láodǒng	勞動	2		lòngtáng	弄堂	10
láolì	勞力	10				

lù	露	9
lùqǔ	录取	10
luàn	乱	1
lún dào	轮到	10
luōsuo	罗嗦	7
luò	落	7
lú	驴	3
lǚguǎn	旅馆	2
lǚyóu	旅游	10

M

máfan	麻烦	2
mǎhu	马虎	3
mǎlāsōng	马拉松	9
mǎi bu shàng	买不上	6
mán	蛮	10
mǎn táng shēng huī	满堂生辉	10
mǎnmǎndāngdāng	满满当当	5
māo	猫	3
máoliào	毛料	1
máoshan	毛衫	2
méi fār	没法儿	4
méi wèir	没味儿	4
méi zhì	没治	6
měiguān	美观	2
měihuà	美化	10
měimào	美貌	10
měiyù	美育	10
mèilì	魅力	4

mēn	闷	3
mèn	焖	5
mìmì	秘密	2
miǎn	免	9
miànzi	面子	4
míngmíng	明明	9
míngzhù	名著	10
mō bu zháo tóunǎo	摸不著头脑	10
mófàn	模范	2,10
mótōuchē	摩拖车	5
mònián	末年	10
mò shǒu chén guī	墨守陈规	10
mòmò de	默默地	9
Mòzhātè	莫札特	10
mùgōng	木工	10

N

ná míngcì	拿名次	9
nǎinai	奶奶	2
nàixīn	耐心	4
nándé	难得	5
nánwei	难为	4
nánzihàn	男子汉	4
nán ér yǒu lèi bù qīng tán	男儿有泪不轻弹	7
nào	闹	3
nǎodai	脑袋	8
nèiwù	内务	7

lù	露	9
lùqǔ	錄取	10
luàn	亂	1
lún dào	輪到	10
luōsuo	羅嗦	7
luò	落	7
lú	驢	3
lǚguǎn	旅館	2
lǚyóu	旅游	10

M

máfan	麻煩	2
mǎhu	馬虎	3
mǎlāsōng	馬拉松	9
mǎi bu shàng	買不上	6
mán	蠻	10
mǎn táng shēng huī	滿堂生輝	10
mǎnmǎndāngdāng	滿滿當當	5
māo	猫	3
máoliào	毛料	1
máoshan	毛衫	2
méi fār	没法兒	4
méi wèir	没味兒	4
méi zhì	没治	6
měiguān	美觀	2
měihuà	美化	10
měimào	美貌	10
měiyù	美育	10
mèilì	魅力	4

mēn	悶	3
mèn	燜	5
mìmì	秘密	2
miǎn	免	9
miànzi	面子	4
míngmíng	明明	9
míngzhù	名著	10
mō bu zháo tóunǎo	摸不著頭腦	10
mófàn	模范	2,10
mótōuchē	摩拖車	5
mònián	末年	10
mò shǒu chén guī	墨守陳規	10
mòmò de	默默地	9
Mòzhātè	莫札特	10
mùgōng	木工	10

N

ná míngcì	拿名次	9
nǎinai	奶奶	2
nàixīn	耐心	4
nándé	難得	5
nánwei	難爲	4
nánzihàn	男子漢	4
nán ér yǒu lèi bù qīng tán	男兒有泪不輕彈	7
nào	鬧	3
nǎodai	腦袋	8
nèiwù	内務	7

nénggàn	能干	9	pō	坡	2
niān	拈	10	pòfèi	破费	7
niàndao	念叨	8	pòqiè	迫切	4
niào	尿	8			
niē	捏	3	**Q**		
nìngkě	宁可	10			
nóngmín	农民	2	qí	齐	5
			qí	脐	2
P			qǐ zuòyòng	起作用	9
			qǐ míngzi	起名字	4
pá	爬	2	qípáo	旗袍	10
pāi piānzi	拍片子	7	qíshí	其实	6,9
pāoqì	抛弃	9	qǐwàng	企望	5
pào	泡	3	qìdù	气度	7
péiyǎng	培养	8,10	qìfēn	气氛	10
péi(cháng)	赔(偿)	7	qiān zì	签字	9,10
péi huāng le	赔黄了	1	qiánchéng	前程	8
pèi	配	6	qiántú	前途	4,9
pèi shang	配上	10	qiángōng	钳工	10
pēngpēng	嘭嘭	1	qiáng duō le	强多了	1
pī	拔	10	qiāo(mén)	敲(门)	4
pízi	皮子	1	qiāoqiāo	悄悄	6
pí xuē	皮靴	6	qiào èrláng tuǐ	翘二郎腿	4
pí jiǎkè	皮甲克	6	qīnshēng	亲生	8
piānxīn	偏心	5	qínkuai	勤快	7
piàn	骗	2	qīngdān	清单	5
pínfán	频繁	5	qīngdùn	清炖	3
píng	凭	4	qīnggāo	清高	10
píngcháng	平常	9	qīng qīng bái bái	清清白白	4
píngyuán	平原	2	qíngbào	情报	5

nénggàn	能干	9	
niān	拈	10	
niàndao	念叨	8	
niào	尿	8	
niē	捏	3	
nìngkě	寧可	10	
nóngmín	農民	2	

P

pá	爬	2
pāi piānzi	拍片子	7
pāoqì	抛棄	9
pào	泡	3
péiyǎng	培養	8,10
péi(cháng)	賠(償)	7
péi huāng le	賠黃了	1
pèi	配	6
pèi shang	配上	10
pēngpēng	嘭嘭	1
pī	披	10
pízi	皮子	1
pí xuē	皮靴	6
pí jiǎkè	皮甲克	6
piānxīn	偏心	5
piàn	騙	2
pínfán	頻繁	5
píng	憑	4
píngcháng	平常	9
píngyuán	平原	2

pō	坡	2
pòfèi	破費	7
pòqiè	迫切	4

Q

qí	齊	5
qí	臍	2
qǐ zuòyòng	起作用	9
qǐ míngzi	起名字	4
qípáo	旗袍	10
qíshí	其實	6,9
qǐwàng	企望	5
qìdù	氣度	7
qìfēn	氣氛	10
qiān zì	簽字	9,10
qiánchéng	前程	8
qiántú	前途	4,9
qiángōng	钳工	10
qiáng duō le	强多了	1
qiāo(mén)	敲(門)	4
qiāoqiāo	悄悄	6
qiào èrláng tuǐ	翹二郎腿	4
qīnshēng	親生	8
qínkuai	勤快	7
qīngdān	清單	5
qīngdùn	清炖	3
qīnggāo	清高	10
qīng qīng bái bái	清清白白	4
qíngbào	情報	5

qíngcāo	情操	10
qíngkuàng	情况	2
qíngyuàn	情愿	10
qǐngshì	请示	7
qióng	穷	4
qù guān jiě jiǎ	去官解甲	5
quánquán	全权	4
quánjiāfú	全家福	3,5
quánmiàn	全面	9
quánmín	全民	10
quàn	劝	7
quē	缺	6
quēdiǎn	缺点	9
quēfá	缺乏	10
quèshí	确实	1,10
qúnzhòng	群众	2

R

rèhu	热乎	9
rèqíng	热情	10
réncái	人材	9
rénlèi	人类	10
rénpǐn	人品	10
rénshēn fēngwáng jiāng	人参蜂王浆	7
rénshì	人氏	5
rénzào	人造	2
rēng	扔	9
róuruǎn	柔软	6

ròu xiànr	肉馅	7
rù xué	入学	10

S

sājiāo	撒娇	8
sānbāo	三包	7
sānjiǎo gāngqín	三角钢琴	10
sàn	散	5
sànbù	散布	9
sǎozi	嫂子	10
sèdiào	色调	10
shālàzi	沙拉子	3
shárángr	沙瓤	2
shá	啥	2
shǎ	傻	3
shāng	伤	7
shāng shī zhǐ tòng gāo	伤湿止痛膏	7
shāngyè	商业	2
shàng jiē	上街	6
shàngzhǎng	上涨	4
shǎo shuō	少说	7
shèbèi	设备	9
shèjì	设计	10
shèxiāng hǔgǔjiǔ	麝香虎骨酒	7
shēn	深	2
shēn biǎo tóngqíng	深表同情	4
shēn'ào mò cè	深奥莫测	4
shēntǐ	身体	3

qíngcāo	情操	10		ròu xiànr	肉餡	7
qíngkuàng	情況	2		rù xué	入學	10
qíngyuàn	情願	10				
qǐngshì	請示	7		**S**		
qióng	窮	4				
qù guān jiě jiǎ	去官解甲	5		sājiāo	撒嬌	8
quánquán	全權	4		sānbāo	三包	7
quánjiāfú	全家福	3,5		sānjiǎo gāngqín	三角鋼琴	10
quánmiàn	全面	9		sàn	散	5
quánmín	全民	10		sànbù	散布	9
quàn	勸	7		sǎozi	嫂子	10
quē	缺	6		sèdiào	色調	10
quēdiǎn	缺點	9		shālàzi	沙拉子	3
quēfá	缺乏	10		shárángr	沙瓤	2
quèshí	確實	1,10		shá	啥	2
qúnzhòng	群衆	2		shǎ	傻	3
				shāng	傷	7
R				shāng shī zhǐ tòng gāo	傷濕止痛膏	7
				shāngyè	商業	2
rèhu	熱乎	9		shàng jiē	上街	6
rèqíng	熱情	10		shàngzhǎng	上漲	4
réncái	人材	9		shǎo shuō	少説	7
rénlèi	人類	10		shèbèi	設備	9
rénpǐn	人品	10		shèjì	設計	10
rénshēn fēngwáng jiāng	人參蜂王漿	7		shèxiāng hǔgǔjiǔ	麝香虎骨酒	7
rénshì	人氏	5		shēn	深	2
rénzào	人造	2		shēn biǎo tóngqíng	深表同情	4
rēng	扔	9		shēn'ào mò cè	深奧莫測	4
róuruǎn	柔軟	6		shēntǐ	身體	3

shēnzigù	身子骨	8		shìdào	世道	10
shénqì	神气	10		shìfēi	是非	9
shēng	生	2		shìgù	事故	1
shēngchǎn	生产	2		shìyè xīn	事业心	10
shēngdòng	生动	10		shìyàng	式样	2,6
shēnghuó	生活	2		shìyì	适意	10
shēngyù	生育	10		shìyìng	适应	10
shēngmíng	声明	5		shōu	收	4
shěng	省	5		shóu	熟	2
shèngqíng	盛情	10		shǒu dào bìng chú	手到病除	7
shèngrén	圣人	9		shǒuyì	手艺	5
shèng xià	剩下	2		shǒu	守	8
shí dèng	石凳	4		shǒu yuē	守约	5
shíhuì	实惠	10		shòu qì	受气	10
shíjiàn	实践	10		shòuhuòyuán	售货员	1
shílì	实力	10		shū (cháng tóufa)	梳(长头发)	1
síxíng	实行	7		shū tānr	书摊儿	3
shízài	实在	8		shūshu	叔叔	2
shíkè	时刻	10		shǔ	数	1
shímáo	时髦	10		shùshāo	树梢	6
shíxīng	时兴	1		shùxué	数学	4
shízhuāng	时装	10		shuāi	摔	3,4
shíquán dàbǔ	十全大补	7		shuǎi shǒu	甩手	7
shíyù	食欲	5		shuǎi xia	甩下	10
shǐ	屎	8		shuài	帅	10
shì	试	2		shuàilǐng	率领	10
shì zhì	试制	2		shuānggāng xǐyījī	双缸洗衣机	5
shìchǎng	市场	2		shuǐhóng	水红	6
shìróng	市容	10		shuǐzhūr	水珠	9

shēnzigù	身子骨	8	shìdào	世道	10
shénqì	神氣	10	shìfēi	是非	9
shēng	生	2	shìgù	事故	1
shēngchǎn	生產	2	shìyè xīn	事業心	10
shēngdòng	生動	10	shìyàng	式樣	2,6
shēnghuó	生活	2	shìyì	適意	10
shēngyù	生育	10	shìyìng	適應	10
shēngmíng	聲明	5	shōu	收	4
shěng	省	5	shóu	熟	2
shèngqíng	盛情	10	shǒu dào bìng chú	手到病除	7
shèngrén	聖人	9	shǒuyì	手藝	5
shèng xià	剩下	2	shǒu	守	8
shí dèng	石凳	4	shǒu yuē	守約	5
shíhuì	實惠	10	shòu qì	受氣	10
shíjiàn	實踐	10	shòuhuòyuán	售貨員	1
shílì	實力	10	shū (cháng tóufa)	梳(長頭髮)	1
síxíng	實行	7	shū tānr	書攤兒	3
shízài	實在	8	shūshu	叔叔	2
shíkè	時刻	10	shǔ	數	1
shímáo	時髦	10	shùshāo	樹梢	6
shíxīng	時興	1	shùxué	數學	4
shízhuāng	時裝	10	shuāi	摔	3,4
shíquán dàbǔ	十全大補	7	shuǎi shǒu	甩手	7
shíyù	食欲	5	shuǎi xia	甩下	10
shǐ	屎	8	shuài	帥	10
shì	試	2	shuàilǐng	率領	10
shì zhì	試制	2	shuānggāng xǐyījī	雙缸洗衣機	5
shìchǎng	市場	2	shuǐhóng	水紅	6
shìróng	市容	10	shuǐzhūr	水珠	9

shùnlì	顺利	4
shuō huǎng	说谎	2
shuō shénme ...yě	说什么 ...也	8
sī	撕	3
sì shě wǔ rù	四舍五入	4
sòng lǐ	送礼	4
súhuà	俗话	2
súqì	俗气	10
suān	酸	8
suàn	算	2
suànshù	算术	3
suí(xìn)shǒu	随(信)手	10
sǔn rén lì jǐ	损人利己	1
sǔntou	榫头	10

T

tái	台	9
tàidu	态度	10
tàipíng	太平	10
tān	贪	5
tān piányi	贪便宜	1
tānxīn	贪心	2
tān	瘫	7
tán qín	弹琴	10
tàn kǒufēng	探口风	8
táoqì	淘气	10
táoyě	陶冶	10
tǎoyàn	讨厌	3,5
tào qún	套裙	1

tèshū	特殊	3
téng	疼	9
téng	腾	8
tí	提	9
tí yìjiàn	提意见	10
tí gàn	提干	9
tíbá	提拔	9
tǐhuì	体会	10
tǐzhòng	体重	10
tiān dì jūn qīn shī	天地君亲师	10
tiānlún zhī lè	天伦之乐	5
tiānnián	天年	5
tián	填	2
tián	甜	2
tiāo	挑	2
tiāotì	挑剔	10
tiāo huā yǎn	挑花眼	10
tiáo yīn	调音	10
tiáopí guǐ	调皮鬼	5
tiē	帖	7
tiě shí xīncháng	铁石心肠	4
tǐng	挺	3,6
tóngyì	同意	4
tóngzhì	同志	1,2
tǒngjì	统计	5
tòngkǔ	痛苦	4
tòngkuài	痛快	10
tóu yì huí	头一回	6
tòu	透	2

shùnlì	順利	4		tèshū	特殊	3
shuō huǎng	説謊	2		téng	疼	9
shuō shénme ...yě	説什麼...也	8		téng	騰	8
sī	撕	3		tí	提	9
sì shě wǔ rù	四舍五入	4		tí yìjiàn	提意見	10
sòng lǐ	送禮	4		tí gàn	提干	9
súhuà	俗話	2		tíbá	提拔	9
súqì	俗氣	10		tǐhuì	體會	10
suān	酸	8		tǐzhòng	體重	10
suàn	算	2		tiān dì jūn qīn shī	天地君親師	10
suànshù	算術	3		tiānlún zhī lè	天倫之樂	5
suí(xìn)shǒu	隨(信)手	10		tiānnián	天年	5
sǔn rén lì jǐ	損人利己	1		tián	填	2
sǔntou	榫頭	10		tián	甜	2
				tiāo	挑	2
				tiāotì	挑剔	10
T				tiāo huā yǎn	挑花眼	10
				tiáo yīn	調音	10
tái	臺	9		tiáopí guǐ	調皮鬼	5
tàidu	態度	10		tiē	帖	7
tàipíng	太平	10		tiě shí xīncháng	鐵石心腸	4
tān	貪	5		tǐng	挺	3,6
tān piányi	貪便宜	1		tóngyì	同意	4
tānxīn	貪心	2		tóngzhì	同志	1,2
tān	癱	7		tǒngjì	統計	5
tán qín	彈琴	10		tòngkǔ	痛苦	4
tàn kǒufēng	探口風	8		tòngkuài	痛快	10
táoqì	淘氣	10		tóu yì huí	頭一回	6
táoyě	陶冶	10		tòu	透	2
tǎoyàn	討厭	3,5				
tào qún	套裙	1				

tòumíng	透明	9		wèidào	味道	5
tòushì	透视	7		wèijīng	味精	1
tòu zhe	透著	10		wén	闻	3
tú	图	7		wénzhāng	文章	10
tǔ	吐	2		wěn(zhediǎnr)	稳(着点儿)	10
tuányuán	团园	4		wō	窝	3,10
túbiǎo	图表	3		wò chuáng	卧床	7
tuījiàn	推荐	9		wūjī báifèng wán	乌鸡白凤丸	7
tuì	退	1		wúfáng	无妨	4
tuì shāo	退烧	8		wúsuǒwèi	无所谓	10
tuìhuán	退还	9		wúbǐ	无比	4
tuō	托	8		wúlùn rúhé	无论如何	10
tuō'érsuǒ	托儿所	8		wǔ bǎo hù	五保户	2
				wǔ jiǎng sì měi	五讲四美	7
				wù	雾	9
W				wù	误	8
				wùzhì	物质	10
wāi	歪	10				
wàihàor	外号	5		**X**		
wàijiāo	外交	5				
wàixīn	外心	4		xīqí	稀奇	2
wánr mìng	玩命	7		xīguā	西瓜	5
wànyī	万一	4,7,8		xǐjù	喜剧	7
wǎngrì	往日	10		xǐhào	喜好	5
wàng ēn fù yì	忘恩负义	10		xìbāo	细胞	6
wànghòu	往后	4		xìxīn	细心	9
wéidú	唯独	6		xiāshuō	瞎说	3
wéinǎn	为难	7		xià jiélùn	下结论	10
wěishù	尾数	2		xià táijiē	下台阶	10
wèi	为	2		xià yí tiào	吓一跳	6,7
wèibì	未必	8				

tòumíng	透明	9		wèidào	味道	5
tòushì	透視	7		wèijīng	味精	1
tòu zhe	透著	10		wén	聞	3
tú	圖	7		wénzhāng	文章	10
tǔ	吐	2		wěn(zhediǎnr)	穩(著點兒)	10
tuányuán	團圓	4		wō	窩	3,10
túbiǎo	圖表	3		wò chuáng	臥床	7
tuījiàn	推薦	9		wūjī báifèng wán	烏鷄白鳳丸	7
tuì	退	1		wúfáng	無妨	4
tuì shāo	退燒	8		wúsuǒwèi	無所謂	10
tuìhuán	退還	9		wúbǐ	無比	4
tuō	托	8		wúlùn rúhé	無論如何	10
tuō'érsuǒ	托兒所	8		wǔ bǎo hù	五保户	2
				wǔ jiǎng sì měi	五講四美	7
				wù	霧	9
W				wù	誤	8
				wùzhì	物質	10
wāi	歪	10				
wàihàor	外號	5				
wàijiāo	外交	5		**X**		
wàixīn	外心	4				
wánr mìng	玩命	7		xīqí	稀奇	2
wànyī	萬一	4,7,8		xīguā	西瓜	5
wǎngrì	往日	10		xǐjù	喜劇	7
wàng ēn fù yì	忘恩負義	10		xǐhào	喜好	5
wànghòu	往后	4		xìbāo	細胞	6
wéidú	唯獨	6		xìxīn	細心	9
wéinǎn	爲難	7		xiāshuō	瞎說	3
wěishù	尾數	2		xià jiélùn	下結論	10
wèi	爲	2		xià táijiē	下臺階	10
wèibì	未必	8		xià yí tiào	嚇一跳	6,7

xián	咸	2		xīntiào	心跳	4
xián	弦	7		xīnkǔ	辛苦	5
xián	闲	9		xīnshǎng	欣赏	10
xián mó yá	闲磨牙	1		xínsi	寻思	8
xiánshì	闲事	8		xìn	信	2
xián	嫌	8,10		xìnrèn	信任	10
xiánqì	嫌弃	9		xìnxín	信心	4
xiǎnde	显得	10		xīng	腥	9
xiǎnshì	显示	10		xíng	型	10
xiāng duì	相对	10		xíng	行	3,4
xiāngjiāo	香蕉	3		xíng huì	行贿	4
xiǎng fú	享福	10		xíngxiàng	形象	10
xiǎngshòu	享受	10		xíng yǐng bù lí	形影不离	9
xiǎngxiàng lì	想象力	10		xiūlǐ	修理	9
xiàngjiāo	橡胶	2		xù	续	8
xiàngliànr	项链	5		xuǎn	选	3
xiàngzi	巷子	10		xuē	靴	2
xiāoxián	消闲	10		xuēzi	靴子	1
xiǎo bèir	小辈儿	8		xuéwen	学问	9
xiǎo biēsǎn	小鳖三	10		xún kāixīn	寻开心	10
xiào xīn	孝心	8				
xiàohua	笑话	6		**Y**		
xiǎoyèqǔ	小夜曲	5				
xiē	歇	8		yánsè	颜色	6
xiéhé	谐和	5		yánsù	严肃	9
xiè zuì	谢罪	10		yǎn bābā	眼巴巴	10
Xīnjiāng	新疆	6		yǎnhóng	眼红	5
xīnxian	新鲜	6,10		yǎnlì	眼力	10
xīnsi	心思	8		yǎnrè	眼热	10
				yǎnxià	眼下	7,8

xián	咸	2		xīntiào	心跳	4
xián	弦	7		xīnkǔ	辛苦	5
xián	閑	9		xīnshǎng	欣賞	10
xián mó yá	閑磨牙	1		xínsi	尋思	8
xiánshì	閑事	8		xìn	信	2
xián	嫌	8,10		xìnrèn	信任	10
xiánqì	嫌棄	9		xìnxín	信心	4
xiǎnde	顯得	10		xīng	腥	9
xiǎnshì	顯示	10		xíng	型	10
xiāng duì	相對	10		xíng	行	3,4
xiāngjiāo	香蕉	3		xíng huì	行賄	4
xiǎng fú	享福	10		xíngxiàng	形象	10
xiǎngshòu	享受	10		xíng yǐng bù lí	形影不離	9
xiǎngxiàng lì	想象力	10		xiūlǐ	修理	9
xiàngjiāo	橡膠	2		xù	續	8
xiàngliànr	項鏈	5		xuǎn	選	3
xiàngzi	巷子	10		xuē	靴	2
xiāoxián	消閑	10		xuēzi	靴子	1
xiǎo bèir	小輩兒	8		xuéwen	學問	9
xiǎo biēsǎn	小鱉三	10		xún kāixīn	尋開心	10
xiào xīn	孝心	8				
xiàohua	笑話	6			Y	
xiǎoyèqǔ	小夜曲	5				
xiē	歇	8		yánsè	顏色	6
xiéhé	諧和	5		yánsù	嚴肅	9
xiè zuì	謝罪	10		yǎn bābā	眼巴巴	10
Xīnjiāng	新疆	6		yǎnhóng	眼紅	5
xīnxian	新鮮	6,10		yǎnlì	眼力	10
xīnsi	心思	8		yǎnrè	眼熱	10
				yǎnxià	眼下	7,8

yàn	宴	5		yīn cuò yáng chà	阴错阳差	10
yāngyāng	怏怏	5		yīnfú	音符	5
yángmáoshān	羊毛衫	6		yīnxiǎng shèbèi	音响设备	10
yàngbǎn	样板	2		yǐnqǐ	引起	10
yàngzi	样子	1		yǐnyòu	引诱	10
yāo	腰	7		yíngyǎng	营养	7
yāoqiú	要求	9		yìng(+V)	硬(+V)	1
yǎo	咬	2		yìng shuō	硬说	1
yǎotiáo	窈窕	5		yòng bu zháo	用不著	5
yào	药	3		yōuxiù	优秀	4,10
yě	野	10		yōuyǎ	优雅	5
yí	移	2		yǒu hài	有害	9
yí cì xìng	一次性	7		yǒu kǔ nán yán	有苦难言	4
yí gài ér lùn	一概而论	10		yǒu liǎng xiàzi	有两下子	3
yì gǔ zuò qì	一鼓作气	10		yǒu wénhuà	有文化	10
yìbān	一般	6		yǒu xīn rén	有心人	6
yìlián	一连	4		yǒu zuòwéi	有作为	9
yíxiàng	一向	6		yǒu chūxi	有出息	10
yī xiǔ	一宿	7		yù zhī	预支	5
yìzhǔnr	一准儿	8		yùgòu	预购	5
yī wǒ kàn	依我看	8		Yùhuá	育华	4
yīlài	依赖	5		yù mǎn quán qiú	誉满全球	2
yíchuán	遗传	6		yǔwén	语文	3,9
yírán	怡然	5		yuánlái	原来	2,7
yíshì	仪式	10		yuánq5i	元气	7
yíyǎng	颐养	5		yuàn	怨	7
yǐrán	已然	4		yuè'ěr	悦耳	5
yìjiàn	意见	2				
yìshù	艺术	10		**Z**		

yàn	宴	5		yīn cuò yáng chà	陰錯陽差	10
yāngyāng	怏怏	5		yīnfú	音符	5
yángmáoshān	羊毛衫	6		yīnxiǎng shèbèi	音響設備	10
yàngbǎn	樣板	2		yǐnqǐ	引起	10
yàngzi	樣子	1		yǐnyòu	引誘	10
yāo	腰	7		yǐngyǎng	營養	7
yāoqiú	要求	9		yìng(+V)	硬(+V)	1
yǎo	咬	2		yìng shuō	硬說	1
yǎotiáo	窈窕	5		yòng bu zháo	用不著	5
yào	藥	3		yōuxiù	優秀	4,10
yě	野	10		yōuyǎ	優雅	5
yí	移	2		yǒu hài	有害	9
yí cì xìng	一次性	7		yǒu kǔ nán yán	有苦難言	4
yí gài ér lùn	一概而論	10		yǒu liǎng xiàzi	有兩下子	3
yì gǔ zuò qì	一鼓作氣	10		yǒu wénhuà	有文化	10
yìbān	一般	6		yǒu xīn rén	有心人	6
yìlián	一連	4		yǒu zuòwéi	有作爲	9
yíxiàng	一向	6		yǒu chūxi	有出息	10
yī xiǔ	一宿	7		yù zhī	預支	5
yìzhǔnr	一准兒	8		yùgòu	預購	5
yī wǒ kàn	依我看	8		Yùhuá	育華	4
yīlài	依賴	5		yù mǎn quán qiú	譽滿全球	2
yíchuán	遺傳	6		yǔwén	語文	3,9
yírán	怡然	5		yuánlái	原來	2,7
yíshì	儀式	10		yuánq5i	元氣	7
yíyǎng	頤養	5		yuàn	怨	7
yǐrán	已然	4		yuè'ěr	悅耳	5
yìjiàn	意見	2				
yìshù	藝術	10		Z		

zá	砸	3,9		zhèng	正	6
zàisān	再三	7		zhèng rén jūnzǐ	正人君子	7
zǎn	攒	7		zhènshì	正式	8
zāng	脏	3		zhèng	挣	5
zǎodiǎn	早点	8		zhèngcè	政策	2,4
zào	造	2		zhī shū dá lǐ	知书达礼	10
zàojù	造句	3		...zhī jiǔ	...之久	4
zé yōu	择优	10		zhǐ	止	5
zérèn tián	责任田	2		zhì	置	10
zēngjìn	增进	10		zhìhuì	智慧	5
zhā jiǎo	扎脚	2		zhìzào	制造	9
zhá	(车)闸	7		zhōngzhēn bù yú	忠贞不渝	4
zhà	炸	2		zhòngdiǎn	重点	10
zhāi	摘	2		zhòng yì	中意	10
zhānguāng	沾光	10		Zhōu Yú	周瑜	10
zhāng bu kāi	张不开	4		zhòuwén	皱纹	4
zhāngluo	张罗	8		zhǔdòng	主动	10
zhāngyáng	张扬	4		zhǔxí	主席	3
zhǎngjià	涨价	1		zhǔfu	嘱咐	10
zhāo rén kàn	招人看	10		zhùyì	注意	1
zhàogù	照顾	8		zhù jiǎo	住脚	8
zhàoyàng	照样	5		zhù	筑	10
zhè hào de	这号的	7		zhuā jǐn	抓紧	10
zhè huí	这回	9		zhuānmén	专门	2,9
zhème zhe	这么著	7		zhuǎnyǎn	转眼	3
zhèn	镇	6		zhuāngjia	庄稼	2
zhēng	争	9		zhuāngxiū	装修	10
zhēngqiú	征求	2		zhuàng	撞	7
zhěng	整	9		zhuàng	壮	10

zá	砸	3,9		zhèng	正	6
zàisān	再三	7		zhèng rén jūnzǐ	正人君子	7
zǎn	攢	7		zhènshì	正式	8
zāng	髒	3		zhèng	挣	5
zǎodiǎn	早點	8		zhèngcè	政策	2,4
zào	造	2		zhī shū dá lǐ	知書達禮	10
zàojù	造句	3		...zhī jiǔ	...之久	4
zé yōu	擇優	10		zhǐ	止	5
zérèn tián	責任田	2		zhì	置	10
zēngjìn	增進	10		zhìhuì	智慧	5
zhā jiǎo	扎脚	2		zhìzào	制造	9
zhá	(車)閘	7		zhōngzhēn bù yú	忠貞不渝	4
zhà	炸	2		zhòngdiǎn	重點	10
zhāi	摘	2		zhòng yì	中意	10
zhānguāng	沾光	10		Zhōu Yú	周瑜	10
zhāng bu kāi	張不開	4		zhòuwén	皺紋	4
zhāngluo	張羅	8		zhǔdòng	主動	10
zhāngyáng	張揚	4		zhǔxí	主席	3
zhǎngjià	漲價	1		zhǔfu	囑咐	10
zhāo rén kàn	招人看	10		zhùyì	注意	1
zhàogù	照顧	8		zhù jiǎo	住脚	8
zhàoyàng	照樣	5		zhù	築	10
zhè hào de	這號的	7		zhuā jǐn	抓緊	10
zhè huí	這回	9		zhuānmén	專門	2,9
zhème zhe	這麼著	7		zhuǎnyǎn	轉眼	3
zhèn	鎮	6		zhuāngjia	莊稼	2
zhēng	爭	9		zhuāngxiū	裝修	10
zhēngqiú	征求	2		zhuàng	撞	7
zhěng	整	9		zhuàng	壯	10

zhǔn	准	3,6
zhǔnbǎo	准保	2
zhǔnquè	准确	5
zīwèi	滋味	4
zì zòu zì shòu	自作自受	7
zìgěr	自个儿	6,7,8
zìliúdì	自留地	2
zì mài zì kuā	自卖自夸	2
zìwǒ gǎnjué	自我感觉	4
zìzài	自在	4
zǒngsuàn	总算	6
zǒu hòuménr	走後门	4
zǒu tí	走题	10
zóu yùn	走运	7
zóu biàn	走遍	6
zú	足	2
zúgòu	足够	6
zǔzhī	组织	2
zuǐ	嘴	2
zuómo	琢磨	4,8
zuòfēng	作风	9
zuòyè	作业	3
zuò zhǔ	作主	8

zhǔn	准	3,6
zhǔnbǎo	准保	2
zhǔnquè	准確	5
zīwèi	滋味	4
zì zòu zì shòu	自作自受	7
zìgěr	自個兒	6,7,8
zìliúdì	自留地	2
zì mài zì kuā	自賣自誇	2
zìwǒ gǎnjué	自我感覺	4
zìzài	自在	4
zǒngsuàn	總算	6
zǒu hòuménr	走後門	4
zǒu tí	走題	10
zóu yùn	走運	7
zóu biàn	走遍	6
zú	足	2
zúgòu	足够	6
zǔzhī	組織	2
zuǐ	嘴	2
zuómo	琢磨	4,8
zuòfēng	作風	9
zuòyè	作業	3
zuò zhǔ	作主	8